장벽의 시간

이 책은 방일영문화재단의 지원을 받아 저술·출판되었습니다.

장벽의 시간

결국 현명한 자는 누구였을까

안석호 지음

CRETA

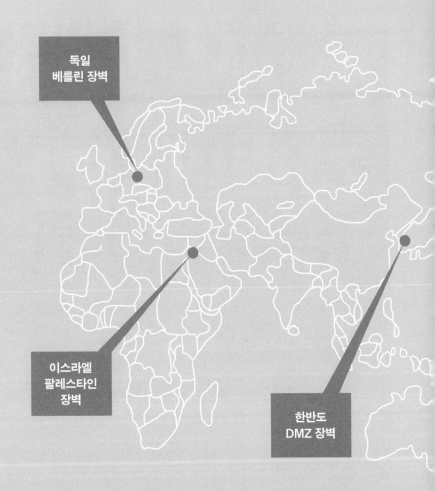

독일
베를린 장벽

이스라엘
팔레스타인
장벽

한반도
DMZ 장벽

미국
멕시코
장벽

보이지 않는
장벽

무엇을 지키고 무엇을 가로막는가?

어른 키보다 조금 높은 콘크리트 장벽은 동예루살렘 인근 베다니 마을 한가운데 서 있었다. 장벽이라지만 곳곳에 구멍이 뚫리고 틈이 벌어져 눈을 가까이 대면 건너편을 훤히 볼 수 있었다. 장벽 이편과 저편 사람은 모두 팔레스타인 주민들. 불과 몇 개월 전만 해도 한 마을 이웃이자 친지, 형제였지만, 이제는 장벽에 가로막혀 두 개의 마을 주민이 되었다. 갑자기 마을 공터 한가운데 세워진 장벽은 그대로 골목길과 도로, 마당을 가로질렀고, 수백 년, 아니 수천 년 동안 이어져 온 공동체의 허리를 끊어버렸다. 사람들을 웃고 떠드는 소리가 여전히 왁자지껄 장벽 너머 가까이 들리지만, 이제 그들을 만나려면 장벽을 따라 몇 킬로미터를 돌아가야 했다. 장벽을 만든 건 이스라엘 정부였다. 팔레스타인 과격분자의 테러를 막는 게 이유였다.

2004년 겨울에 취재했던, 이스라엘과 팔레스타인 사이에 놓인 장벽의 초기 건설현장 모습이었다. 필자는 20년여 기자 생활을 통해 여러 국제 분쟁 지역을 취재할 기회를 얻었다. 국가와 국가, 민족과 민족, 세력과 세력 간의 분쟁과 위기 상황에서 빠지지 않고 등장한 것은 바로 장벽이었다. 한쪽은 장벽을 쌓고 다른 한쪽은 장벽을 넘어가거나 없애려 한다. 누가 만들고 누가 이를 넘어가는가. 길고 긴 장벽을 쌓은 벽돌 하나, 철조망 한 가닥마다 수많은 갈등과 분쟁의 역사, 그리고 주민들의 삶과 죽음의 이야기가 실타래처럼 꼬여 있다. 이 책을 통해 그 수많은 이야기 중 일부를 전하고자 한다.

건설 동기가 무엇이든 결국 장벽의 존재 이유는 특정 지역의 사람과 물자 등 교류를 단절하는 데 있다. 누군가는 잠재적 위협 세력을 규정하고 자신과 이들을 분리하려고 장벽을 만든다. 산과 바다, 강과 같은 천연 경계만으로 격리되면 좋겠지만 그렇지 않은 경우가 많고, 이럴 때 장벽이라는 인공 구조물이 동원된다. 장벽을 세우는 자의 입장을 중심으로 경계가 정해지다 보니, 민족과 문화, 지형지물 등 오랜 시간에 걸쳐 형성된 천연 경계는 무시된다. 인위적으로 만들어진 경계는 갈등을 유발하기 쉽다. 하나의 집단이 두세 개로 나뉘고 여러 집단이 장벽에 의해 함께 묶이기도 한다. 원래 땅주인이 장벽 밖으로 내몰리거나 가족이 분리되기도 한다.

자연스럽지 않은 장애물, 장벽이 생길 때 사람들은 이를 인정할수 없다. 장벽을 넘어 안으로 들어가거나 밖으로 나가야 한다. 그런데 장벽을 세운 자는 이를 자신이 만든 질서와 경계에 대한 도전으로 받아들인다. 장벽은 더 높게, 더 튼튼하게 만들어진다. 하지만 장벽을 넘으려는 의지도 쉽게 꺾이지는 않는다. 때로는 목숨을 걸어야 하지만 장벽을 넘으려는 시도는 끊이지 않는다. 기묘하고 과감한 수단과 방법이 동원되고 애끓는 사연도 이어진다. 그러는 동안 장벽 주변엔 사람이 모이고 독특한 문화와 경제가 형성된다. 특수 산업과 도시가 발달하기도 한다. 장벽은 주민들의 생활과 경제를 바꾸고 새로운 역사와 문화를 만든다.

이 책은 20세기에 만들어진 다섯 개의 장벽을 이야기한다. '냉전의 상징' 베를린 장벽과 이스라엘-팔레스타인 사이의 분리장벽, 미국의 멕시코 국경 장벽, 한반도 비무장지대에 만들어진 철책과 장벽, 그리고 '보이지 않는 장벽'인 무역장벽이다. 이들 장벽은 건설 주체는 서로 다르지만, 만들어진 배경에는 미국과 소련, 영국, 독일, 중국 등 강대국의 이해와 역학 관계가 복잡하게 작용했다는 공통점이 있다. 두 차례의 세계대전과 홀로코스트, 미국과 소련의 냉전 등 유럽과 아시아, 중동, 아메리카 대륙에서 일어난 가장 굵직한 사건들과도 연관돼 있다. 위기와 갈등의 순간 탄생한 이들 장벽은 때로 갈등 확산을 막고 충돌을 막았지만, 또 다른 갈등을 초래하기도 했다. 위기가 올 때 현명한 자는 다리를 만들고 어리석은 자는 담을 쌓는다고 했던가. 20세기에 건설된 다섯 개의 장벽을 통해 누가 현명했고 누가 어리석었는지, 또 그들은 우리 삶의 궤적을 어떻게 바꿔 놓았는지 힌트를 얻어 본다.

베를린 장벽은 동독이 건설했다. 제2차 세계대전 결과 연합군에 의해 분단된 동독과 서독은 냉전의 한가운데 놓였다. 자유를 빼앗긴 동독인 수백만 명이 서독으로 넘어가 동독 체제의 존립을 위협하자 위기를 느낀 동독 정부는 서둘러 베를린 장벽을 세웠다. 서독의 침입을 막기 위해서가 아니라 주민의 이탈을 막기 위해서였다. 장벽이 생긴 뒤에도 수많은 사람이 기상천외한 방법으로 넘어갔고, 그러다 죽고 다쳤다. 수많은 이산가족이 생겨났고 이들은 절절한 사연을 장벽에 새겼다. 목숨을 건 탈출은 장벽이 무너지기 불과 며칠 전까지 이어졌다. 그 후 동독은 서독에 경제 의존도가 높아지면서 베를린 장벽은 오히려 역효과를 불러온다. 베를린 장벽은 억압과 통제, 무능함의 상징처럼 두드러져, 오히려 동독의 체제를 약화하는 데 일조했다. 그 거대하고 견고했던 냉전의 상징 베를린 장벽도 결국엔 무너져 내렸다. 왜 그랬을까.

소위 '이·팔 분리장벽'은 이스라엘이 쌓아 올렸다. 2000년대 초 팔레스타인 과격분자의 테러 공격이 심해지자 이를 막겠다는 명목으로 세우기 시작했다. 이 때문에 '보안장벽' 또는 '테러 방지 장벽'이라고 부르지만, 이 장벽은 테러범만 막는 것이 아니었다. 장벽은 국제사회가 팔레스타인 주민의 땅이라고 인정한 지역까지 잠식해 영토 일부를 집어삼켰다. 팔레스타인 전통 농업 경작지와 산업지대, 공업지대 심지어 식수원 등으로부터 주민을 격리했다. 장벽은 또 팔레스타인 영역을 두 개로 분리하고 고립시켰다. 장벽에 갇힌 팔레스타인 주민은 자생력이 약해져 이스라엘에 대한 종속이 심화하고 내부 분열과 갈등도 커졌다. 그런데 정작 보안장벽이 세워진 지 20년이 되어 가지만 아직도 매년 팔레스타인 사람 수만 명이 이스라엘에 밀입국한다. 테러범도 마음만 먹으면 얼마든지 섞여 들어갈 수 있다는 얘기다. 그렇다면 테러범을 막겠다는 장벽이 기능을 제대로 하는 것인가. 이 때문에 팔레스타인 측에서는 이스라엘의 장벽이 자신들을 분리해 고사시키려는 장벽일 뿐이라고 주장한다. 이·팔 장벽은 보안장벽인가 아니면 분리장벽인가.

지난 미국 정부는 옛 중국의 만리장성에 비유될 만큼 거대한 장벽을 멕시코와의 국경선을 따라 건설해왔다. 캘리포니아와 뉴멕시코, 애리조나, 텍사스 등 과거 멕시코 땅의 절반 가까이 차지해 영토로 만든 미국이 그 땅과 현재 멕시코 사이에 장벽을 세우는 작업이다. 너무 많은 멕시코 사람이 자신들의 땅으로 몰려든다는 게 이유다. 실제로 미국 내 히스패닉 인구가 급증하면서 이들의 영향력은 전례 없이 커졌다. 이미 흑인을 제치고 미국 사회 제2 소수인종으로 급부상했다. 백인과 흑인이 주류이던 미국은 이런 상황이 달갑지 않다. 3천 킬로미터가 넘는 국경선을 따라 장벽을 쌓기로 했다. 아직도 수많은 멕시코인이 몰래 국경을 넘는다. 장벽이 세워질수록 밀입국자들은 점점 뜨거운 사막과 험준한 계곡, 깊은 강 등 위험 지역을 거쳐야 하고 국경지대에서는 매년 수천 명이 목숨을 잃는다. 이런 상황을 이용해 수많은 불법과 범죄가 저질러지고 사람들은 신음한다. 두 나라의 경계지대는 죽음의 땅이 되고 있다.

한반도를 동서로 가로지르는 군사분계선은 누가 만들었고, 무엇 때문에 만들어졌을까. 해방 직후 나약한 한민족 주변엔 강대국이 너무 많았다. 미국과 소련은 한반도를 남북으로 나눴고 전쟁이 터졌다. 전쟁은 유엔군과 중공군이 참전하면서 국제전 양상으로 전개됐다. 수많은 군인과 주민이 죽고, 산하가 파괴되고 다시 분단이 이어졌다. 국제사회는 다시 남한과 북한 사이에 경계를 긋고 이를 중심으로 거대한 비무장지대를 만들었다. 그런데도 상호 충돌이 이어져 서로를 경계해야만 했다. 남북한은 이 비무장지대에 철조망을 연결하고 콘크리트 장벽을 세우고 감시초소를 건설했다. 그리고 남과 북은 비무장지대를 무장했다. 덕분에 세상에서 가장 긴장감이 높은 비무장지대로 변모했다. 지금껏 한반도의 비무장지대 장벽처럼 완벽하게 상호 이동을 통제한 장벽은 없었다. 어쩌다 이렇게 완벽한 장벽을 구축하게 됐을까. 비무장지대에도 균열과 붕괴의 조짐은 보이는 것인가.

마지막으로 다룰 무역장벽은, 손에 잡히지도 눈에 보이지도 않는 없는 장벽이지만 20세기 들어 전 세계 곳곳에 쌓아지고 있다. 강대국들은 자국의 이익을 위해 때로는 자유무역을, 때로는 보호무역을 주장하며 무역장벽을 쌓았다 없애기를 반복하고 있다. 세계 경제도 무역장벽이 얼마나 많아지느냐에 따라 부침을 거듭했다. 무역장벽은 물리적 형태가 없는 장벽이지만 단절 능력은 대단해서, 때로는 총알 한 발 쏘지 않고도 수많은 사람을 죽게 하거나 한 나라를 무너뜨리기도 했다. 미국과 소련이 전 세계를 핵전쟁의 공포에 몰아넣으며 극한의 경쟁을 벌였던 냉전시대에 소련을 무너뜨린 건,

사실상 핵무기가 아니라 무역봉쇄였다. 무역장벽이 경제적인 목적 외에 군사-외교적인 목적으로 활용되는 것이다. 결국 무역장벽은 인간이 만든 그 어떤 물리적 장벽보다도 우리의 삶에 큰 영향을 미치고 있다.

장벽이 생길 때마다 사람들의 삶과 운명도 바뀐다. 누군가는 장벽 때문에 편안함과 안정을 누리게 되지만, 다른 누군가는 밖에서 불편과 고통을 겪어야 한다. 장벽 안에 포함되었느냐, 밖에 남겨졌느냐에 따라 번영과 결핍, 삶과 죽음이 결정되기도 한다. 이 때문에 장벽을 넘어 들어가고, 반대로 나가려는 사람이 생겨난다. 장벽을 쌓는다고 완벽하게 안과 밖의 세계를 단절할 수도 없고, 단절되지도 않는다. 그래도 장벽은 계속 만들어진다.

1990년 여름 방문했던 베를린의 중심 브란덴부르크 광장 주변엔 노점상이 많았다. 열쇠고리와 공예품, 기념품 등 이것저것 많은 게 좌판에 깔려 있었다. 가장 눈에 띄는 건 조그만 시멘트 조각이었다. 군데군데 얼룩덜룩 페인트가 묻어 있는 볼품없는 이 조각들은 9개월 전에 무너져 내린 베를린 장벽에서 떼어 온 것이었다. 이마에 굵은 주름이 깊게 새겨진 중년 노점상은 시멘트 조각을 내밀어 보이며 독일어 억양이 든 영어로 말했다.

"작년 여름만 해도 베를린 장벽을 기념품으로 팔 거라곤 생각 못 했어요. 다 없어지기 전에 얼른 하나 사 가요."

베를린 장벽이 붕괴하기 1년 전만 해도 이를 예측한 사람은 없었다. 이 책을 내면서 한반도에도 전혀 예상치 않은 때 이런 좋은 일이, 갑자기 생기길 기대해 본다.

책이 나오기까지 격려와 지원을 아끼지 않은, 나의 사랑하는 가족에게 감사드린다.

2021년 3월

안 석 호

차례

대부분 장벽은 외적의 침입을 막기 위해 만들어졌지만 베를린 장벽은 달랐다. 장벽을 쌓은 동독 정부가 가두고 통제하려 했던 건 동독 시민이었다. 외부의 적이 아니라 내부의 주민을 막으려 장벽을 건설한다니, 도대체 무슨 일이 벌어졌던 걸까. 냉전시대 자유 진영과 공산 진영 사이 대결의 주요 무대가 돼 버린 베를린 장벽은 처음 세워지던 날도, 붕괴되던 날도 모두 극적이었다.

1장

냉전이 남긴 것들

베를린 장벽

베를린 운명의 날

전쟁이라는 게 그렇지만 그날은 유독 첩보영화의 한 장면 같았다. 1948년 6월이 갓 시작되던 여름밤. 독일 북부 브레머하펜 항구에 정박한 미군 수송선에서 정체를 알 수 없는 나무상자들이 쉴 새 없이 내려졌다. 캄캄한 어둠 속 줄줄이 대기하던 군용 트럭들이 아무런 표시도 없는 상자를 가득 실은 채 서독 전역의 비밀 장소로 향했다. 트럭 운전병은 물론, 운송 작전에 참여한 연합군 장교들조차 상자에 든 게 무엇인지 모르는 극비 작전이었다. 서독 전역으로 옮겨진 비밀 상자는 모두 1천1백 톤에 달했고, 수송에 동원된 트럭만 3백 대가 넘었다.[1] 무엇이 담겨 있기에 이렇게도 은밀히 움직인 걸까.

3주가 지난 6월 18일에야 이 수상한 상자의 정체가 드러났다. 상자 가득 들어있던 것은 미국에서 인쇄해 들여온 도이치마르크 Deutsche Mark였다. 히틀러 나치 정권 아래서 쓰이던 라이히스마르크 Reichsmark를 대체할 새로운 독일 통화였다. 급하게 미국에서 인쇄하느라 화폐 발행기관 이름이나 직인도 찍히지 않은 상태였다. 점령군 사령부는 19일 자정 이후 라이히스마르크는 더는 사용할 수 없다고 긴급 발표했다. 다음날 은행 문이 열리자 시민들은 갖고 있던 구권 화폐를 신권으로 바꾸려고 앞다투어 줄을 섰다. 제2차 세계대전 이후 서독 지역을 점령한 연합군이 단행한 화폐개혁이었다. 서방 연합국의 화폐개혁은 단순한 화폐개혁으로 끝날 성질이 아니었다. 동독을 점령한 소련이 강력히 반발하며 동독 지역 내 섬처럼 놓여 있던 베를린을 봉쇄했다. 이는 이후 동독과 서독의 분단을 기정사실로 만드는 결과로 이어졌다.

패전국이 다시 일어설 수 없게

전격적인 화폐개혁으로 미국에서 만들어진 새 마르크화가 서독에 도입된 데는 여러 요인이 복합적으로 작용했다. 화폐개혁은 미국의 유럽 재건사업, 마셜 플랜의 일환이었다. 제2차 세계대전을 일으킨 히틀러 나치의 제3제국은 패전과 함께 막을 내렸고, 전쟁 직후 독일 경제상황은 처참했다. 전쟁 중 폭격으로 주요 산업시설은 잿더미가 됐다. 교통시설의 40%, 주거시설의 15%, 산업시설의 20%가 파괴됐다. 주거 부족은 대도시에서 특히 심각해 쾰른은 80%, 함부르크는 50% 주거지가 폐허처럼 변했다. 독일 철도망은 연합군의 집중 폭격을 맞아 기관차 1만 대와 화물차 11만 대 이상이 고철덩어리로 변했다. 이는 나치의 저항을 꺾고 연합군에 승리를 안겨

췄지만 동시에 전후 재건사업에서 독일의 분배 체계를 마비시키는 결과도 가져왔다. 1945년 독일의 산업 생산력은 전쟁 이전인 1938년의 3분의 1 수준에 불과해 경제가 제대로 돌아갈 수 없는 형편이었다.[2] 토지도 황폐해져 식량난이 심각했고 국민 상당수가 기아에 시달렸다. 당시 독일 성인 남녀의 평균 체중은 약 41~42kg 정도였다고 하니 식량 수급 사정이 얼마나 열악했는지 알 수 있다.[3]

전후 처리에 나선 연합국은 나치 정권이 무너진 독일이 혼란 상태로 빠지는 것을 막아야 했다. 다른 한편으로는 독일이 다시 강한 나라로 부활해 유럽의 평화를 위협하는 것도 견제해야 했다. 연합국은 이 두 가지 목표를 어떻게 적절히 조화시키며 독일을 점령해 관리할지가 숙제였다.

연합국은 전후 독일 처리를 논의하려고 1945년 2월 얄타 회담과 7월 포츠담 회담을 잇따라 열었다. 미국과 소련, 영국, 프랑스 전승 4개국은 연합국 관리위원회를 만들고 독일을 4개로 나눠 점령하기로 했다. 연합국은 각기 점령한 지역에서 나치 전범을 처리하고 국가 재건사업을 추진할 계획을 세웠다. 미국과 영국, 프랑스는 독일의 서쪽을 분할 점령했고, 소련은 동쪽을 맡았다.

담당하는 동쪽 지역에 포함된 수도 베를린은 4개국이 공동 관리하기로 합의했다.[4] 서방 연합군이 독일 전체 면적의 약 60%, 소련이 약 40%를 각각 점령했고, 전승국들은 각기 점령지에서 배상금을 챙기기로 했다.

연합국이 독일을 나눠 점령한 배경에는 강한 독일에 대한 공포

연합국의 동·서 베를린 분할

가 깔려 있다. 1871년 프로이센 왕국 주도로, 오스트리아를 제외한 나머지 독일어를 사용하는 지역이 하나로 통일됐다. 통일 독일제국은 빠르게 국력을 키워 유럽의 강대국으로 급부상했다. 신흥 강국과 유럽의 기존 강대국 영국, 프랑스 등과의 갈등은 불가피했고, 이는 여러 차례 충돌로 이어져 유럽을 전쟁의 포연 속에 휩싸이게 했다. 독일은 두 차례 세계대전을 잇달아 일으키며 유럽 대륙뿐만 아니라 전 세계에 피바람을 불러일으켰다. 강력한 무기의 개발과 함께 전쟁 피해는 더욱 커졌고, 제2차 세계대전 때 군인과 민간인이 5천만 명 이상 숨지자 세계는 충격에 빠졌다. 독일이라는 존재는 유럽뿐만 아니라 전 세계에 커다란 공포의 그림자로 각인됐다. 서구 열강은 패전한 독일이 다시는 강력한 나라로 재기하지 못하게 만들고 싶었다. 그 방법 가운데 하나가 독일을 나눠 점령하는 것이었다.

연합국은 독일이 재무장할 수 없게 군수산업을 규제했다. 중화학 공업의 중추 역할을 한 독일 거대기업을 줄줄이 해체하고 공업 생산은 생필품과 관련된 경공업 위주로 제한했다. 미국에서는 독일 공업시설을 전면 해체해 농업국가로 만들어야 한다는 주장까지 나왔다. 실제로 독일의 공장 1천2백여 개를 해체하고 산업 생산력을 전쟁 이전의 약 70% 수준으로 축소할 계획까지 세웠다. 프랑스 분위기도 비슷했다. 독일의 호전적 잠재력은 연합국의 커다란 근심거리였다. 하지만 영국의 처칠 수상은 독일의 탈공업화에 반대했다. 전후 엉망이 된 영국 경제의 사활이 독일을 포함해 공업화된 유럽에 달려 있다고 봤기 때문이다.[5] 결국 연합국은 독일 경제를 재건해 다시 유럽의 구성원으로 자립할 수 있게 하는 것을 전후 독일 재건 정책의 기본 틀로 삼았다. 강력한 독일은 아니더라도 유럽 경제에 한 축은 담당할 수 있도록 하자는 것이었다.

승전국이지만 가장 큰 피해를 본 것으로 평가받는 소련의 고민은 달랐다. 최우선 과제는 전후 배상을 톡톡히 받아내는 것이었다. 나치와의 전쟁으로 민간인을 포함해 2천만 명 이상의 사상자가 발생하는 등, 피해가 막심한 소련은 독일에 전쟁 배상금으로 2백억 달러를 요구했다. 배상금을 회수하기 위해 전담 정책과 조직을 따로 두는 등 이권 챙기기에 총력을 기울였다. 점령지 동독 지역의 기업 200여 개를 소련 소유로 만들고 배상용 제품을 생산하도록 했다. 나치 소유였던 기업 수백여 곳을 아예 해체해 수십만 대의 기계와 생산 설비를 몰수하고, 1만 킬로미터가 넘는 철도 선로까지 분해해 소련으로 가져갔다. 공산품은 물론, 가축과 농기구, 고급욕조 등 소비재까지 뜯어내 소련으로 보냈다. 동독 지역은 소련이 점령한 지 1년 만에 생산 능력의 절반 이상을 상실했다.[6]

소련은 이와 함께 전승국으로서 얻은 국제사회 영향력을 더욱 확장하려 했다. 루마니아와 헝가리, 유고슬라비아, 폴란드 등 동유럽 국가들이 줄줄이 공산화된 데 이어, 소련은 점령지 독일마저 친소 정권이 들어서도록 할 계획을 세웠다. 소위 소련의 제국주의 팽창 정책이 탄력을 받았다.

냉전의 서막

서방 연합국은 긴장했다. 미국은 독일 점령지역을 유럽에서 공산주의의 확산을 막는 교두보로 삼았다. 미국과 영국, 프랑스는 점령지에 서구식 자본주의 정치·경제·사회 체제를 이식하려 했다. 미국은 유럽에 군대를 주둔시키며 소련의 팽창 움직임에 맞섰고, 반대로 소련은 독일을 이용해 미국을 견제할 속셈이었다. 제2차 세계대전에서 나치에 맞서 손을 맞잡았던 미국과 소련의 동지 관계는 사라지고 양측은 노골적인 갈등 국면으로 들어갔다. 두 나라의 대결은 각기 지지국과 세를 규합하면서 진영의 갈등으로 점차 확대됐다. 미국과 소련 간 냉전의 서막이 올라가고 있었다. 독일은 서방세계가 관할하는 서독과 소련이 관할하는 동독, 이렇게 두 개로 고착되면서 점차 냉전 대결장으로 변해갔다. 지정학적으로 미국 입장에서 독일은 소련의 서구 진출을 막을 최후의 방어선이었고, 소련에도 독일은 서구세력의 동진을 저지할 완충지대 역할을 해주었다.

그런데 미국과 소련의 냉전이 독일에서 벌어지면서 아이러니한 결과가 연출됐다. 대결이 격해질수록 독일의 존재감은 주목받았다. 독일로서는 환영할 일이었다. 전범국으로 경멸과 견제의 대상이면서 막대한 배상 책임까지 져야 했던 패전국 신세에서 자유-공산 양 진영 대결의 중앙 무대로 극적인 상황 변화를 맞게 된 셈이었다.

미국과 소련의 경쟁 속에 전후 독일의 재건은 양측 모두에게 시급한 문제로 떠올랐다. 영국과 프랑스 등 전통의 유럽 강국이 전쟁으로 국력을 소진한 상태였기 때문에 소련의 서쪽 진출을 견제하려면 독일은 물론이고 유럽의 재건도 매우 중요했다. 미국은 1947년 6월 모든 유럽 국가에 133억 달러 규모의 경제 원조를 약속하는 유럽경제재건계획을 발표했다. 계획을 주도한 조지 마셜 미국 국무장관의 이름을 딴 마셜 플랜이었다. 유럽 경제를 안정화해 유럽에서의 자유민주주의와 자본주의 경제 체제를 공고히 다지는 게 목적이었다. 전후 급성장하는 소련의 제국주의 움직임이 향후 미국에 가장 큰 위협이 될 것으로 판단한 마셜은, 유럽을 신속하게 재건하지 않으면 소련의 제국주의 팽창을 견제하기 힘들다고 내다봤다. 서방권이 점령한 서독을 지원하는 전략이 유럽 재건의 핵심이었다. 경제 지원의 범위에는 소련이 점령한 동독과 다른 동유럽 국가까지 포함했다.

서독은 마셜 플랜을 통한 경제 원조를 적극적으로 받아들였다.

반면 소련의 영향력 아래 있던 동독은 이를 거부했다. 체코 등 일부 동유럽 국가는 마셜 플랜을 지원받고 싶었지만 소련이 반대했다. 소련은 미국의 경제 원조가 동유럽 국가를 자본주의로 물들일 거라 생각하고 경계했다. 동독은 전쟁 배상을 명목으로 산업 시설과 기간 설비를 소련에 수탈당한 데 이어 미국의 지원까지 발로 차버리면서 경제상황이 최악으로 치달았다. 소련은 점령지 재건과정에 필요하다며, 옛 나치 독일 시대의 인쇄기를 이용해 지폐를 마구 찍어댔다. 서방 연합군 측이 약 100억 마르크를 찍을 동안 소련은 780억 마르크를 인쇄했다.[7] 라이히스마르크 남발로 화폐 가치가 폭락하고 시장에는 혼란이 일어났다. 재건사업에도 차질이 빚어졌다. 미국과 영국, 프랑스는 서독에 독자적인 단일 통화를 도입하기로 했다. 이렇게 화폐개혁이 시작됐다. 앞서 첩보영화의 한 장면 같았던 1948년 6월 여름밤의 독일 북부 브레머하펜 항구를 떠올려 보자. 미국에서 인쇄한 신권 도이치마르크가 항구를 통해 은밀하게 대량으로 들어온 것은 바로 이 화폐개혁 때문이었다.

마르크화로 시작된 싸움

1948년 서독 전역에서 이뤄진 화폐개혁으로 과거 나치 시대 통화인 라이히스마르크는 새로 찍어낸 도이치마르크로 대체됐다. 미국은 새 마르크화를 전국에 배포했다. 서독 전역에서 라이히스마르크가 수거되면서 암시장이 사라졌다. 현금을 쥐게 된 시민들은 구매력이 생겼고, 독일 경제에 다시 생기가 돌았다. 시장경제 체제가 이식된 서독 경제는 서서히 재기의 발판을 마련하기 시작했다. 그런데 도이치마르크를 베를린에서까지 유통한 것이 문제가 됐다.

당시 소련은 맞불 작전에 나서고 있었다. 동독에서 독자적인 화폐개혁을 단행하고 새로운 오스트마르크Ost mark를 찍었다. 소련은 동독 내에서 서구의 도이치마르크 유통을 금지하고 오스트마르크를 유일 통화로 선포했다. 그런데 미국이 화폐개혁을 서독 지역은 물론, 서베를린까지 확대하면서 문제가 커졌다. 서베를린은 동독 지역 내에 있었지만 주민들이 동독 통화인 오스트마르크가 아니라 서독 통화인 도이치마르크를 지불 수단으로 쓰게 된 것이다. 소련이 주도해온 경제 재건계획과 체제를 무시하는 셈이 돼 버렸다. 소련이 발끈했다. 서베를린으로 통하는 모든 육로와 에너지 공급을 차단해버렸다. 화폐개혁이 단행된 지 일주일 만인 6월 24일, 독일 주둔 소련군 총사령관은 베를린을 나눠 점령하던 4개국 행정위원회를 폐지하고 서방 국가는 베를린에 그 어떤 권리도 행사할 수 없다고 일방적으로 선언했다. 소위 냉전 초기 미-소 간 대립의 본격 신호탄으로 간주하는 소련의 베를린 봉쇄였다.

이로 인해 동독에 섬처럼 갇히게 된 서베를린에는 식량과 물자의 공급이 하루아침에 중단될 위기였다. 서독에서 약 180km 떨어진 서베를린의 시민 약 250만 명과, 현지에 주둔한 미국과 영국, 프랑스 군인 약 2만 명도 고립된 상황이었다. 소련 지도자 스탈린은 서방 연합국이 고작 베를린 반쪽을 지키려고 또 다른 전쟁을 벌이진 않을 거라고 판단하고 도박을 벌인 것이었다. 제2차 세계대전으로 국력이 소진된 연합국 국민도 전쟁을 반대할 것으로 생각했다. 미국의 계산은 복잡했다. 서베를린은 소련이 점령한 동독 심장부에 있는 자유 진영의 요지였다. 봉쇄됐다고 그대로 포기할 수는 없었다.

트루먼 미국 대통령은 고민했다. 공산주의 세력의 확산을 막기 위해 자유국가를 지원하겠다는 소위 '트루먼 독트린'을 선언한 직후였다. 이대로 베를린을 소련에 통째로 넘겨주는 것은 자신의 선언을 스스로 심각하게 훼손하는 것이었다. 그렇다고 베를린 봉쇄 문제로 소련과 협상하자니 소련이 언제든 필요할 때마다 비슷한 위기를 조장해 미국의 양보를 끌어낼 빌미를 제공할 것 같았다. 더욱이 베를린을 놓고 소련과 타협한다면 서독 주민과 서방세계는 미국의 독일 수호 의지에 회의를 품는 결과까지 낳을 수 있었다. 트루먼은 소련의 봉쇄에 맞서 미군과 연합군 병력이 베를린에 계속 머물게 하는 것으로 결단을 내렸다.[8] 문제는 서베를린에 있는 시민과 연합국 군인들을 어떻게 보호하느냐였다.

물리적 분단의 초읽기

베를린 봉쇄에 대한 미국의 대응은 공수작전이었다. 소련이 베를린으로 통하는 육로와 수로를 모두 막았기 때문에 열려 있는 통로는 항공로뿐이었다. 소련이 항공로를 막지 않은 것은 서독 지역의 도시 3곳에서 출발하는 항로를 통해 베를린으로 접근할 수 있도록 보장하는 협정을 연합군과 맺었기 때문이었다. 이들 항로를 막기엔 소련의 공군력이 미군에 크게 못 미치는 것도 또 다른 이유였다. 미국은 베를린 봉쇄 이틀 만인 6월 26일 이 세 개의 항로를 이용해 서베를린에 대한 대규모 공수작전을 개시했다.

가장 시급한 것은 식량과 연료 공급이었다. 당시 서베를린에는 36일 치 식량과 45일 치의 석탄만 남아 있었다. 소련이 통제하는 전력 공급도 제한적이었다. 미 공군은 공수작전 첫날부터 수송기 30여 대를 동원해 80톤의 식량과 보급 물자를 실어 날랐다. 곧이어 영국군 수송기도 공수작전에 투입됐지만 수송 역량이 모자랐다. 서베를린 주민이 생활하려면 생필품과 식품, 연료 등 매일 4천5백 톤 규모의 물자가 필요했는데 초기 공수 물량은 하루 1천5백 톤에 불과했다. 미국 본토에서 대형 수송기가 추가 투입되고, 캐나다를 비롯한 다른 나라까지 지원하면서 비로소 공수작전이 탄력을 받았다. 한 달이 넘어가면서 동원된 수송기는 8백 편에 달했다.[9]

프랑스와 호주, 뉴질랜드 등 자유 진영 국가들이 속속 공수작전에 참여하면서 수송 물량도 크게 늘었다. 서베를린에 있는 공항 두 곳으로는 밀려드는 수송기를 다 감당할 수 없어서 임시 공항과 활주로까지 추가로 건설해야 했다. 서독 공항 세 곳에서 쉴 새 없이 수송기가 날아들었다. 소련은 때때로 전투기를 보내 서방 수송기를 위협하는 등 방해 작전을 벌였지만 소용없었다. 이듬해 4월 무렵 공수작전이 절정에 달해 하루 1천3백여 편 수송기가 서베를린

베를린 공수작전 당시 서독 – 베를린 연결 항로

에 내렸다. 1분에 한 대꼴이었고, 베를린 상공에는 착륙 허가를 기다리는 수송기들이 줄지어 비행하는 장관을 연출했다.

베를린 공수작전은 대성공이었다. 서베를린에 식량과 물자가 풍족해졌다. 연합군 수송 능력은 하루 4천5백 톤에 달했고, 공수작전 열 달 동안 수송기 17만 8228편이 식량과 물자, 연료 등 232만 6406톤을 실어 날랐다.[10] 서베를린 주민에게 육류와 우유, 과일, 해산물 등 식료품은 물론, 석유와 석탄 등 연료에 의약품까지 넉넉히 공급됐다. 나중에는 사탕과 같은 간식까지 대규모로 공수될 정도로 여유가 있었다.

베를린을 봉쇄하면 서방 연합군이 철수할 거라 생각했던 소련의 계산은 보기 좋게 빗나갔다. 서방세계는 막대한 비용에도 공수작전을 해 서베를린을 지켜냈고, 여론은 소련에 불리하게 돌아갔다. 결국 스탈린은 손을 들지 않을 수 없었다. 1949년 5월 12일 소련은 11개월 만에 베를린 봉쇄를 거둬들였다.

베를린 봉쇄는 독일 재건에 결정적인 발판을 마련했다. 과거 나치 군국주의 근거지였던 베를린이, 어떻게 해서든 보호해야 할 서방세계에 자유의 상징으로 다시 태어났다. 서독은 더 이상 패전국으로서 경멸의 대상이 아니었다. 오히려 공산주의의 확장을 막는 최전선에서 힘을 보탤 자유 진영의 중요 동맹국으로 입지가 바뀌었다.[11] 동시에 독일 국민의 마음속에는 자신들을 헌신적으로 돕는 미국이라는 나라가 앞으로 믿고 가야 할 든든한 우방으로 새겨졌다. 반면 베를린 봉쇄와 베를린 공수의 대결 이후, 미국과 소련의 대립은 증폭됐다. 미국과 서방세계는 집단안보체제인 북대서양조약기구 나토NATO를 창설했고, 러시아는 이에 맞서 동구권 국가들과 결속해 바르샤바조약기구를 만들어 갈등을 이어갔다. 이와 함께 동·서 독일을 물리적으로 두 개로 분단하는 베를린 장벽의 건설은 초읽기에 들어갔다.

동독의 분노

아침 9시가 되자 동베를린 노동자들이 도심 곳곳에 모여들었다. 시간이 가면서 라이프치히 거리와 포츠담 광장 등에 인파가 쏟아져 나왔다. 동독 정부청사 건물 주변엔 벌써 2만5천 명이 집회 중이었다. 이들은 손에 플래카드를 들고 큰소리로 외쳤다. "우린 노예가 아니다.", "정부를 몰아내자!", "총이 아니라 빵을 만들자!" 하루 전 시작된 동베를린 노동자 총파업이 이틀째 이어졌다. 동독 건설노동자 3백여 명이 시작한 집회는 단 하루 만에 참가자가 수만 명으로 불어났다. 시위대 구호도 "자유를 달라!", "자유선거를 원한다!" 등 정치적 메시지가 더해졌다. 시위 참여자가 급격히 늘면서 대담해진 시위대의 집회 양상도 과격해졌다. 정부 주요기관 청사와 공산당 본부, 국영상점 등이 시위대의 공격을 받았다. 동독 군인과 경찰은 속수무책이었다.

그때 굉음과 함께 소련군 차량 행렬이 나타났다. 뒤따르던 탱크 포탑 위에는 무장한 소련 군인이 앉아 매서운 눈으로 시위대를 노려보고 있었다. 동베를린 경찰본부 앞까지 도착한 탱크는 포신을 시위대 쪽으로 향했다. 시위대는 물론, 동베를린 시민들도 설마 하는 마음이었다. 군인이 비무장 시민을 공격할 수는 없는 일이었다. 하지만 소련의 붉은 군대는 망설이지 않았다. 시위대를 향한 총구에서 불이 뿜어져 나왔다. 1953년 6월 16일 발생한 동베를린 노동자 시위 사태는 소련군 개입으로 무자비하게 진압됐다. 이들은 왜 거리에 나서 처참한 죽음을 맞이하게 된 것일까.

시위의 전말

베를린 봉쇄 이후 동독과 서독의 분단은 점차 굳어져 갔다. 서독
에는 서구식 민주주의 모델이 자리잡고 있었고, 동독엔 소련식 사
회주의 체제가 이식돼 둘은 서로 다른 방향으로 달려가고 있었다.
1949년 서독은 동독과는 별개의 독립국가임을 선포하며 한 민족
두 국가를 공식화했다. 연방공화국 기본법이 발표되고 자유선거와
다당제, 권력분립, 시장경제를 근간으로 하는 독일연방공화국FRG이
탄생했다. 서독에서는 공화국 선포와 함께 연합국 점령은 막을 내
렸다. 마셜 플랜에 따른 원조가 순조롭게 진행되며 서독의 경제 재
건도 속도를 냈다. 서구 민주주의와 시장경제가 정착된 서독은 해
가 바뀔수록 자유롭고 풍족해졌다.

　동독에서는 독일 사회주의통일당의 일당독재 아래 소련식 사회
주의국가 독일민주공화국GDR이 세워졌다. 국가주도 경제를 근간으
로 토지 등 사유재산과 기업이 정부 소유로 넘어갔다. 정당과 노동
조합은 탄압을 받았고 자유선거도 보장되지 않았다. 정치의 자유는
점점 사라져 정부에 비판적인 사람은 감금되고 고문당했다. 학교
에서는 마르크스-레닌 사상을 가르쳤다. 그런데다 점령국 소련의
영향력 아래 그대로 놓인 채 소련의 유럽 내 전초기지 역할까지 하
게 됐다. 전후 복구가 정상 궤도에 오른 서독과 달리, 동독은 막대
한 전쟁 배상금을 채우느라 재건사업이 더뎠다. 동독의 산업설비는
물론, 공산품과 농산물까지 긁어간 소련은 동독을 사회주의 경제체

제로 전환한다며 중공업 위주로 산업을 재편하고 농업과 상공업을 집단화했다.[12] 중공업 재건은 시간이 오래 걸리기 때문이었다. 자연스레 동독의 산업 생산능력은 전쟁 전보다 절반 이하로 떨어졌다. 식료품과 소비재가 부족해 주민의 삶은 더욱 궁핍해졌다.

정치적으로 억압받고 경제사정이 어려워지는 걸 반길 사람은 없었다. 체제에 불만을 가진 동독 주민들이 속속 서독으로 넘어갔다. 서독은 자유롭고 풍족하다는 것을 잘 알고 있었다. 제한되긴 했지만 동독 주민의 서독 방문이 가능했고, 동·서독 사이 편지와 소포 교환도 이뤄졌다. 동독 주민은 서독의 친지와 가족, 친구들과 계속 연락을 주고받으면서 서독의 발전상을 전해 들었다. 서독에 친척이나 연고, 직장 등이 있는 사람은 과감하게 넘어갔다.

하지만 대다수 동독 주민은 그럴 수 없었다. 남은 이들은 불만이 켜졌다. 사회주의라는 체제부터 시작해서 정치 억압, 물가 상승, 연금 삭감 등 총체적으로 벌어지는 일들이 받아들이기 힘든 현실이었다. 설상가상으로 동독 정부는 산업 생산성을 높이겠다며 노동자에 할당된 생산량을 늘리고 임금은 줄였다. 1953년 6월 파업은 이런 상황을 견디다 못한 동베를린 노동자들이 들고일어나 거리로 나선 것이었다.

노동자 시위는 곧 일반 시민의 시위로 확대됐다. 일당 지배와 소련 점령에 불만을 품었던 시민들이 거리로 쏟아져 나왔다. 힘을 얻은 시위는 동베를린 너머 다른 도시로 번져나갔고, 시민들은 자유선거와 동서독 통일까지 요구했다. 정부 기관과 건물, 정당 사무실, 경찰서 등이 공격당했다. 시위가 시작된 지 며칠 지나지 않아 시위 참여자는 1백만 명에 달했다. 동독 전역의 크고 작은 도시 수백 곳에서 집회와 시위가 벌어졌다. 들불처럼 거세게 번지는 시위가 경찰이 통제할 수 없는 지경에 이르자 소련군이 개입했다. 무장 병력과 탱크를 투입해 무자비한 방법으로 시위를 진압했다. 이 과정에서 시위 참가자 약 3백 명이 숨진 것으로 추정된다.[13] 동독 전국에서 분노한 민중의 저항은 결국 유혈진압으로 막을 내렸다.

동독을 떠나는 사람들

베를린 봉기는 진압됐지만 동독 정부는 분노한 민중의 힘을 실감했다. 이후 이들을 달래기 위한 정책을 하나둘 내놓으며 체제 안정을 기했다. 당장 버터와 식용유, 석유를 비롯해 부족한 물자와 생필품을 소련에서 들여와 공급을 늘리고 소비재 생산을 확대하는 등 생활과 소비 여건을 적극적으로 개선했다. 주민의 욕구를 충족시켜주려고 서독 방문을 제한하던 조치도 완화했다. 당시 동서독 간 상호방문이 불가능한 것은 아니었다. 연고가 없어도 동베를린 당일 방문이 가능했다. 하지만 동독인이 서독을 다녀오기는 쉽지 않았다. 1953년까지 동독인의 서독 방문은 공무가 아니고는 까다롭게 제한했다. 하지만 노동자 봉기 이후 규제를 풀어 서독 방문을 대폭 허용했다. 그 덕분에 이후 2~3년 동안 해마다 평균 약 250만 명의 동독인이 서독을 찾았다.[14] 이어서 서독 주민의 동독 방문도 더 폭넓게 허용됐다. 동독에 부모 형제가 있는 서독 주민은 연 1회, 최대 4주 동안 동독을 여행할 수 있게 했다. 1954년에서 1957년 사이 서독인 240만 명이 동독을 다녀왔다.[15]

동독 정부의 이런 노력에도 등을 돌리는 동독 주민이 너무 많았다. 체제에 불만을 품고 노골적으로 동독을 탈출하는 주민이 급증했다. 친지 방문 등을 이유로 서독으로 넘어간 뒤 돌아오지 않는 사람도 줄을 이었다. 동독 건국 이후 매년 12만 명에서 19만 명 수준이던 동독 이탈자 수는 베를린 봉기가 일어난 해에 33만 명까지 늘어 정점을 찍었다. 이듬해 18만 명 수준으로 다소 주춤했으나 이후 다시 28만 명까지 뛰어올랐고, 이후에도 매년 약 20만 명에 육박하는 주민이 서독으로 탈출했다. 동독 정부는 다시 빗장을 걸어 잠가야 했다.[16]

소련 점령과 함께 시작된 주민 이탈은 동독 정부에 큰 골칫거리였다. 동독 정부와 소련의 억압 정책이 시행되거나 중요 정치적 사건이 발생할 때마다 탈주자는 늘었다. 동독 정부는 처음엔 이탈 주민을 적극적으로 막지 않았다. 생필품과 물자도 부족한 마당에 체제에 불만 있는 사람이 스스로 떠난다는데 굳이 막을 이유가 없었다. 이들이 사라지면 사회 부담도 덜고 동독 체제는 더욱 튼튼해질 것으로 믿었다. 하지만 매년 거의 20만 명 이상의 동독 주민이 서독으로 탈출하자 문제가 심각해졌다.[17] 탈주민의 절반가량은 25세 이하의 젊은이였다. 이들의 이탈은 곧 생산 현장에서 노동력 감소를 의미했다. 더욱이 이탈 주민 상당수는 기술자와 학자, 과학자, 변호사와 같은 전문직과 숙련 노동자 등 인재들이었다. 이런 상태가 계속된다면 동독 경제와 산업, 더 나아가 체제 유지에까지 심각한 위협이 될 것이라 우려했다.

수십만 명씩 넘어오는 동독 주민은 서독조차 부담될 정도였다. 서독 정부는 동독 주민 유입을 허용하되 사회 혼란을 줄일 대책까지 마련해야 했다. 1950년 긴급수용법을 만들어 동독인을 어떻게 심사해 체류 허가를 내줄지를 정했다.[18] 허가가 거부돼도 서독에 계속 머물 수 있었기 때문에 사실상 넘어오는 동독인은 대부분 수용됐다. 이주민 정착지도 도시별로 분산해 특정 지역 혼란과 부담을 줄이고 직업과 연금 지급 등 생계와 복지까지 체계적으로 관리했다.

노동인구와 엘리트 계층을 포함한 주민이 썰물처럼 빠져나가자 동독 정부는 위기감을 느꼈다. 특단의 대책이 필요했다. 베를린 시내의 많은 도로가 동쪽과 서쪽, 즉 서방세계와 소련의 점령지를 이어주고 있었다. 동·서독 건국 이후에도 연합군은 계속 주둔했기 때문에 여전히 시내 검문소 81곳을 통해 동·서 베를린 간 이동이 이뤄졌다. 동독을 떠나고자 하는 이들에게 베를린은 커다란 탈출구 역할을 했다. 어떻게 해서든 일단 서베를린으로만 넘어가면 자유세계로 가는 것이었다. 동독 정부는 이제 국경 통제의 고삐를 틀어쥐기 시작했다. 국경선에 철조망을 두르고 동서 연결로와 직통전화를 끊었다. 탈출 금지법을 만들어 동독을 무단으로 벗어나면 최고 3년형을 받도록 했다. 탈출을 준비만 해도 처벌받게 됐다. 그런데도 동독 이탈자는 금방 줄지 않았다. 이후에도 매년 14만 명에서 20만 명에 달하는 주민이 동독을 등지고 떠났다.

궁지에 몰린 흐루쇼프

시간이 갈수록 동독과 서독의 대립은 격화되고 분단은 공고해졌다. 서로가 독일 전체를 대표하는 합법 정부임을 자처하며 경쟁했다. 서독은 동독이 건국 과정에서 자유선거가 치러지지 않았으므로 합법성이 결여된 정부라고 주장했다. 상대방과 외교 관계를 맺는 나라와 국교를 단절하겠다고 으름장을 놓는 등, 독일 유일의 합법 정부로 인정받으려는 외교전도 치열했다. 동독과 서독의 체제 대결은 유럽 한가운데에서 미국과 소련의 대리전 양상으로 벌어졌다. 1955년 서독이 서방세계의 집단안보 체제인 북대서양조약기구 나토에 가입했고, 소련이 동유럽 집단방위 체제인 바르샤뱌조약기구를 만들어 동독을 편입시켰다. 소련은 동독 내정에 깊숙이 개입하며 동독을 미국과의 냉전을 위한 전초기지로 활용했다.[19] 동독과 서독 사이 체제 경쟁은 더욱 뜨겁게 달아올랐다.

동독 한가운데 자리잡은 서베를린은 소련과 동독으로선 목구멍 속의 생선가시 같은 존재였다. 베를린은 마치 공산주의와 자본주의 체제 대결을 보여주는 무대처럼 돼 버렸다. 이 무대 위에서 서독은 경제가 되살아나 번영하는 모습으로 그려졌지만, 동독은 상대적으로 경제 부진과 반정부 시위 등 부정적인 현실이 주목받았다. 게다가 미국이 서베를린에 주둔한 군대를 빌미로 서독에 경제 지원과 군사 원조를 아끼지 않으면서 동·서 독일 간 격차는 더욱 커져만 갔다. 소련 공산당 서기장 흐루쇼프는 동독 주민의 이탈을 막고 서독 군사력 증강을 견제할 방법을 찾아야 했다. 고심 끝에 생각해낸 것은 베를린에서 미군을 철수시키는 것이었다.

흐루쇼프는 서방 연합국가가 서독에서 누리는 특권을 이용해 동독 경제를 훼손하고 있으며, 이는 독일 통일에 방해가 된다고 주장했다. 서방세계가 서베를린을 무장하는 것은 포츠담 합의에도 위반한다며 비무장론까지 꺼내 들었다. 소련군을 포함해 베를린을 점령해온 4개국이 모두 철수하고 6개월 안에 베를린을 누구의 간섭도 받지 않는 자유도시로 만들 것을 제안했다. 그러면서 서베를린은 비무장 도시가 돼야 하며 연합국도 더 이상 승전국 지위와 특권을 누릴 수 없다고 일방적으로 선언했다. 1958년 11월 소련이 날린 '베를린 통첩'이었다.[20] 흐루쇼프는 서방세계가 이를 거부하면 소련군이 일방적으로 철수하고 동베를린 관리 책임을 동독 정부에 넘기겠다고 으름장을 놨다. 이는 서베를린으로 통하는 모든 육로와 수로, 항공로 통제권도 모두 동독에 주겠다는 것으로, 사실상 베를린 전체를 동독 수도로 삼겠다는 것이었다.

하지만 미국과 영국, 프랑스는 소련의 압박에 굴복하지 않았다. 베를린 통첩이 서베를린에서 서방 군대를 철수시키고 통째로 집어삼키려는 의도라는 걸 알고 있었기 때문에 단칼에 거부했다. 오히려 서베를린을 지키겠다는 강한 의지를 드러내며 "소련군이 일방적으로 철수할 수 있으면 해보라"며 버텼다. 당황한 것은 흐루쇼프였다. 서방 군대를 그대로 둔 채 소련군만 철수할 수는 없었다. 일단 시한을 연기했다. 1959년 흐루쇼프는 미국으로 날아가 아이젠하워 대통령과 정상회담까지 하고 베를린 문제를 협상했다. 하지만 별 소득은 없었고, 이후에도 이어진 서방측의 강경 대응으로 흐루쇼프는 최후통첩 기한을 몇 차례 더 연기하며 뒷걸음질쳐야 했다. 최후통첩으로 시작된 미국과의 기싸움은 3년 가까이 이어졌다. 이러지도 저러지도 못하게 된 소련은 체면이 크게 손상됐고, 흐루쇼프는 국내외에서 궁지에 몰렸다.

흐루쇼프와 케네디의 대결

1960년 5월 미국 U2 정찰기가 소련 영공에서 격추되는 사건이 발생했다. 미국의 독보적 기술로 제작한 U2는 소련 방공망이 닿는 1만 미터보다 훨씬 높은 2만 미터 이상 상공을 날며 정보를 수집했다. 소련과 동구 국가들의 국경을 넘어 마음껏 휘젓고 다니며 주요 군사시설을 촬영했다. 그런데 소련 방공부대가 발사한 SA-2 지대공地對空 미사일이 U2 뒷부분에 명중한 것이었다. U2기는 소련 영토 내 추락하고 조종사는 비상 탈출에 성공했지만 소련군에 생포됐다. 남의 나라 영공을 제집 드나들 듯하며 정찰한 것은 공격적 행위로 간주했다. 미국은 기상관측기가 사라졌다며 오리발을 내밀었다. 그런데 소련이 격추 나흘 만에 "영공을 침범한 미국 첩보기를 격추했다"며 U2 잔해를 공개해버렸다. 생포된 조종사 게리 파워스가 "미국 정보당국을 위해 임무를 수행하던 중이었다"고 자백까지 했다. 결국 아이젠하워는 정찰 사실을 시인하고 향후 U2기 첩보 활동 중단을 약속했다.

프랑스 파리에서는 소련과 서구 연합군이 베를린 처리 문제 등을 놓고 정상회담이 열릴 예정이었으나 U2 격추 여파 등으로 취소됐다. 흐루쇼프는 냉전 완화 등을 위해 아이젠하워와 진행해온 일체의 협상을 중단했고, 미·소 간 긴장이 다시 고조됐다. 그해 겨울, 40대 젊은 지도자 존 F. 케네디가 새 미국 대통령에 당선됐다. 그런데 취임 4개월여 만에 벌어진 피그만 침공 사건이 냉전에서 미국 입지를 더욱 위축시켰다. 미국 중앙정보국 CIA가 쿠바에 들어선 친親 소련 성향의 피델 카스트로 정부를 전복시킬 계획을 세웠던 게 들통이 났다. CIA는 쿠바인 망명자로 구성된 특공대 1천5백 명을 쿠바의 피그만에 침투시킨 다음, 이들이 봉기를 일으켜 카스트로 정권을 붕괴시켜줄 것을 기대했다. 하지만 미군의 지원 없는 CIA의 반란군만으로는 역부족이었다. 총알도 포탄도 부족한 가운데 쿠바군과 전투를 벌인 반란군은 상륙 후 60여 시간 만에 1천1백여 명이 체포되고 114명이 사살됐다. 완벽한 실패였다. 배후에 미국이 있다는 사실만 알려지며 국제적으로 망신만 당했다.[21]

두 달 뒤 오스트리아 빈에서 미국과 소련의 정상회담이 열리자 흐루쇼프는 자신의 아들뻘인 케네디를 애송이 취급했다. U2기 문제와 피그만 침공 등으로 케네디를 압박하며 베를린 문제를 협상

테이블에 올렸다. 베를린을 비무장하고 평화도시로 만들 것을 요구하는 한편, 미국과 협상이 결렬되면 동독과 단독 협정을 맺고 서방 연합군이 서베를린에 주둔할 권리를 보장한 4개국 합의도 파기할 것이라고 경고했다. 연합군은 완전히 철수해야 하며 거부할 경우 동서 베를린을 연결하는 도로를 모두 차단하겠다고 위협했다.

케네디는 만만치 않은 상대였다. 소련과 동독이 그 어떤 단독 협정을 맺더라도 서방세계의 서베를린 접근권을 제한할 수는 없다고 맞섰다. 베를린을 쉽게 내어줄 수는 없었다. 지정학적 위치 등을 고려할 때 동독 중심에 있는 베를린을 비무장하고 철수하는 건 사실상 도시를 통째로 공산 치하에 넘겨주겠다는 것과 마찬가지였다. 정상회담이 끝난 뒤 케네디는 최악의 경우 소련과의 핵전쟁까지 벌일 상황을 가정하고 참모들에게 대책을 마련하도록 했다. 실제로 미국 국방성은 소련 핵미사일 한 발이 미국 대도시에 떨어지면 60만 명이 숨지고 전면 핵전쟁이 벌어지면 7천만 명이 희생될 수 있다고 보고서까지 올렸다. 케네디는 결심하고 대국민 TV 연설을 했다. "베를린은 서방세계의 용기와 의지를 위대하게 시험하는 곳"이라며 서베를린에 대한 어떤 공격도 미국에 대한 공격으로 간주할 것이라고 선언했다.[22] 그날 바로 의회에 국방비 325만 달러 증액과 육군 병력을 87만5천 명에서 1백만 명으로 늘릴 것을 요청했다. 소련과의 핵전쟁에도 대비할 필요가 있음을 밝혔다. 강 대 강의 대결이었다. 흐루쇼프는 당시 모스크바에 있던 미국 측 군축회담 대표 존 매클로이를 불러 말했다.

—— "똑같이 대응하겠다. 전쟁에는 전쟁으로 맞설 것이다. 케네디 대통
   령이 전쟁을 시작한다면 아마 전쟁을 할 수 있는 마지막 미국 대
   통령이 될 것이다."

큰소리쳤지만 흐루쇼프는 동독과 단독 조약을 맺지도, 전쟁을
벌이지도 않았다. 대신 동서 베를린 사이에 장벽을 쌓고 서독과의
국경을 폐쇄하기로 했다. 1961년 8월 13일 동독 정부는 '장미작전'
이라는 이름으로 국경선 차단을 준비했다. 국경폐쇄 작전은 극비리
에 진행됐으며 필요한 물자와 장비, 인력도 조용히 마련했다. 국경
차단 회의에 참석한 인원은 동독 공산당과 정부, 공무원 가운데 1
백 명도 채 안 됐다. 심지어 투입 병력 수천 명조차 폐쇄작전이 시
작되기 불과 몇 시간 전에야 정확한 명령을 전달받았다.

케네디는 소련이 베를린을 두 개로 분리하는 장벽을 쌓기 시작
했다는 보고를 받았다. 일부에서는 연합국이 장벽을 파괴해야 한다
는 주장이 나왔다. 그러나 케네디는 베를린 장벽 설치 소식이 그리
나쁘지만은 않았다. 장벽이 소련과의 우발적 충돌을 방지하는 데
차라리 도움이 될 수도 있을 것 같았다. 소련이 서베를린을 진짜로
병합할 생각이라면 베를린을 통째로 집어삼키는 데 오히려 걸림돌
이 될 장벽을 군이 세울 이유가 없었다. 케네디는 베를린 장벽 설치
를 이렇게 평가했다.

—— "흐루쇼프는 곤경에서 탈출하려고 장벽을 설치하는 것이다. 그리

좋은 해결책은 아닐지라도 전쟁을 하는 것보다는 훨씬 나은 선택이다."[23]

케네디는 내심 핵전쟁으로까지 번질 수 있는 냉전시대 갈등이 베를린에서 촉발될 것을 두려워했다. 독일 주민을 둘로 나눠 28년 동안 서로를 떼어 놓을 베를린 장벽 시대는 그렇게 막을 올리고 있었다.

치킨게임의 결말

———

주변에 사람이 많은 건 좋은 신호였다. 국경 경비대의 주위를 분산시킬 수 있었으니까. 동베를린 포츠담 지역의 장벽 경비대원 콘래드 슈만은 건물 벽에 기댄 채 정면 10m 거리에서 서성이는 동료 둘을 지켜봤다. 긴장감 없는 모습으로 잡담을 나누며 앞뒤로 천천히 왔다 갔다 하고 있었다. 바로 자신 왼쪽으로는 이틀 전 설치된 철조망이 보였다. 동료와 철조망을 번갈아 쳐다봤다. 동료들이 반대편으로 몸을 돌려 걸어가는 순간, 슈만은 철조망을 향해 있는 힘껏 내달렸다. 허리 높이 철조망을 훌쩍 뛰어넘었다. 오른쪽 어깨에 멨던 소총은 내팽개치고 그대로 달려, 마침 서베를린 길에 서 있던 차의 문을 열고 뛰어들었다. 이 모습을 본 동료들이 상부에 보고하려고 황급하게 뛰어갔고, 반대편에서 이를 지켜보던 서독 경찰은 슈만의 소총을 집어 들어 처리했다. 19살 동독 병사의 자유를 향한 탈출이었다. 순식간이었다. 동독에서 서독으로 탈출하는 데 걸린 시간은 10초도 채 걸리지 않았다.[24]

슈만이 철조망을 뛰어넘던 바로 그 순간, 건너편의 사진사가 이 장면을 생생하게 카메라에 담았다. 사진은 곧 전 세계에 공개됐다. 군복에 철모까지 눌러 쓴 무장 군인이 동베를린을 탈출하는 사진은 충격이었다. 청년이 뛰어넘은 것은 동서 분단의 상징이 될 베를린 장벽이었고, 자유를 향한 젊은 군인의 목숨을 건 도약은 소련과 동독의 체면을 크게 손상했다. 동독 주민들은 앞으로는 서쪽으로 못 가게 될 거란 불안감에 휩싸였다.

슈만이 탈출을 결심한 이유

장벽이 설치된 건 1961년 8월 13일 새벽이었다. 아침 일찍 베를린 주민들은 눈앞에서 벌어지는 광경에 입을 다물지 못했다. 1만 명에 달하는 무장 경찰과 군인이 동·서 베를린을 잇는 주요 거리에 배치돼 통행을 못 하도록 막고 나섰다. 동서를 연결하는 도로마다 콘크리트 조각과 보도블록이 쌓이고 뾰족한 가시철조망이 둘러쳐졌다. 동·서 베를린 사이 위치한 검문소 81곳 가운데 68곳에 바리케이드가 설치됐고 동서 연결 도로 193곳에서는 폐쇄 작업이 진행됐다. 지상과 지하에서 동서를 오가던 철도와 전철 운행도 중단됐다. 소련군 병력까지 투입돼 소련제 T-34 탱크 수백 대가 시내 여기저기 배치됐다. 베를린은 공포에 휩싸였다.

갑자기 벌어진 일에 어리둥절한 베를린 시민들이 철조망 주변으로 모여들었다. 동독의 무장 군경은 경계선을 넘으려고 시도하거나 항의하는 군중을 막무가내로 체포했다. 서베를린 쪽에서도 경찰이 나와 흥분한 시민을 통제하고 만일의 상황에 대비했다. 검문소를 통해 동서를 넘나들며 친지를 만나고 직장생활을 해오던 베를린 주민들은 갑작스러운 봉쇄에 크게 당황했다. 장벽이 생기면 다시는 상대 쪽으로 건너가지 못하는 건지, 사랑하는 가족, 친구들과 이대로 이별해야 하는 건지, 학교와 직장은 어떻게 되는 건지, 누구도 알지 못했다.

철조망 설치 사흘 만에 이를 과감하게 뛰어넘었던 경비대원 슈만은 다가올 미래에 대한 힌트를 가지고 있었다. 근무를 서던 중 한 가족의 이산離散 현장을 목격한 것이었다. 동베를린 할아버지 댁을 방문했던 손녀가 서베를린 부모에게 돌아가려던 참이었다. 할아버지가 손녀를 안고 철조망 건너 부모에게 건네려 할 때 동독 경비병이 이를 막았다. 그리고는 "누구도 장벽을 넘을 수 없다"라며 손녀를 다시 동베를린 쪽으로 끌고 가버린 것이었다. 이 소녀의 부모는 불과 몇 미터 거리에 있었지만 어떻게 손을 쓸 방법이 없었다. 끌려가는 딸을 보며 눈물을 흘릴 뿐이었다. 슈만은 동독 정부의 무자비한 장벽 관리 방침에 치를 떨었다. 이런 곳에서 영원히 머물 수는 없다는 두려움이 엄습했다. 그가 서베를린 행을 택한 이유였다.

휴일 아침 전격적으로 베를린 장벽 건설을 시작한 동독 정부의 '장미작전'은 대성공이었다. 총알 한 발 쏘지 않고 양측을 물리적으로 갈라놨다. 일요일 새벽 시간을 선택해 서독이 제대로 대응할 시간을 갖지 못하게 한 것도 주효했다. 서독 당국은 별다른 저항도,

무력을 사용하지도 않았다. 동독 주둔의 소련 군대를 동원한 것도 치밀한 계획에 따라 진행한 것이었다. 동독과 소련의 무장 군인들을 앞장세움으로써 시민 저항은 물론, 서방세계의 물리적 대응을 최소화하는 효과를 거뒀다.

동독 정부는 서독으로부터 넘어오는 간첩과 요원을 막기 위해 베를린 장벽을 건설한 것이라고 주장했다. 이 때문에 공식적으로도 '반反파시스트 보호 장벽'이라고 불렀다. 동독 주민이 서독으로 넘어가는 것을 막기 위해 설치하는 것이라고 공개적으로 말할 순 없었다. 베를린은 서방의 자유세계로 나가는 탈출구였고, 소련이 지향하는 사회주의 체제에 불만인 자들이 서구세계로 빠져나가는 가장 쉬운 경로였다. 이는 곧 소련이 동유럽에 구축한 '철의 장막'에 커다란 구멍이 났음을 의미하기도 했다. 이제 베를린 장벽이 이 구멍을 막는 중요한 역할을 할 것이었다.

급하게 건설하기 시작한 베를린 장벽은 우선 철조망을 연결해 만들었다. 군데군데 철조망 위치를 고정해주는 기둥만 있을 뿐 높이도 1.5m 안팎에 불과해 그다지 위협적이지는 않았다. 이른 새벽과 늦은 밤 경비가 허술한 틈을 타 철조망을 넘는 사람이 속출했다. 장벽을 만든 뒤에도 국경을 넘는 일이 빈번해지자자 동독 정부는 경비대에 무력 사용을 지시했다. 허락 없이 경계를 넘는 사람에겐 총을 쏠 수 있도록 했다.

철조망이 설치된 지 열하루 만에 동독을 탈출하려던 첫 번째 민간인 희생자가 발생했다. 양복점 종업원 귄터 리트핀은 동베를린

라이히슈타크 빌딩 근처에서 서베를린으로 이어지는 운하로 뛰어들어 헤엄을 쳤다. 귄터가 서쪽 제방에 거의 다다랐을 무렵 동독 경비병이 자동소총을 난사했다. 귄터는 머리에 총을 맞고 그대로 물속에 가라앉았다. 시신은 그날 저녁에 떠올랐다. 이 소식을 들은 베를린 주민들은 공포감에 휩싸였다. 동독을 벗어나려는 사람들의 마음은 급해졌다. 아직 장벽이 허술하고 경계가 강화되기 전에 서둘러 빠져나가야 했다.

콘크리트와 시멘트 장벽은 일주일 뒤 본격적으로 건설되기 시작했다. 지형과 지물을 고려할 시간도 없이 급하게 장벽을 쌓아 올렸다. 장벽이 주택가와 골목을 가로지르는가 하면, 건물 한가운데를 지나가기도 했다. 이 때문에 단일 건물이 한쪽은 동베를린, 다른쪽은 서베를린에 속하는 경우도 있었다. 경계가 허술하게 급조된만큼 탈출하려는 동독 주민에게는 아직 기회가 남았다. 경계 감시가 제대로 이뤄질 수 없는 사각지대가 적지 않았다. 동베를린으로 난 건물 정문으로 들어가 서베를린 쪽 뒷문으로 도망칠 수도 있었다. 동독 정부는 경계선 상에 위치한 건물들을 집중적으로 단속했다. 서쪽으로 향한 1층 출입문은 모두 밖에서 걸어 잠그고, 서쪽으로 난 창문도 시멘트와 각목 등으로 막았다. 1층 탈출로가 막히자 지하통로나 샛문, 2층에서 커튼이나 밧줄을 내려 도망치기도 했다. 참다못한 동독 정부는 한 달 뒤 경계선 상에 있는 모든 건물과 주택에 거주하는 주민에게 집을 비울 것을 명령했다.

마지막 탈출구까지 점점 사라질 위기에 놓이자 동독 주민들은 탈출하려고 안간힘을 썼다. 접경 건물 주민들은 완전 봉쇄가 이뤄지기 전 2, 3층 창문을 통해 서쪽으로 넘어갔다. 칠팔십 대 고령자들까지 이런 위험천만한 탈출을 시도해 죽거나 다치는 사람도 적지 않았다. 서베를린 주민들은 창문을 통해 내려오는 동독 주민을 받아주고 사다리를 대주는 등 탈출을 도왔다. 베를린 장벽이 설치됐지만, 그해 동독 주민 8천5백여 명이 서독으로 넘어갔다. 슈만처럼 서독으로 탈출한 동독 경비대원도 77명에 달했다.

찰리 검문소 대치

|

장벽이 설치되면서 베를린 시내에서 미국과 소련 사이에 예기치 않은 긴장 상황도 벌어졌다. 연합국 군인과 관리들은 장벽과 상관없이 동서 베를린을 왕래할 수 있었다. 하지만 동독 정부가 장벽을 세우며 자유 왕래까지 일부 제한하려고 시도하면서 문제가 불거졌다. 장벽 설치 두 달여 만에 동독 정부는 미군이라도 사복 차림으로 동베를린을 가려면 검문소에서 신분 검사를 받도록 했다. 전날 미국 외교관이 오페라를 보려고 동베를린으로 가려다 국경 경비대와 시비가 벌어진 것이 발단이었다.

　미군은 동독의 이런 조치가 베를린에서 연합군이 누리던 지위에 대한 공격과 마찬가지라며 반발했다. 미군 점령지 사령관인 클레이는 소련과 동독이 장벽으로 미국의 권리를 훼손할 수 없다는 걸 보여주고 싶었다. 미군 M48 탱크 10대를 장벽에 있는 찰리 검문소로 보냈다. 장벽을 밀어버릴 심산이었다. 연합군 군인과 외국인의 동서독 왕래 관문이던 찰리 검문소는 베를린 도심 프리드리히 거리 교차로에 있었다. 미군 탱크가 무력시위를 벌이자 소련의 흐루쇼프도 같은 수의 T55 탱크를 찰리 검문소로 보냈다. 미군과 소련군 탱크 20대와 병사 수십 명이 베를린 시내에서 75m 거리를 두고 서로에게 포신과 총신을 겨누고 대치했다. 탱크에는 포탄까지 장전된 상태였다. 어느 한쪽이 실수로라도 방아쇠를 당긴다면 전쟁이 시작될 것 같은 일촉즉발의 긴장이 감돌았다. 거리에 모인 시민들은 제3차 세계대전이 바로 이 거리에서 시작될 수 있다는 두려움 속에 숨을 죽이고 이 광경을 지켜봤다.

그러는 동안 미국과 소련은 물밑 접촉을 벌였다. 케네디는 클레이에게 전화를 걸어 그를 말렸다. 당장 소련과 전쟁을 벌일 만큼 "그렇게 베를린이 중요하지는 않다"는 메시지를 전달했다. 그러면서 자신의 동생인 로버트 케네디를 소련 정보당국과 접촉시켜 비밀 협상도 진행했다. 협상은 빠르게 타결됐다. 그 결과 소련이 먼저 T55 탱크 한 대를 후퇴시켰고, 미군도 약속한 대로 똑같이 M48 탱크 한 대를 뒤로 물렸다. 이렇게 서로 협상 결과를 이행할 의지를 확인한 양측은 순차적으로 탱크를 모두 철수시켰다.[25] 긴장 속 대치가 이뤄진 지 16시간 만이었다. 미국과 소련의 합의로 연합국 군인과 관리는 장벽 건설 이후에도 동서 베를린을 계속 왕래할 수 있게 됐다.

옥죄어 오는 장벽

동독 정부는 베를린 장벽 개선 작업을 서둘렀다. 급하게 만들어진 초기 장벽은 허술했다. 시골과 산악지역 등 외진 곳은 지형지물을 이용해 느슨하게 철조망을 연결하거나 기존에 민간이 만들어 놓은 울타리와 장벽을 재활용했다. 도심 등 일부 지역에서는 건설 현장이나 농가에서 쓰던 콘크리트와 벽돌을 그대로 가져다 쌓아 올리기도 했다. 동독 정부는 이런 장벽으로는 주민 이탈을 효과적으로 막을 수 없다고 판단하고 장기적인 계획을 세워 장벽을 개선했다. 장벽의 구조와 소재에 통일성을 기해 대량 생산하고, 지형지물에 맞춰 빠르게 설치할 수 있게 규격화했다. 철조망 대신 콘크리트 블록을 높이 2m까지 쌓고 꼭대기에 Y자 모양의 철심을 박은 뒤 그 위에 철조망을 연결했다. 브란덴부르크 문 주변 장벽은 두께 2m에 높이 2m의 탱크 방호장벽까지 만들어졌다. 포츠담 광장 등 동서독을 관통하는 도로의 주요 구간에도 탱크 접근을 막을 시설물들이 건설됐다. 장벽 윗부분을 둥글게 만들어 손으로 잡고 올라가거나 갈고리를 걸 수 없도록 했다. 중간중간 높은 감시탑도 설치했다. 베를린 장벽 경비 책임도 내무부에서 국방부로 넘겼다.

베를린 장벽은 서독 정부와는 상관없이 동독 정부가 단독으로 만든 것이어서 모든 비용과 관리 책임도 동독이 홀로 떠안아야 했다. 하지만 선택의 여지가 없었다. 대규모 주민 이탈을 이대로 손 놓고 있으면 내부로부터 붕괴할 것이라는 우려가 커졌다. 1949년 이후 베를린 장벽이 세워지기 전까지 서독으로 넘어간 동독 주민은 270만 명에 달했다. 이들의 약 30%는 숙련 기술자이고 6~7%는 농업 종사자였다. 대부분은 취학 연령의 자녀를 포함해 가족 모두가 탈출했다. 10여 년 동안 동독은 전체 인구의 6분의 1을 서독에 빼앗긴 셈이었다. 기술 인력과 젊은 세대의 이탈은 막대한 두뇌 유출이었고, 이는 곧 사회주의 동독 건설에 적지 않은 타격을 줬다. 결국 장벽 건설은 외부의 적, 즉 서독의 침입을 막기 위해서라기보다는 자국민의 이탈을 막으려는 궁여지책이었다. 결과적으로 베를린 장벽은 상당한 효과를 거뒀다. 장벽이 설치되던 해 동독 탈출자는 21만 명에 육박했지만, 설치된 바로 다음 해에는 그 수가 2만1천여 명으로 전년 대비 10분의 1 수준으로 줄었다.

베를린 장벽이 설치되고 미소 냉전은 격화됐다. 미국과 소련 사이에 벌어진 베를린 찰리 검문소의 탱크 대치 위기 1년 만에, 둘 사이에 새로운 충돌이 벌어졌다. 이번엔 핵미사일이었다. 1962년 10월 14일 미국 중앙정보국 CIA는 소련이 쿠바에 핵미사일 기지를 건설하고 있다고 케네디에게 보고했다. 소련제 핵탄두 99기는 이미 미국에 탐지되지도 않은 채 쿠바에 도착해 있는 상태였다. 핵탄두의 위력은 히로시마에 떨어진 원자폭탄보다 수십 배 강력한 것이었다. 첩보 사진에는 미사일 기지의 부지 시설물과 장비가 생생하게 담겨 있었다. 여기에는 1메가톤의 핵탄두를 실어나를 수 있는 중거리 탄도미사일도 찍혀 있었다. 소련이 미국 남동부 플로리다에서 남쪽으로 약 140km 떨어진 쿠바에 미국 대부분 대도시를 타격할 수 있는 핵미사일을 사실상 배치한 것으로 분석됐다.[26] 게다가 가공할 핵미사일을 실은 것으로 보이는 소련 선박 16척이 선단을 꾸려 쿠바로 향하고 있었다. 긴급 소집된 국가안보회의는 미사일 기지의 정밀 타격과 쿠바 침공, 외교 압박 등 다양한 방안을 논의했다. 결론은 봉쇄였다. 케네디는 TV 방송을 통해 "미국 해군이 쿠바 해상을 봉쇄하고 소련 선박의 접근을 막을 것"이라고 밝혔다. 군에는 비상사태가 선포됐다.

이번에도 소련과 막후 접촉이 이뤄졌다. 흐루쇼프는 미국이 쿠바 봉쇄를 풀고 쿠바 침공도 안 하겠다고 약속하면 기지 건설을 중단하겠다고 제안했다. 터키에 있는 나토 기지도 철수할 것을 요구했다. 그러던 중 미군 정찰기가 쿠바 상공에서 격추되는 일이 벌어지고, 소련 선박은 해상을 봉쇄 중인 미군 함대 바로 코앞까지 접근했다. 미군 B-52 전략폭격기는 소련을 즉각 공격할 수 있도록 핵폭탄을 싣고 공중 대기 중이었다. 어느 쪽이든 버튼만 누르면 인류 역사상 첫 전면 핵전쟁이 벌어질 살벌한 상황이었다.[27]

양보 없이 마주 달리던 일촉즉발 치킨게임은 소련이 먼저 핸들을 돌리며 충돌을 피했다. 흐루쇼프가 쿠바 미사일 기지를 폐쇄하고 무기를 철수하겠다고 발표했다. 미국은 해상 봉쇄를 풀고 쿠바를 침공하지 않겠다고 약속했다. 쿠바 미사일 위기는 13일 만에 막을 내렸다. 핵전쟁 위기 재발을 막기 위해 미국 백악관과 소련 크렘린 사이에 직통전화 핫라인이 설치됐다. 쿠바 미사일 위기는 인류 역사상 가장 위험했던 순간으로 꼽힌다.

탈출

바리케이드를 부순 탈출 열차

자유를 향한 마지막 열차였다. 기관차 234호는 차가운 밤하늘에 증기를 뿜으며 빠르게 달리고 있었다. 저 멀리 앞쪽으로 선로를 가로막고 있는 바리케이드와 무장한 동독 경비병들이 보였다. 기관사 해리 디터를링은 엔진에 석탄을 더 쏟아부었다. 터질 듯 팽창한 증기는 커다란 강철 바퀴를 힘차게 돌렸다. 열차 속도는 시속 80km. 이 거대한 강철 덩어리는 멈출 수 없었다. 객실 승객용 비상 브레이크마저 미리 끊어놓은 상태였다. 곧 서독으로 넘어갈 수 있을 것 같았다. 경비병들이 선로를 폭파하지만 않는다면.

동독 정부에 비판적이었던 기관사 해리는 이전부터 강제 노역소로 보내질 거란 위협을 받아왔다. 정부에 불만을 표한다고 감옥에 보낸다니, 더 이상 참을 수 없었다. 열차로 동독을 탈출할 계획을 세운 다음 가족과 친구, 친한 동료 몇 명에게만 은밀히 알렸다. 손수 운전해 서베를린으로 갈 테니 같이 가고 싶으면 12월 5일 저녁 7시 33분까지 역으로 나오라고 했다. 이날은 해리의 생일이었다.

해리는 동베를린 서쪽 끝 알브레히츠호프 행 열차를 운행하도록 근무 일정까지 조정해뒀다. 거사 당일 저녁 8시 50분 날카로운 기적 소리가 출발을 알렸다. 종착역을 앞두고 열차에 남은 사람은 모두 32명이었다. 해리의 아내와 네 아이, 동료 기관사, 친지들, 그리고 이런 계획을 전혀 모른 채 탄 일반 승객들이 포함돼 있었다.

열차는 마지막 알브레히츠호프 역에 서지 않고 그대로 통과했다. 베를린이 분리되기 전 서베를린으로 연결돼 있던 선로는 이제 서쪽 끝에 바리케이드가 설치돼 더 이상 진입하지 못하게 막혀 있었다. 탑승자들은 모두 해리가 시키는 대로 바닥에 납작 엎드렸다. 기차가 서지 않고 달려오는 걸 본 경비병들은 비상이 걸렸다. 하지만 육중한 기관차를 막을 방법이 없었다. 콰콰쾅! 열차는 그대로 바리케이드를 부수고 서베를린으로 넘어갔다. 다행히 다친 사람은 없었다. 열차 탈출은 성공이었다. 이제 자유였다. 열차에 탄 32명 중 일반 승객 7명은 자유의사에 따라 바로 동독으로 돌아갔다. 234호 열차도 이튿날 동베를린으로 돌려보내졌다. 해리는 몰려든 기자들에게 말했다.

── "자유가 내 생애 최고의 생일선물이다!"

동독 정부는 1961년 이들이 탈출한 선로 수십 미터 구간을 통째로 들어내 없애 버렸다. 그리고 이후 30년 동안 이 선로는 폐쇄됐다.[28]

기발하고도 필사적인 탈출

|

장벽이 생긴 뒤에도 자유를 향한 동독 주민들의 필사의 탈출은 끊이지 않았다. 동독 정부는 국경을 넘으려는 자에게는 발포하라고 명령을 내리는 빗장을 단단히 걸었다. 이 때문에 많은 사람이 죽고 다쳤지만 자유를 향한 갈망은 막을 수 없었다. 매일같이 전해지는 서독의 발전된 모습과 자유로운 사회 분위기는 동독인에게 상대적 박탈감을 더 크게 만들었다. 서독 주민은 동독의 친지에게 편지와 소포를 보낼 수 있었다. 그 속에는 많은 서독 소식과 물품이 함께 전해졌다. 서독 물건들은 동독 것과는 비교하기 힘든 수준이었다. 식료품은 맛이 좋고 의복은 질이 뛰어났다. 이·미용 제품은 향과 색깔, 기능까지 모든 게 차원이 달랐다. 성능이 탁월한 전자 제품을 비롯한 소비재와 공산품은 모두 동독인에게 선망의 대상이었다.[29] 동독 일부 지역에선 서독 TV 방송도 시청할 수 있었다. 서독의 일상이 그대로 전파를 타고 동독 주민의 마음속을 파고들었다. 동독 정부는 우편물을 검열하고 방해 전파를 쏘는 등 TV 시청을 통제하려 했지만 큰 효과를 보지 못했다. 그럴수록 서독에 대한 동경만 커졌다. 탈출은 더욱 대담해졌고 기묘한 방법이 속출했다.

1963년 한 동독 군인은 부대에서 장갑차를 훔쳐서 탈출을 감행했다. 장갑차라면 콘크리트 장벽마저도 부수고 넘어갈 수 있을 거라 기대했다. 장갑차로 베를린 장벽을 그대로 들이받았지만 장벽은 일부만 부서지고 차는 걸려서 멈춰 섰다. 황급히 운전석을 빠져나온 군인이 철조망을 넘으려는 순간 뒤쫓아 온 동독 경비대가 총을 쐈다. 군인은 총알을 맞고 그대로 철조망 위에 쓰러졌다. 장벽 너머 서베를린에서 이 장면을 지켜보던 주민들이 얼른 달려가 피를 흘린 채 걸린 병사를 끌어내렸다. 서둘러 병원에 보낸 덕분에 다행히 병사는 목숨을 구하고 자유도 얻었다.

과감하게 베를린 시내 검문소를 차량으로 정면 돌파할 계획을 세운 청년도 있었다. 문제는 검문소 앞 도로를 가로막고 있는, 어른 허리 정도 높이의 차단봉이었다. 차가 그 아래로 지나갈 수 있도록 최대한 차체를 낮춰야 했다. 차 지붕을 뜯고 앞 유리창과 창틀까지 제거했다. 자동차 바퀴의 타이어 바람까지 적당히 빼내 차체를 더 낮아지도록 만들었다. 애인과 어머니를 차 트렁크에 태운 다음 검문소로 운전해 갔다. 경비병이 차를 막고 검문하려는 순간 액셀러레이터를 힘껏 밟아 속도를 올렸다. 차단봉이 내려져 있었지만 그대로 몸을 숙인 채 지나갔다. 차량은 지면에 바싹 붙어 이들을 자유의 세계로 이끌었다.

동독의 한 서커스 단원은 특기인 줄타기를 이용해 탈출을 시도했다. 한겨울 장벽 옆 높이 솟은 전봇대로 조용히 올라갔다. 동베를린 전봇대에서 시작한 전선은 서베를린까지 길게 이어져 있었다. 전력 공급이 끊어져 감전될 위험은 없었다. 전선에 매달려 조심조심 한쪽 팔씩 서쪽으로 향했다. 12m 발아래로 경비병들이 오가는 모습이 생생하게 보였다. 그런데 추위가 생각지 않은 장애물이었다. 손이 얼고 힘이 빠져 오래 버틸 수가 없었다. 중간에 전깃줄을 놓아 버렸고, 그대로 차가운 길바닥에 떨어지고 말았다. 쿵! 하지만 다행히 추락한 곳은 서쪽이었다. 팔이 부러지고 크게 다쳤는데도 웃음이 터져 나왔다. 어쨌든 탈출은 성공이었으니까.

엄혹한 동독 경비대의 감시망을 피해 탈출하기 위해서는 상당한 시간과 공을 들여야 했다. 서베를린에 사는 두 형제는 비행기를 이용해 동독에 남겨진 막냇동생을 구출할 계획을 세웠다. 돈을 모아 경비행기를 사고 직접 비행기 조종법까지 배웠다. 동체와 날개는 소련 공군기 색깔로 칠해 감쪽같이 위장도 했다. 동생과 약속한 당일 형들은 경비행기를 몰고 동베를린 상공으로 날아갔다. 동독 국경 경비대는 머리 위로 날아가는 비행기를 빤히 보고도 소련 군용기로 착각해 총알 한 발 쏘지 않았다. 동베를린 약속 장소에 무사히 착륙한 형들은 기다리던 동생을 태우고 다시 유유히 서베를린으로 돌아왔다.[30]

동독인의 탈출 행렬은 이어지고 이를 보는 서독인의 마음은 복잡했다. 베를린 장벽이 설치된 지 2년이 가까워지면서 동베를린뿐만 아니라 서베를린 주민들도 극도의 불안감을 호소했다. 동서독 간 분단과 경쟁이 심화했고 미국과 소련의 냉전은 수그러들 기미가 없었다.

나는 베를린 시민입니다!

이런 가운데 베를린 공수작전이 15주년을 맞았다. 쿠바 미사일 사태를 통해 흐루쇼프와의 기싸움에서 승기를 잡은 케네디는 1963년 서베를린을 방문했다. 콘크리트로 쌓아진 베를린 장벽 근처 망루에 올라 동베를린을 가만히 내려다봤다. 케네디는 미국이 서베를린 주민과 서구 유럽을 계속 강력하게 지원할 것임을 분명히 하는 메시지를 남기고 싶었다. 6월 26일 서베를린 시청 광장에는 냉전시대 자유세계를 이끄는 젊은 지도자를 보기 위해 인파 12만 명이 운집했다. 케네디가 연단에 올라서 연설을 시작했다.

——— "2000년 전 가장 자랑스럽게 했던 말은 '나는 로마 시민이다'이었습니다. 오늘날 자유세계에서 가장 자랑스러운 말은 '나는 베를린 시민이다Ich Bin ein Berliner'입니다. 모든 자유인은 각자 어디에 살든 베를린 시민입니다. 저도 자유인의 한사람으로서 '나는 베를린 시민이다'라고 말하는 것이 자랑스럽습니다."

서베를린에 대한 그 어떤 공격도 자신에 대한 공격으로 받아들이고 끝까지 베를린을 포기하지 않겠다는 의지를 천명한 것이었다. 냉전시대 최고의 연설로 회자되는 케네디의 이날 연설은 장벽과 소련과 동독의 침략 위협에 불안해하던 서베를린 주민에 커다란 안도와 위안을 줬다. 나아가 냉전시대 공산 진영에 맞서는 서방 세계의 결속을 강화하는 촉매 역할도 톡톡히 했다.

1970년대에도 동독 주민의 탈출은 끊이지 않았다. 여전히 직접 장벽을 넘는 사람도 있었지만, 비교적 여행이 쉬운 동유럽 공산권

제3국으로 먼저 나간 뒤 그곳에서 서독 대사관을 통해 망명하기도 했다. 서독에서 벌어지는 국제 행사에 참여하려고 정식 허가를 받은 동독 운동선수나 예술가 등이 돌아가지 않고 그대로 눌러앉는 경우도 있었다. 이런저런 방식으로 연평균 약 2만 명의 동독인이 서독으로 넘어갔다.[31]

베를린 장벽은 더욱 넘어가기 힘들도록 개량에 개량을 거듭했다. 동독 정부는 국경 통제를 보다 효과적으로 하려고 탈출과 파괴 시험까지 하는 등 설계와 제작에 공을 들였다. 규격화된 장벽은 가로 1.2m에 세로 3.6m 크기로 사전 제작된 콘크리트 벽을 나란히 이어 붙이는 방식이었다. 옆에서 단면을 보면 L자 모양이고 꼭대기에 지름 약 40cm의 둥근 덮개를 씌워 갈고리를 걸지 못하게 했다. 자동차가 정면에서 충돌해도 파손되지 않을 만큼 견고한 소재와 구조로 만들어졌는데, 이런 구조물 4만5천 개를 전체 베를린 장벽의 약 54km 구간에 설치했다. 외관도 훨씬 매끈해져 서베를린 쪽에서 바라보면 아주 깔끔한 벽처럼 보이도록 세워졌다. 동독 정부가 국경을 봉쇄하고 자국민을 억압하고 통제한다는 이미지를 상쇄하려는 전시 의도가 다분해 보이는 조치였다.[32]

반면 동베를린 쪽은 탈출 방지 장치가 겹겹이 강화됐다. 장벽에서 동쪽으로 배후지가 조성돼 약 2~3m 높이의 1차 장벽이 세워지고, 추가로 2m 높이 전기 철조망이 설치됐다. 곳곳에 센서가 부착돼 누군가 건드리기만 하면 경보가 울렸다. 장벽 밑을 파고 탈출하는 것까지 막으려고 장벽 아래 지하 50cm까지 고압전기가 통하도록 장치해놓은 구간도 생겼다. 감시탑을 곳곳에 세우고 장벽 직전에는 깊이 2m 도랑까지 파놓아 차량이 접근하면 빠지도록 했다. 베를린 장벽과 그 배후 지역은 '죽음의 지대' 또는 '죽음의 띠'라고 불렸다. '죽음의 띠' 지역의 폭은 도심이 15m, 교외 지역의 최대 150m까지 달했다. 장벽을 건설하고 유지하는 데 동독 정부는 큰 비용을 치러야 했다. 약 150km 길이 베를린 장벽 감시에만 훈련된 경비 병력 5만 명이 필요했다. 핵심 조직이라고 할 수 있는 중앙국경사령부CBC 규모는 베를린 장벽 붕괴 직전 기준으로 병력 1만1천 명에 차량 약 2천3백 대, 경비정 29대, 경비견 약 1천 마리에 달했다.

장벽을 넘는 불법 탈출이 점점 어렵고 위험해지면서 합법적으로 서독으로 넘어가는 동독인이 늘었다. 목숨을 건 탈출 대신, 정식으로 서독 이주 신청을 통해 넘어가는 것이었다. 동독 정부의 승인을 받으면 국적을 버리고 서독 시민이 되는 것이 가능했다. 동독 정부는 주로 골치 아픈 반체제 정치범과 그 가족, 고령으로 연금을 받는 비경제 인구 등에 허가를 내주었다. 생산에 이바지하는 젊은 세대와 엘리트 이탈은 막으면서 체제 유지에 부담이 되는 사람을 은근히 서독으로 보냈다. 점차 젊은 노동자의 이주 신청도 늘었는데, 1970~1980년대에는 동독 이탈 주민 약 3분의 2가 합법으로 서독으로 넘어갔다. 1970년대 이후 국제사회 긴장이 일부 완화되고, 동독도 국제무대에서 고립을 벗어나려는 노력의 일환으로 이주 기준을 완화한 데 따른 결과였다.

장벽 너머 은밀한 거래

장벽은 굳건했지만 양측 간 이동과 교류도 많아졌다. 1972년 동서독은 상호 간 국가로서 실체를 인정하고 호전적인 행동을 하지 않는다는 것을 골자로 한 기본조약도 체결했다. 1970년대 동서독 관계가 개선되면서 서독인은 횟수에 상관없이 연간 30일까지 동독을 방문할 수 있게 돼 해마다 6백만 명에 가까운 서독 주민이 동독을 다녀왔다. 동독인의 서독 방문은 베를린 장벽 설치 이후엔 공무 외엔 사실상 불가능해졌지만, 1960년대 중반 이후 연금을 받는 고령자들을 중심으로 허용됐다. 역시 1970년대 들어 연간 30일 내에서 서독 친지와 가족의 경조사 참여가 허용돼 매년 1백만 명 이상의 은퇴자와 4만~6만 명에 달하는 일반인이 서독을 왕래했다.[33]

서독은 경제가 어려운 동독에 금전적인 지원과 원조를 해주고 그 대가로 주민을 데려오기도 했다. 특히 고문과 강제노동 등으로 인권이 유린당한 동독 정치범을 계획적으로 빼내 왔다. 일찍이 1950년대부터 동독 내 정치범 구명 활동을 해온 서독 정부와 시민단체는 1960년대 초반 체제 동독 정치범 1만2천 명의 명단을 확보하고 이들을 데려오려고 계획을 세웠다. 물꼬는 시민단체가 텄다. 1962년 서독 교회가 트럭 3대분의 비료와 석탄, 옥수수 등을 동독에 건네고 동독 정부가 가뒀던 성직자 150여 명을 넘겨받았다. 첫 거래가 성사된 뒤 정치범 거래는 적극적으로 이뤄졌다. 동독 정부는 일 년에 5백 명에서 1천5백 명의 정치범을 넘기고 '몸값'은 직업과 형량 등에 따라 정해 받았다. 1960년대 이들의 평균 몸값이 4만 마르크였는데 1980년대에는 9만5천 마르크로 뛰었다. 서독은 몸값을 현금으로 지급하지 않고 교회 운영 단체 등을 통해 생필품 등 현물로 보냈다.

이처럼 동독 정치범을 돈을 주고 받아들이는 정책은 '프라이카우프Freikauf'라고 불렸다. 독일어로 '자유를 산다'는 뜻이다. 베를린 장벽이 무너지기까지 27년 동안 이어져 동독 정치범 3만3755명에게 자유를 찾아줬다. 그들의 가족 25만 명도 서독으로 송환됐다. 서독 정부는 프라이카우프 대가로 동독에 모두 34억 마르크어치 현물을 보냈다.

프라이카우프는 동서독 이해가 교묘하게 맞아떨어지는 거래였다. 서독은 정치범을 받아들임으로써 억압받는 인권을 보호하는 동시에 동독 주민에겐 희망을 심어줄 수 있었다. 또한 유능한 반체제 지식인과 지도층을 빼내 옴으로써 동독 체제를 약화하는 효과도 기대할 수 있었다. 반면 동독으로선 골치 아픈 사상범을 쫓아내고 금전 이익까지 챙기니 일거양득 거래였다. 이는 동독 집권층 권력 기반 강화에도 도움이 될 것이라는 계산이 깔려 있었다.[34] 무엇보다도 프라이카우프를 통해 동서독이 좋으나 싫으나 상호 교류를 이어갔다는 것이 가장 긍정적인 효과로 평가받았다.

프라이카우프뿐만이 아니었다. 전후 '라인강의 기적'을 일군 서독은 경제적으로 동독을 지원할 여력이 충분했다. 서독은 민간 부문 등을 통해 연평균 32억 달러에 달하는 지원을 동독에 쏟아부었다.

하지만 공짜는 없었다. 서독이 지원할 때마다 동독은 이에 상응해 주민의 인권 개선이나 교류 확대, 서독 방송의 청취 허용 등을 대가로 시행해야 했다. 또한 동독 주민에게는 서독으로부터 이런저런 물품을 지원받았다는 사실을 분명히 알리도록 했다. 동독 정부로선 다소 굴욕적이기까지 했지만 서독이 내건 조건을 이행하며 지원을 받아들였다. 동독 정권은 통치 체제를 유지하려면 서독의 지원이 절실했기 때문이었다. 서독이 1972년부터 베를린 장벽이 무너질 때까지 지원한 금액은 총 1천44억 마르크(당시 환율로 약 70조 원)였다.[35]

도리어 동독으로 가는 자들

그런데 동독인만 서독으로 넘어간 게 아니었다. 잘 알려지지 않았지만 서독에서 동독으로 넘어간 사람도 적지 않았다. 분단 40년 동안 서독으로 넘어간 동독인은 350만~450만 명 정도 되는데, 반대로 서독에서 동독으로 넘어간 주민 수도 50만 명 안팎으로 추정된다. 특히 동서독 분단 직후부터 1960년대 중반까지 서독에서 동독으로 가는 이주가 활발했다. 서독 이탈자의 약 3분의 2는 동독을 탈출해 서독으로 왔던 사람이 다시 동독으로 되돌아간 경우였다. 대부분 서독 생활에 적응하지 못한 동독 이탈 주민이었다. 전체주의 동독 정권 아래 사는 게 쉽지 않아 도망쳐 나왔지만, 자본주의 서독에서 적응하는 것도 만만치 않았다. 동독 이탈 주민은 서독 사회의 편견과 냉대를 견뎌야 했다. 냉전이라는 시대적 상황 때문에 색안경을 끼고 이들을 잠재적인 간첩으로 의심하기도 했고, 능력도 없이 서독으로 와 세금만 축낸다고 생각하는 이들도 있었다. 이러한 2등 국민 취급을 견디지 못한 사람은 다시 동독의 고향으로 향했다.

서독 생활 자체에 만족하지 못해 돌아가는 동독 주민도 적지 않았다. 이들은 동독에서 쌓은 기반을 포기하고 새 삶을 시작해야 했기 때문에 힘들었다. 동독에서의 자격과 경력 등이 평가 절하돼 단순노동 현장에 갈 수밖에 없는 사람이 많았다. 1980년대 조사 결과, 동독 이탈 주민 97%가 서독에 온 지 6개월 내에 취업했지만 학력 수준에 맞는 직업을 찾은 사람은 절반에 불과했다. 결국 1년도 안 돼 남성의 약 3분의 1, 여성의 절반이 실업자가 됐다. 직업 만족도가 떨어지는 등 서독 생활에 적응하지 못하고 사회 낙오자나 범죄자로 전락하는 경우도 있었다. 모든 게 경쟁인 자본주의 서독의 냉혹한 현실을 이기지 못한 많은 동독 이탈 주민이 사회주의 안전망을 그리워하며 동독으로 되돌아갔다.

동독으로 건너간 나머지 3분의 1은 순수한 서독 시민들이었다. 이들 중에는 학업이나 취업 등의 기회를 서독에서 제대로 누리지 못한 취약계층이 많았다. 사회주의국가 동독은 대학 무상교육과 장학금 제도를 갖추고 있고 탁아제도 등도 나름 잘 마련돼 있었다. 집 값이 비싼 서독과 달리 동독은 서독 출신 이주자에게 집도 무상으로 제공해줬다. 소수이긴 하지만 정치적으로 동독 체제가 더 우월하다고 믿고 이주하는 사람도 있었다. 동독 공산당 정권 아래 부족한 교회 성직자를 보충하려는 사명감으로 동독으로 이주한 성직자도 꽤 있었다. 베를린 장벽이 생긴 뒤 서독 이탈 주민은 크게 줄었지만 1970~1980년대에도 매년 약 1천5백 명에서 2천 명 이상이 꾸준히 동독으로 향했다.

동독 정부도 서독 주민을 끌어오려고 노력했다. 서독과의 체제 경쟁도 있었지만 서독으로 가는 동독인이 너무 많아지자 인구 이동의 불균형을 만회하려는 차원의 움직임이기도 했다. 동독 정부는 교육비 면제와 주택 제공 등 각종 제도적 혜택을 통해 서독 지식인과 엘리트를 흡수하고자 했다. 서독으로 간 동독 주민에 대해서도 돌아오면 죄를 묻지 않고 이전처럼 지내게 해주겠다며 귀환을 촉구했다. 그 덕분에 1950년대 중후반에는 동독 이탈 주민과 서독 주민이 한 해 7만 명 가까이 동독으로 이주해왔다.

그런데도 양측 간 인력 불균형은 쉽게 해소되지 않았다. 수적으로도 차이가 워낙 컸지만 질적으로도 문제였다. 동독에서 서독으로 넘어가는 사람 가운데는 전문직과 사무직 등 엘리트가 많았지만, 서독에서 동독으로 넘어온 사람은 단순 노동자와 범죄자, 사회 부적응자 등이 많이 포함됐다. 이 때문에 서독에서 동독으로 간 주민 상당수는 사회에 잘 적응하지 못하고 범죄에 연루되거나 또다시 서독으로 돌아가기도 했다.[36]

마지막으로 장벽을 건너다

장벽이 세워진 뒤 거의 30년 동안 수백만 명의 동독인과 서독인이 장벽을 넘어 상대 진영으로 건너갔다. 그 많은 이탈자 가운데 가장 마지막으로 베를린 장벽을 넘어 탈출한 사람은 동독 교사 스피츠너였다. 억압적인 동독 체제에 신물이 난 스피츠너는 1989년 8월 한여름에 탈출을 도모했다. 아내는 오스트리아의 여동생 집으로 여행을 간 상태였다. 자식을 동독에 인질처럼 남겨두면 부부 중 한 명은 해외에 나갈 수 있었다. 스피츠너는 어린 딸 페기와 함께 미군 차량을 얻어 타고 검문소를 지나 서베를린으로 넘어갈 계획이었다.

검문소로 가는 길목에서 미군 버스와 트럭, 군용차 운전사들을 붙잡고 사정해봤지만 다들 거절했다. 트렁크에 숨더라도 검문소에 설치된 열 감지 카메라가 모두 잡아내 곤란하다는 것이었다. 이틀 동안 거듭 거절당하고 자포자기할 무렵, 한 젊은 미군에게 승낙을 받았다. 스피츠너는 딸아이의 조그만 손을 꼭 붙잡고 미군 차량의 뜨거운 트렁크 속으로 들어갔다.

"우리 이 차 타고 고모 만나러 갈 거야."

부녀를 태운 차는 20분 뒤 찰리 검문소에 도착했다. 동독 병사들이 차를 멈춰 세웠다. 숨도 쉬기 힘들 정도로 뜨겁고 어두운 트렁크 안. 아빠는 땀으로 범벅이 된 딸아이의 입을 손으로 살짝 막았다. 바깥에서 무슨 일이 벌어지는지 귀를 쫑긋 세웠지만 말을 알아들을 수는 없었다. 갑자기 동독 병사의 고함이 들리더니 차가 움직였다. '무슨 일이 벌어진 걸까, 어디로 가는 걸까?' 차는 조금 더 달린 뒤 멈춰 섰다. 덜컹! 하고 트렁크 문이 열리고 강렬한 햇빛이 쏟아져 들어왔다. 눈이 부셔 주변 상황조차 파악하지 못하고 있을 때 말

소리가 들렸다.

"이제 나오세요. 서베를린이에요."

차를 태워준 미군이 미소를 지으며 말했다. 무사 탈출이었다.

이들을 태운 차가 열 감지기를 통과할 수 있었던 건 무더운 날씨 덕분이었다. 한여름 강한 햇볕에 차체가 너무 뜨겁게 달궈져 열 감지기조차 트렁크 속 모녀를 찾아내지 못했다. 무더운 여름 만세! 자유 만세!

베를린 장벽은 미국과 소련의 냉전 기간 상호 충돌을 완충하는 역할을 톡톡히 했다. 때로는 베를린 장벽 때문에 양측 간 긴장이 고조되기도 했지만, 때로는 장벽이 버티고 서 있는 덕분에 우발적인 충돌을 피할 수도 있었다. 베를린 장벽 왕래가 허용됐던 미국과 소련 군인과 관리들은 동서독 간 문제가 생기면 양쪽 진영을 바쁘게 오가며 상대방 분위기를 파악하기도 했다. 그러면서 문제가 심각해지기 전에 협상하고 물밑 교섭을 벌였다. 하지만 베를린 장벽을 통해 냉전체제를 안정시키고 유지하는 데는 희생이 따랐다. 동독을 탈출하다 목숨을 잃은 동독인은 957명에 달했고 장벽을 넘다 크고 작은 부상을 당한 사람은 셀 수도 없을 지경이었다. 무엇보다 수많은 가족과 친지, 친구들이 한 세대 이상 헤어져 지내야만 하는 게 가장 큰 고통이었다.

붕괴

장벽은 끝났다

1970년대 미국과 소련 간 긴장 완화 데탕트 시대 화해가 열매를 맺지 못한 채 지나가고 1980년대는 다시 긴장이 고조됐다. 소련은 동유럽에서 쿠바에 이르기까지 공산권 국가 곳곳에서 벌어지는 일에 참견하고 간섭할 게 너무 많았지만 힘에 부쳤다. 1979년 아프가니스탄을 침공한 것도 부담이었다. 산업은 경쟁력을 잃어가고 경제는 삐걱거렸다. 소련 경제상황에 결정적인 타격을 가져온 중요 요인 가운데 하나는 미국과의 군비 경쟁이었다. 군비 증강사업은 자본주의 미국 군수업체에는 막대한 이득을 가져다주었지만, 국영인 소련 군수업체엔 엄청난 부담이었다. 천문학적 군비 부담은 가라앉는 소련 사회주의 체제의 침몰을 가속했다. 미국은 경제적으로도 자유진영 국가의 특정 상품이 소련으로 수출되지 못하도록 봉쇄하기까지 했다.

1985년 소련의 지도자가 된 고르바초프는 당면한 위기를 직시하고 개혁과 개방이라는 새로운 방향으로 국정을 이끌었다. 동유럽 군사동맹인 바르샤바조약 체제도 흔들렸다. 동맹국에 위기가 생기면 무력으로 개입한다는 브레즈네프 선언을 폐기하고 중부 유럽에 배치된 소련 군대도 일부 철수시켰다. 미국과의 관계 개선에도 나섰다. 미국은 1981년 취임한 레이건 대통령이 이끌고 있었다. 양측은 6년 만에 중단됐던 정상회담을 재개하고 중거리 핵미사일 감축 등 군축협정도 체결했다. 동서 대립이 완화되고 화해 분위기가 되살아났다.

베를린 장벽에 선 레이건

레이건은 1987년 6월 12일 서베를린을 방문했다. 분단의 상징처럼 여겨진 브란덴부르크 문 앞에서 베를린 시민을 상대로 연설했다. 그의 뒤로 서 있는 브란덴부르크 문은 냉전의 현실을 보여주는 완벽한 무대를 연출했다. 레이건이 선 곳에서 100m 거리에는 베를린 장벽이 길게 늘어서 있고, 그 뒤로 우뚝 솟은 감시탑에서는 쌍안경을 든 동독 경비병이 지켜보고 있었다. 레이건이 연설할 연단 바로 뒤엔 방탄유리를 설치해 만약을 대비하는 동시에 이 모든 광경을 동베를린 쪽에서도 볼 수 있도록 조치했다.

장벽 너머에는 레이건 방문 소식을 들은 동베를린 시민들이 몰려왔다. 동독 경찰은 주민들이 장벽 가까이 접근하지 못하게 밀어붙였고, 주민들은 좀 떨어진 곳에서 반대편 대형 확성기 소리에 귀를 기울였다. 레이건은 미국이 제2차 세계대전 이후 독일을 돕기 위해 어떤 노력을 해왔는지 천천히 설명했다. 마셜 플랜과 소련의 봉쇄에 대항한 베를린 공수작전 등을 거론한 데 이어 최근 소련과의 관계 변화에 대해서도 언급했다. 오후 2시쯤 연설은 정점에 이르렀다.

— "우리는 모스크바로부터 새로운 개방 소식을 들었습니다. 이게 소련이 변화하고 있다는 힌트입니까? 그렇다면 당신들의 진정성이 담긴 신호를 보내주시오. 틀림없는 신호 말이오."

연설은 더욱 강하고 확신에 찬 어조로 이어졌다.

— "고르바초프 공산당 서기장! 당신이 평화를 찾고 있다면, 또 소련과 동유럽의 번영을 원한다면, 자유를 바란다면, 당장 이 문으로 오십시오. 미스터 고르바초프, 이 문을 여시오! 미스터 고르바초프, 이 장벽을 무너뜨리시오!"[37]

레이건은 냉전에 임하는 자세가 전임 대통령들과는 확연히 달랐다. 적과 맞서길 주저하지 않았고 승리를 즐겼다. 소련과의 무기 경쟁에서 물러서지 않았으며 소련 지도자를 향해 거친 언사도 거침없이 내던졌다. 독일 일부 주민들 사이에서는 이런 레이건보다 고르바초프가 더 인기가 좋았을 정도였다. 강경한 레이건보다 개혁과 개방을 이끄는 고르바초프가 오히려 평화를 추구하는 지도자로 환영받을 만하다는 것이었다. 레이건은 궁지에 몰린 소련을 끝까지 밀어붙였다. 베를린 연설도 그중 일부였다. 청중들은 장벽을 없애라는 레이건의 일갈에 환호했다. 이때만 해도 베를린 시민이나 레이건, 고르바초프 등 그 누구도 '베를린 장벽을 허물라'는 주문이 현실이 될 것이라고 상상하지 못했다. 2년 4개월 28일 뒤 벌어질 일이었다.

고르바초프는 레이건의 베를린 연설에 화답하듯 이듬해 12월 유엔 연설을 통해 무기를 감축하고 동구권에서 소련군을 철수하겠다고 약속했다. 세계가 바뀐 만큼 국제관계도 변해야 한다며 "1989년 새해에는 많은 것을 기대할 만하다"고 말했다. 하지만 동독 지도자 호네커는 꿈쩍도 하지 않았다. 1971년 이래 철저한 공산주의자로 동독을 이끌어온 그는 버티고 또 버텼다. 권좌에 오른 지 18년째 되던 1989년 1월에도 여전했다. 그는 "베를린 장벽은 상황이 바뀌지 않는 한 계속 남을 것이다. 앞으로 50년, 심지어 100년 뒤에도 존재할 것이다"라고 역설했다.

동독 정부의 베를린 장벽 통제도 흔들리지 않았다. 무단으로 장벽을 건너는 시민에게는 여전히 총격을 가했고, 이 때문에 많은 사람이 죽고 다쳤다. 21살 동베를린 웨이터 크리스 게프로이도 그 가운데 한 명이었다. 군대 입영통지서를 받은 크리스는 친구와 함께 베를린 장벽 탈출을 시도했다. 하지만 멀지 않은 곳에 있던 동독 국경수비대가 이들을 조준 사격했다. 크리스는 심장에 총상을 입고 다른 곳으로 옮겨졌으나 숨졌고, 친구는 크게 다쳤다. 크리스는 베를린 장벽을 탈출하다 숨진 마지막 희생자였다. 장벽이 무너지기 9개월 전이었다.[38] 몇 달만 더 기다렸더라면 편하고 안전하게 서베를린으로 갈 수 있었을 터였다. 동독 정부는 처음에 크리스의 죽음을 감추려 했다. 하지만 그의 형이 해외 언론에 제보하면서 사망 사실이 세상에 알려졌다. 동독 정부를 비판하는 항의와 시위가 벌어졌다. 여론이 극도로 악화하자 호네커는 "현 상황에서 탈출자에게 총질하는 것보다 그냥 도망치게 놔두는 게 낫다"며 경비병들에게 내렸던 사살 명령을 거뒀다.

새로운 바람

국제사회 상황은 급변하고 있었다. 고르바초프의 영향으로 동구권에도 개혁 개방 바람이 불었다. 고르바초프는 바르샤바조약 동맹국에 더 많은 재량과 독립성을 갖도록 허용해줬다. 폴란드와 헝가리에서는 민주적 개혁 움직임이 시작됐다. 소련과 그 동맹국은 시민들의 자유로운 국외 여행을 보장하는 협약에 서명했다. 동독에서도 10만 명이 해외여행을 신청했다. 하지만 동독 정부는 쉽게 허락을 해주지 않았다. 해외여행 신청자는 계속 쌓이는데 정작 허가받은 사람은 많지 않아 주민 불만이 커졌다.

동독 라이프치히의 니콜라스 교회에서는 매주 월요일 오후 5시 평화기도회가 열렸다. 원래는 몇몇 신자의 기도 모임이었는데 점차 참가자 수가 불어났다. 기도회 규모가 커지면서 성격도 조금씩 변해 정치 집회처럼 되어갔다. 민주화와 정치범 석방, 여행 자유화 등을 요구했다. 5월에 실시된 동독 지방선거가 부정으로 얼룩지면서 집회에 기름을 부었다. 수천 명으로 늘어난 집회참가자는 교회 밖으로 나가 시위를 벌였다. 군인과 경찰이 투입됐다. 10월에는 시위대가 10만 명으로 불었고, 반정부 집회는 주요 도시로 퍼졌다.

동구권에서는 민주화 도미노가 시작됐다. 폴란드는 선거를 통해 자유민주 정권이 들어섰고, 다른 공산권 국가인 헝가리와 루마니아, 불가리아 등도 속속 개혁 개방이 진행됐다. 헝가리 새 정부가 자유 진영 오스트리아와의 국경을 개방했다. 그러자 동독 주민 9백여 명이 같은 공산권으로 여행이 허가됐던 헝가리를 거쳐 오스트리아로 탈출했다. 10월에는 동독인 1천4백여 명이 체코슬로바키아를 통해 서독으로 넘어갔다. 동서독 간 국경선이 아닌 제3국을 거쳐 안전하게 탈출하는 방법이 알려지자 동독 이탈 주민이 다시 급증했다. 체코슬로바키아 프라하와 헝가리 부다페스트의 서독 대사관에 동독인 여행자들이 몰려들었고, 서독 정부는 이들을 모두 망명자로 받아들였다. 체코슬로바키아와 헝가리는 아예 서독과의 국경을 개방해 동독인들이 자유롭게 넘어가게 해줬다.

동독 정부는 특단의 대책이 필요했다. 우선 이웃한 체코슬로바키아와의 국경을 폐쇄했다. 호네커는 건재함을 과시하려고 10월 7일 동독 공산정권 수립 40주년 기념행사를 성대하게 열고 고르바초프까지 초대했다. 그런데 행사에 참석한 고르바초프는 오히려 호네커에게 개혁과 개방에 동참할 것을 요구했다. 호네커는 고르바초프의 조언을 받아들이지 않았다.³⁹ 동독인들의 분노는 더욱 거세졌다. 10월 9일 열린 라이프치히 집회에는 12만 명이 모여 국경 개방과 여행 자유화를 요구하는 목소리를 높였다. 말로만 인민을 위한다며 탄압을 일삼아온 정부에 대한 항의로 "우리가 인민이다!"라는 구호를 외치며 거리를 점령했다.

시위가 걷잡을 수 없이 퍼지자 호네커는 소련군에게 진압에 나서 달라고 요청했다. 고르바초프는 거절했다. 대신 동독 공산당 내 반反 호네커 세력을 부추겨 내부의 권력 투쟁을 유도했다. 소련에 버림받고 공산당 내부에서 노골적인 반대세력까지 들고일어나자, 호네커는 더 버틸 수가 없었다. 공산당 40주년 기념행사 열흘 만에 권좌에서 물러났다. 집권 18년 만이었다. 바로 다음날 에곤 크렌츠가 서기장 자리를 이어받았다. 개혁 추진을 약속했지만 소용없었다. 시위가 들불처럼 번져 동베를린에서 1백만 명이 집회를 열었다. 성난 민심을 달래려고 새 해외여행법을 마련했지만 동독인들은 만족하지 않았다. 동베를린에 1백만 명, 라이프치히에 30만 명, 드레스덴에 10만 명 등이 모여 반정부 시위를 이어갔다.

동독 대변인의 실수

11월 9일 동독 정부는 규제가 한층 더 완화된 여행법 개정안을 마련했다. 개개인의 해외여행을 조건 없이 허락하고 여권과 비자 발급 절차를 간소화하는 등 출국 규제를 대폭 줄였다. 서독으로의 여행과 영구 이주도 허용했다. 여기에는 동독 정부의 꼼수가 숨어 있었다. 당시 동독 국민 가운데 여권을 가진 사람은 4백만 명뿐이었다. 나머지는 이주나 여행을 하려면 여권을 발급받고 비자도 신청해야 했다. 여권 발급에만 4주나 걸렸다. 비자를 받는 데 걸리는 시간은 별개였다. 동독 정부는 자유로운 여행을 허용한다며 당장 성난 민심부터 수습하고, 여권과 비자의 발급 속도를 조절해 대규모 주민 이탈은 막아보려는 속셈이었다.

이날 개정된 여행법 대국민 발표는 공보담당 정치국원인 귄터 샤보프스키 대변인이 맡았다. 그런데 뜻하지 않은 일이 벌어졌다. 휴가를 갔다가 막 돌아온 그는, 여행법 개정안을 당일 처음 받아 보았기 때문에 정확한 내용을 파악하지 못한 상태였다. 내외신 브리핑에서 발표문에 적힌 내용만 그대로 읽어 내려갔다. 동독 주민은 복잡한 절차 없이 해외여행과 해외 영구 이주를 신청할 수 있다. 영구 이주는 어느 검문소든 이용할 수 있다 등등. 그때 한 외신기자가 번쩍 손을 들더니 질문했다. "언제부터 실시되나요?" 내용을 잘 몰랐던 샤보프스키는 머리를 긁적이며 발표문을 뒤적였다. 하지만 문서에서 정확한 시행 시기를 찾지 못했고, 얼떨결에 생각나는 대로 답해버렸다. "지금 당장. 지체 없이!" 외신기자들은 황급히 본국에 기사를 송고했다.

── "베를린 장벽이 무너졌다!'

거리엔 어둠이 내리고 있었다. 베를린 장벽은 어제와 마찬가지로 여전히 그대로 서 있었다. 높이 솟은 감시탑에서는 밝은 탐조등이 하나둘 불을 밝히며 장벽 안팎을 밝게 비추고 있었다. 철조망도 제자리에 있고, 검문소 군인들도 자리를 지키고 있었다.

달라진 것이 있었다. 어둠 저편에선 새 여행법 발표를 전해 들은 동독 주민이 슬슬 검문소 주변으로 모여들었다. 시간이 갈수록 인원이 수천 명으로 불어났다. 당장 자유롭게 서독으로 여행할 수 있고 베를린 장벽도 무너졌다는 소식을 들은 시민들은 긴가민가한 상태였다. 처음엔 서독으로 가겠다며 검문소 경비병에게 신분증과 여권을 조심스레 내보이던 시민들은 점차 대담해졌다. 검문소 앞에 놓인 바리케이드를 조금씩 밀고 나아가기 시작했다. 왜 길을 막느냐며 경비병과 말싸움하는 이도 있었다. 어떤 일이 어떻게 벌어질지 아무도 몰랐다. 며칠 전까지만 해도 국경을 넘으려는 사람에게 총을 겨눴던 경비병들은 이번엔 상부로부터 어떤 지시도 못 받았다. 공산당 지도부도 우왕좌왕하긴 마찬가지였다. 서독으로 가겠다는 사람들이 베를린 장벽에 몰려들었다. 당장 누군가 장벽을 넘어간다면 어떻게 되는 건지 아무도 알 수 없었다. 군인과 경찰이 총을 쏠 것인가, 아니면 그대로 지켜만 볼 것인가.

밤이 깊어질수록 수많은 베를린 시민들이 거리로 쏟아져 나왔다. 밤 10시가 되자 일부 시민이 군중에 압도된 경비병까지 밀치고 장벽으로 전진했다. 곳곳에서 국경을 개방하라는 함성이 터져 나왔다. "문을 열어라!" "문을 열어라!" 시민들은 베를린 장벽 바로 아래까지 다가갔다. 같은 시간 장벽 반대편에도 서독 주민이 모여들고 있었다. 장벽 너머 동베를린 시민들의 환호를 들은 서베를린 시민들이 화답하며 소리쳤다. "넘어와라!" "넘어와라!" 서베를린 쪽에서는 이미 TV 중계 카메라까지 배치돼 장벽 너머 현장을 환하게 비추고 있었다. 밀물처럼 밀려드는 군중에 경비대는 겁을 먹었다. 당황한 동독 측 국경 경비대 책임자들은 상부에 계속 전화를 걸었지만, 몇 시간째 어떻게 하라는 명확한 지시는 내려오지 않았다. 동독 공산당 지도부가 갑자기 사라진 것 같았다.

밤 11시 17분. 군중에 압도된 경비 책임자가 더 이상 상부 명령을 기다리지 못하고 검문소 문을 개방하도록 지시했다. 베를린 장벽 곳곳의 검문소 문이 동시에 활짝 열렸다. 사람들은 환호했다. 댐이 터진 것처럼 동독인들이 서베를린으로 밀려들어 왔다. 사람들은 망치와 곡괭이로 장벽에 구멍을 내고 서로 만났다. 동서를 막론하고 베를린 주민들은 장벽 위에 올라가 얼싸안고 노래를 불렀다. 축배를 들며 춤을 추는 사람도 있었다.

──"장벽은 끝났다!"

베를린을 반세기 동안 동서로 갈랐던 장벽이 무너지는 역사적인 순간이었다.

베를린 장벽이 붕괴하고 냉전도 막을 내렸다. 동독과 서독은 다시 하나의 독일로 돌아갔다. 하지만 아직 통일된 것은 아니었다.

그후

통일의 현실은

베를린 장벽이 붕괴한 바로 다음날부터 동독엔 변화의 바람이 불었다. 11월 10일 동독 공산당은 주민 요구를 수용하는 대대적인 개혁 방안을 내놨다. 여행 규제를 없애는 것은 물론, 자유선거를 실시하고 경제 정책도 바꾸겠다고 발표했다. 서독 정부도 발 빠르게 움직였다. 콜 서독 총리는 장벽이 무너진 지 20일도 안 돼 독일 통일을 위한 10개 프로그램을 제안했다. 이듬해 3월 18일 동독에서 자유총선거가 치러졌다. 서독 집권 기민당의 지원을 받은 동독 기민당이 독일연합을 이끌고 선거를 승리로 장식하면서 독일 사회주의 통일당의 공산 독재도 막을 내렸다. 4월 5일 동독 의회는 새로운 국가의 출범을 선포했다.

분단을 청산하려는 독일인들의 행보는 거침없었다. 동독과 서독은 통일을 위한 법과 제도를 논의했다. 화폐 및 경제, 사회 통합을 위한 조약을 시작으로 선거 조약과 통일 조약까지 일사천리로 체결됐다. 아울러 독일을 분할 점령했던 미국과 영국, 프랑스, 소련과도 통일을 지지하는 협정을 맺는 등 외교 노력도 기울였다. 강대국들 사이에는 통일 이후 다시 강성해지는 독일을 우려하는 목소리도 있었지만, 서독 정부는 군대의 군인 수를 제한하고 나토 등 집단안보체제에 남아 안보를 의지하겠다며 이들을 안심시켰다. 소련을 상대로는 동독에 주둔한 소련군 철수 비용을 부담하겠다는 등 당근을 내밀며 지지를 끌어냈다.[40] 1990년 8월 23일 동독 의회는 서독 기본법에 따라 서독에 편입돼 통일된다는 안을 가결했다. 10월 3일 서독이 동독을 합병하는 형식으로 독일은 다시 하나가 됐다. 베를린 장벽이 무너진 지 11개월 만이었다.

통일은 통일이고 현실은 현실

통일이 됐지만 독일인들 앞날에 장밋빛 미래만 기다리는 것은 아니었다. 현실은 현실이었다. 양측이 풀어야 할 과제가 적지 않았다. 반세기 동안 공산체제 아래 있던 구동독 주민에게는 민주주의 의식이 부족하고 정치 참여 의식도 떨어졌다. 동독지역 내 정치와 경제, 사회, 교육 등 모든 제도와 규정을 뜯어고쳐야 했다. 동독인들은 서구 민주주의 체제를 선망했고 통일만 되면 바로 서독 수준의 풍요도 누릴 것으로 기대했다. 하지만 이런 바람은 금세 충족되지 않았으며 그렇게 될 수도 없었다. 그럴수록 동독 국민 사이엔 실망감이 커졌다. 갑작스런 통일에 미처 대처할 시간이 없었던 서독도 부담은 마찬가지였다.

통일 과정은 거의 모든 것을 서독이 주도하는 방식으로 이뤄졌다. 동독은 서독에 흡수됐고 서독의 기본법에 따라 통일됐다. 법률과 제도, 정치, 행정 체제도 모두 서독에서 가져왔다. 서독의 선진적 국가 운영 체제를 빠르게 이식해야 한다며, 많은 서독 출신 전문가와 지식인이 동독으로 넘어와 변화를 이끌었다. 과거 청산을 이유로 옛 동독 정부의 고위급 인사와 판사, 검사, 외교관, 정보기관원 등 엘리트 집단의 절대 다수가 쫓겨났다. 이들의 자리는 서독에서 파견된 인사나 신규로 채용된 현지 인재들이 메꿨다.[41] 옛 동독지도층의 급격한 몰락은 어쩔 수 없는 현실이었다.

동독의 시민단체와 정치세력도 서독에 끌려다녔다. 공산당 독재에 반대해 민주화 시위를 주도했던 동독 시민단체는 뒷전에 밀려났다. 베를린 장벽을 무너뜨리는 데 주도적인 역할을 했음에도 정작 통일이 진행되는 과정에서는 소외되고 서독에 끌려갔다. 서독의 정당들이 시민단체를 지원하고 동독의 정당과 손잡았지만 동독주민들은 여전히 제 목소리를 내지 못했다.[42] 오히려 동독 정당들이 서독 정당에 흡수 통합되는 결과를 낳았고, 정치 구호는 서독 정당의 이익과 가치를 담은 것들이 주를 이뤘다. 동독 지역 내 정치는진공 상태가 된 것 같았다. 동독의 정당과 정치세력이 서독에 흡수되면서 통일 직후 동독 주민의 이해를 대변할 제도와 장치는 변변치 않았다. 제 목소리를 낼 방법이 제한된 동독인은 '2등 국민'으로 전락할 신세였다.

1991년 통일 독일의 첫 총리가 된 헬무트 콜은 이런 상황을 타개하려고 큰 노력을 기울였다. 통일 독일의 첫 총리이자 성공한 지도자로 기록되길 갈망했던 그에게, 동서독의 화합과 고른 발전은 당면과제였다. 집권 초기부터 동독 출신 관료들을 적극적으로 발탁해 내각에 기용했다. 이들을 장·차관 등 요직에 앉힌 콜의 시도는 성공적인 통일 독일을 위해 중요한 발판이었다. 동서독 출신 엘리트들이 정부에 섞여 함께 일하면서 상호 이해를 돕고 격차를 줄이는데 상당한 역할을 했다. 이들의 활동은 통일의 충격을 극복하고 공동 성장하는 밑거름이었다.[43]

동독 출신 정치인들의 약진

이렇게 기용된 동독 출신 장관 가운데 앙겔라 메르켈이 있었다. 동독 물리학자 출신 신인 정치인 메르켈은 통일과정에서 상대적으로 소외된 '동독인'과 '여성'이라는 두 집단을 아우를 훌륭한 카드였다. 메르켈은 콜의 필요 때문에 전격 발탁됐지만, 동독 출신에다 큰 정치 무대 경험도 없다 보니 초반에 서독 정치권으로부터 무시당했다. 그런데도 메르켈은 정치인으로 빠르게 자리잡았다. 1991년 여성청소년부 장관에 이어 3년 뒤 환경부 장관으로 잇따라 발탁되는 등 승승장구하며 '콜의 정치적 양녀', '콜의 소녀'라고 불렸다.[44] 두 번의 장관직을 수행하며 능력을 인정받은 메르켈은 기민당 사무총장직까지 오르며 거침없이 정치인으로서의 성공 가도를 질주했다.

콜이 1998년 총선에서 패하고 정치자금 스캔들까지 터지자 메르켈은 사무총장으로서 과감한 결단을 내렸다. 콜의 잘못을 신랄하게 비판하는 글을 유력 일간지에 기고하고 그와 선을 그었다. 당내에서는 "아버지를 죽인 배신자"라는 비난이 터져 나왔지만 그대로 밀어붙였다. 결국 콜과 측근들이 물러나게 됐고 정계에 대대적인 물갈이가 이뤄졌다. 메르켈은 차세대 지도자로 급부상했다. 기성 서독 정치권에 만연한 보스 중심의 정치에서 당원과 시민의 지지에 기반한 메르켈 식 정치로 전환이 이뤄졌다. 서독 구태 정치를 타파한 메르켈은 개혁의 상징으로 주목받았고 당원들은 열광했다. 2005년 11월 메르켈은 새 총리에 뽑혔다. 51세로 독일 역사상 최연소에, 최초의 여성, 첫 동독 출신 총리라는 진기록을 세웠다.

메르켈은 대연정을 통해 정당을 가리지 않고 유능한 인재를 널리 활용했다. 정치적 스승인 콜이 동독 인재를 두루 등용한 것처럼 권력과 자리를 여러 당과 나누며 다양한 이해를 조정했다. 정파나 이념이 아니라 국익이란 명분 아래 협치를 주도함으로써 지지를 끌어모았다.[45] 메르켈은 포용의 정치에 능한 지도자였다. "메르켈은 용광로다. 모든 것을 삼켜버린다"는 얘기가 나올 정도였다.

통일 후 두각을 나타낸 동독 출신 정치인은 메르켈만이 아니었다. 2005년 야당인 사민당 당수도 동독 출신인 플라첵 브란덴부르크 주지사였다. 통일 15년 만에 독일 양대 정당을 동독 출신 정치인이 이끌게 됐다. 2012년엔 동독 반체제 저항운동가 출신인 요아힘 가우크가 독일 대통령이 되면서 통일 후 22년 만에 국가수반인 대통령과 총리 자리를 모두 동독 출신이 차지했다.

이들 동독 출신 정치인이 통일 직후 정계에서 지도자급으로 급부상할 수 있었던 건 갑작스런 정치의 지각 변동 덕분이었다. 옛 동독을 이끌던 당 간부와 행정관료 등 정치 엘리트들이 베를린 장벽 붕괴와 함께 하루아침에 몰락하면서 산업계와 문화, 교육 지도층도 획기적으로 물갈이가 이뤄졌다. 서독에서 밀려온 엘리트들이 이들 자리를 차지했지만, 그동안 주목받지 못했던 동독 내 새로운 엘리트들도 핵심 권력층에 새롭게 끼어들었다. 특히 동독 과학계와 의학계, 종교계 지도자들이 두각을 보였다.[46] 베를린 장벽 붕괴 이듬해 치러진 동독 지역의 주 의회 선거 당선자 509명 가운데 구 동독 의회 출신은 5명뿐이고, 나머지는 모두 정치 경험이 없는 새 인물로 물갈이됐다.[47] 통일 5년 뒤 구성된 독일 연방의회는 옛 동독 지역 의원 94명 가운데 절반이 이공계 출신이었다. 법조계나 교육계 출신이 많은 서독 지역 정계와 대비를 이뤘다. 메르켈 총리와 가우크 대통령 등은 독일 통일 이후 이런 분위기에서 등장한 새로운 권력 엘리트의 전형이었다.

통일 후 동독 정치인이 두각을 나타낸 또 다른 이유는 이들이 번영과 안정 속에 나약해진 서독 정치인과 대비됐기 때문이었다. 제2차 세계대전이나 1960년대 격변기를 겪은 헬무트 콜 총리와 슈뢰더 등의 정치인은 강력한 리더십이 있었지만, 이후 경제적 번영기를 누린 정치 세대는 투쟁 경험이나 인내심이 부족하고 추진력도 상대적으로 뒤처져 보였다. 반면 동독 출신 정치인들은 개혁적이며 추진력이 강한 데다 포용력까지 있었다. 더욱이 독재 정권의 압제와 폐해를 경험하고 체제 붕괴까지 지켜봤기 때문에 정치에 임하는 태도가 달랐다. 자유와 협치, 소통 등은 이들에게는 그 무엇과도 바꾸기 힘든 소중한 민주적 가치로 여겨졌다. 이런 동독 출신 정치인들의 참신함과 개혁적 성향은 유권자의 마음을 사로잡았다.[48]

격차를 줄일 수 있을까?

동독 출신이 정치적으로 최상위 자리까지 도달하는 데는 한계도 분명 존재했다. 2016년의 경우를 보면, 독일 전체 인구 가운데 동독인은 약 17%인데 사회 지도층에 진입한 비율은 2%가 안 됐다. 차관급 관료 60명 중 3명, 군 장성 202명 중 2명, 연방법원 판사 336명 가운데 13명, 외교관 대사 154명 가운데 4명만이 동독 출신이었다.[49] 메르켈과 같은 극소수를 제외하고는 독일 사회에서 동독 출신 엘리트 수는 절대적으로 부족하다. 그만큼 동독 지역 주민의 이해가 정책 결정 과정에 반영되기 힘든 게 현실이다.

통일된 직후 경제사정도 상당 기간 혼란을 겪었다. 동독 지역은 경제적으로도 서독보다 낙후됐다. 통일 2년 뒤 동독의 역내 총생산량은 3분의 1로 줄었고 경제인구 80%가 이직하거나 일자리를 잃었다. 통일 여파는 서독에도 미쳐 독일 전체 실업률은 1990년 6.4%에서 2005년 11.3%까지 올랐다. 독일 정부는 1991년 연대세라는 세금을 만들어 동독 지역 기간시설 확충과 경제 살리기에 투입했다. 그런데도 2005년까지 장기 침체를 벗어나지 못했다.[50] 통일 독일은 '유럽의 병자'라는 별명까지 얻었다. 독일은 통일 이후 30년 동안 통일비용으로 약 2조 유로, 우리 돈으로 약 2천7백조 원 이상의 거액을 투입한 것으로 추산된다.

막대한 투자와 동독 지역 재건사업이 열매를 맺기까지는 상당한 시간이 걸렸다. 통일 직후 서독의 절반에도 못 미치던 동독 경제는 부지런히 서독을 따라잡았다. 1990년대 동독의 1인당 국내 총생산 GDP는 서독의 약 43% 수준이었지만 2018년 75%까지 성장했다. 실업률은 18% 대에서 6% 대로 떨어졌다. 동독의 생산성은 서독의 70~80% 수준이다. 하지만 아직도 여전히 산업 투자와 구조에 있어서 동독은 서독보다 열악하다. 독일 500대 기업 가운데 464곳의 본사가 서독에 있고 동독에는 36개만 있어 전체 93%가 서독에 집중돼 있다. 그나마 20곳은 베를린에 있어 순수 동독 지역 소재는 16개뿐이다. 상위 30대 기업 가운데 본사를 동독에 둔 곳은 단 하나도 없다. 대기업과 연구소도 대부분 서독에 집중돼 있고 동독은 영세한 하도급 생산·제조 업체가 중심인 셈이다.[51]

동독인들의 바람대로 그들은 이제 서독처럼 잘살게 됐을까? 동독의 소득 수준은 서독의 약 80% 정도이다. 1인당 GDP가 4만~6만 유로가 넘는 부유한 지역은 함부르크와 바이에른, 브레멘 지역 등이 서독에 집중돼 있고, 옛 동독 지역의 브란덴부르크와 작센 등은 2만7천에서 3만 유로 대를 유지하는 등, 상대적으로 낙후돼 있다. 하지만 이는 유럽 최고 수준인 서독 지역과 비교해 뒤떨어지는 것이지 유럽 전체, 나아가 전 세계를 놓고 보면 얘기가 다르다. 유럽연합 1인당 GDP 평균은 3만 유로이다. 이탈리아가 2만8천 유로로, 스페인이 2만5천 유로 등이어서 동독의 소득 수준은 이들 나라와 비교해도 뒤지지 않는다. 문제는 상대적 박탈감이다. 동독인은 자신들의 삶을 주변국과 비교하지 않고 서독과 비교한다. 서독보다 못 살면 가난하다고 느끼는 것이다.

우리는 '2등 국민'입니다

사회 통합은 아직도 진행 중이다. 통일의 기쁨은 잠시, 급변하는 현실이 닥치면서 동독인의 자존감은 크게 떨어졌다. 동독 노동자들의 직장 등 개인 경력은 서독 현장에서 평가절하되기 일쑤였다. 동독인이 서독에 취업하려면 눈높이를 낮춰 수준이 낮은 임금과 직장을 알아봐야 했다. 교육제도와 의료 체제 등 과거 동독이 서독보다 우월하다고 자부했던 사회 체제까지 서독의 시스템으로 바뀌어 버렸다. 서독 엘리트들이 밀려와 동독의 고위직을 휩쓸다시피 차지했다. 서독인은 동독인을 차별했다. 동독인에겐 이 모든 게 상처로 남았다.[52] 통일 이후 독일에서는 서독인을 가리키는 베시wessi와 동독인을 뜻하는 오시ossi라는 말이 생겼는데, 둘 다 상대방을 비하해 부르는 말이다. 동독 지역에서는 과거 동독 시절을 그리워하는 오스탈지아라는 현상까지 생길 정도다.

베를린 장벽이 무너지고 통일되면 끝날 줄 알았던 동독 주민의 이탈도 계속됐다. 통일 직전 서독 인구는 6천만 명이고 동독 인구는 1천7백만 명이었다. 그런데 통일이 된 뒤 30년이 지나는 동안 동독 인구는 오히려 340만 명이 더 줄어든 1360만 명으로, 1905년 수준으로 뒷걸음질 쳤다. 인구가 줄면서 동독 지역은 교통 서비스와 의료시설, 학교 등 사회 기간시설에 대한 투자도 감소했다. 이는 생활의 질을 떨어뜨리면서 동독 주민들이 계속 서독으로 향하게 했다. 악순환이다. 베를린 장벽은 무너졌지만 여전히 동서독 간에는 보이지 않는 심리 장벽이 버티고 있다. 2019년 독일은 통일 30주년을 맞았다. 동독 주민 10명 가운데 6명은 여전히 자신들을 '2등 국민'이라고 생각한다. 동독 주민의 70%는 경제상황에 불만이 있고, 80%는 사회정의가 부족하고 느낀다. 통일이 성공적이라고 생각하는 사람은 40%도 미치지 않는 게 현실이다.[53]

베를린 장벽이 생긴 직후 철조망을 뛰어넘어 도망쳤던 동독 병사 슈만의 삶은 어땠을까. 그가 소총을 메고 철조망을 넘던 그 순간을 담은 사진 〈자유를 향한 도약〉은 베를린 시내 기념품점이라면 어디든 내걸렸다. 대중과 언론의 관심은 끊이지 않았고, 레이건 미국 대통령까지 그를 직접 만나 사진도 같이 찍었다. 동독 정부는 비밀경찰을 보내 그를 납치할 계획을 꾸미기도 했다. 슈만은 십여 년 동안 쇼윈도 인생을 살아야 했다. 홀로 서독으로 넘어온 슈만은 서독에서 가정을 꾸렸지만 동독 가족과 친구가 너무 그리웠다. 다시 동독으로 넘어갈 생각까지도 했다.

슈만은 30년 가까이 자유·민주 국가 서독에 살았지만, 베를린 장벽이 붕괴하고 나서야 비로소 진정한 자유를 느낄 수 있었다고 훗날 토로했다. 베를린 장벽이 무너지자 마침내 동독의 고향 땅을 다시 찾았다. 그러나 그를 알아본 고향 사람들의 시선은 엇갈렸다. 오랜만에 반갑게 맞아주는 사람이 있는가 하면, 차갑게 외면하는 친구와 친지도 적지 않았다. 이들에게 슈만은 수십 년째 배신자로 낙인이 찍혀 있었다. 꿈에 그리던 고향 방문이었지만, 가슴 한구석에 쓸쓸한 마음을 안고 다시 서독으로 돌아올 수밖에 없었다. 그리고 10년이 더 흐른 어느 무더운 여름. 슈만은 집 주변 숲속에서 스스로 목을 맨 채 발견됐다. 그의 옆에는 가족에게 작별을 고하는 유서 한 장이 남겨져 있었다.[54]

인구 8백만 명의 이스라엘은 인구 4억 명이나 되는 아랍에 둘러싸여 있다. 사방에 적대국들이 자리하고 있어 지정학적으로 장벽을 쌓을 수밖에 없는 상황인 셈이다. 처음엔 팔레스타인에서 넘어오는 테러범을 막아야 한다며 장벽을 쌓았다. 그러나 장벽이 건설되면 될수록 고통은 팔레스타인 일반 주민에게 돌아갔다. 땅도 물도 빼앗기고 일자리도 없어졌다. 안보를 위한 장벽인가, 아니면 팔레스타인을 분리하고 고립시키려는 장벽인가. 논란은 끊이지 않는다.

2장

보안에서 고립까지

이스라엘-팔레스타인

사건

드레퓌스는 범인이 아니다

—

1895년 1월 프랑스 군사 법정 주변을 서성이는 남성이 있었다. 곱슬머리에 시커먼 턱수염을 가슴까지 기른 그는 오스트리아 일간지의 파리 특파원 테오도르 헤르츨이었다. 지난해부터 프랑스 사회를 뒤흔든 드레퓌스 사건을 취재하던 중이었다. 프랑스 참모본부에서 근무하던 알프레드 드레퓌스 대위는 독일대사관에 군사정보를 제공했다는 간첩 혐의로 체포돼 비공개 재판을 받고 있었다. 그런데 이상한 점이 있었다. 대사관 서류에서 나온 필적이 드레퓌스의 것과 비슷하다는 것 외엔 결정적인 증거가 없었지만, 군법 회의에서 유죄 종신형 판결을 받았다. 더 이해할 수 없는 건 시민들의 분노였다. 드레퓌스의 유무죄를 놓고 찬반 두 세력으로 갈려 다퉜다. 그의 혐의가 밝혀지지도 않았는데도 "드레퓌스에게 죽음을!"과 같은 구호가 거리를 뒤덮고 있었다.

나중에 드레퓌스는 범인이 아니라는 증거들이 속속 드러났다. 진범으로 헝가리 출신 장교가 지목됐다. 하지만 이 장교는 무죄로 석방되고 군부는 진실을 은폐하려 했다. 진상이 서서히 드러나고 있었지만 프랑스 시민은 드레퓌스에 대한 증오를 거두지 않았다. 당시 유럽에는 반유대주의가 기승을 부렸고, 드레퓌스는 유대인이었다. 헤르츨은 충격에 휩싸였다. 진실과 상관없이 유대인이라는 이유만으로 혐오의 대상이 되고 사회가 그에게 분노를 표출했기 때문이었다.

헤르츨은 이런 유럽에서 유대인이 더 이상 섞여 살기 힘들다고 생각했다. 그도 유대인이었다. 반유대주의는 유럽인들 머리에서 없앨 수 있는 게 아니었다. 단지 피해야 하는 것이었다. 그러려면 유대인이 모여 스스로 보호할, 유대인만을 위한 국가가 필요했다. 헤르츨은 유대 국가 건설에 앞장서겠다고 다짐했다. 드레퓌스 사건은 유대인의 정체성을 세우고 이스라엘을 건국하는 계기를 제공했다.[1] 그는 반세기 뒤 "유대 국가 건국의 아버지"로 불렸고, 지금도 이스라엘 관공서에 가면 그의 사진을 쉽게 볼 수 있다. 유대인은 왜 유럽 등 세계 곳곳에 뿔뿔이 흩어져 이렇게 미움까지 사게 된 걸까. 예루살렘에 그 힌트가 있다.

왜 예루살렘일까

예루살렘은 동쪽으로 사해, 서쪽으로 지중해를 두고 그 사이에 펼쳐진 사막지대 한가운데 자리잡은 오아시스였다. 유럽과 아시아, 아프리카로 연결되는 교통의 요지로 물과 나무, 물자가 비교적 풍족했다. 기원전 약 5000년 가나안 사람이 정착해 도시를 세우고 "평화의 도시"라 불렀다. 주변 누구나 이 오아시스 도시에 군침을 흘렸다. 기원전 3000년경 이집트에서 탈출한 유대인이 몰려들었다. 유대 왕 다윗은 예루살렘을 수도로 그 일대에 팔레스타인이라고 불리는 지역에 왕국을 세웠다. 유대 성전도 건설됐다. 유대왕국은 때때로 바빌론제국을 비롯한 이 지역을 탐내는 세력과 다퉜으며, 다른 곳으로 쫓겨났다가 돌아오길 반복했다.[2]

팔레스타인 지역에서 유대인을 완전히 쫓아낸 것은 로마제국이었다. 기원전 63년 예루살렘을 정복한 로마제국은 유대인을 지독하게 박해했다. 견디다 못한 유대인들은 반란을 일으켜 세 차례 전쟁을 벌였다. 하지만 강력한 로마제국의 상대가 되지 않았다. 유대 저항군은 처참하게 패했고 결과는 참담했다. 도시가 함락당한 것은 물론, 유대인이 성지로 여기는 예루살렘 성전까지 대부분 파괴돼 성벽 서쪽 일부만 간신히 남았다.[3]

로마제국에 맞서 반란을 일으킨 유대 민족은 혹독한 대가를 치러야 했다. 로마제국은 유대인 수십만 명을 처형하고 유대 민족에게 더는 팔레스타인 땅에 살 수 없게 했다. 유대인들은 로마제국 영토와 유럽, 주변의 중동 지역으로 뿔뿔이 흩어졌다. 소위 유대인이 천 년 이상 세계 각지에 흩어져 살게 된 디아스포라(이산)였다. 유대인은 예루살렘 방문조차 금지됐다. 비잔틴 시대에 들어서야 겨우 일 년에 한 번 예루살렘 출입이 허용됐다. 유대인들은 이날 유대왕국의 마지막 잔해인 서벽으로 찾아가 민족의 기구한 운명을 되새

기며 눈물을 삼켰다. 이때부터 서벽은 '통곡의 벽'이 됐으며 지금까지 그렇게 불린다.

637년 이슬람교를 중심으로 단합한 아랍인들이 팔레스타인 지역에서 로마제국을 격파해 몰아냈다. 이 땅의 새로운 주인공은 이슬람 세력이었다. 16세기에서 20세기 초까지는 오스만제국이 팔레스타인을 점령했다.

팔레스타인과 예루살렘은 이런 장구하고 복잡한 역사 속에 유대교와 기독교, 이슬람교가 돌아가며 지배했다. 이 때문에 세 종교의 성지가 모두 들어서게 됐다. 유대인에게 팔레스타인은 성서에서 전해지는 '약속의 땅'이요, 그 중심에 있는 예루살렘은 옛 유대왕국의 수도이자 성전산과 통곡의 벽이 남아 있는 성지 중의 성지이다. 기독교인들에게 예루살렘이란 예수가 태어나고 십자가에 못 박혀 하늘로 올라가 다시 재림할 것으로 믿는 곳이다. 무슬림에게 예루살렘이란 이슬람을 창시한 무함마드가 승천한 곳이자 메카, 메디나와 함께 3대 성지로 추앙받는 곳이다.[4]

여러 종교의 성지가 뒤섞인 곳이지만 팔레스타인 땅에는 2천 년 가까이 다수의 아랍인과 소수의 유대인이 비교적 평화롭게 공존해 살고 있었다. 함께 어울려 살아도 크게 문제가 없었다. 그런데 정작 엉뚱한 곳에서 유대와 아랍 사이의 갈등을 초래할 불씨가 날아들었다. 바로 유럽이었다.

성스러운 땅으로

디아스포라 이후 유대인들은 유럽과 북아프리카, 중동 등 세계 곳곳을 떠돌며 서러움과 박해를 견뎌야 했다. 특히 기독교 문화가 지배적인 유럽에서는 예수를 팔아넘긴 유대인들은 환영받지 못할 존재였다. 유럽인들은 노골적으로 반감을 드러내며 유대인을 멸시했다. 유대인은 땅을 소유하기 힘들었고 농업에 종사할 수도 없었다. 직업 선택까지 제한돼 중세시대부터 기독교인이 경멸하고 천시해온 고리대금업과 무역, 상업, 세무와 같은 직업이 유대인에게 남겨졌다. 유대인들에겐 선택의 여지가 별로 없었다.

그런데 19세기 산업혁명으로 자본주의 시대가 오면서 상황이 바뀌었다. 유대인들에게는 기회였다. 곳곳에서 금융과 무역을 지배하며 막대한 부를 축적했다. 덩달아 지역 사회에서 영향력도 커졌다. 하지만 역설적이게도 바로 그 이유 때문에 유대인은 또다시 시기와 질투의 대상이 돼야 했다. 특히 불경기나 사회 불안 등이 발생할 때면 민족주의자들은 유대인들을 공격 대상으로 삼았다. 정치인들도 이런 행태에 동참함으로써 지지를 끌어올리기도 했다. 유대인은 지역 사회와 경제를 위협하는 존재로 반복적으로 낙인찍히며 유럽내의 반反 유대 감정은 빠르게 퍼졌다.

유대인들은 갈수록 견디기 힘들어졌다. 유럽의 유대 민족주의자들이 뭉치기 시작했다. '약속의 땅' 팔레스타인에 나라를 세우기로 마음을 모았다. 기원전 유대왕국이 세워졌던 땅으로 다시 돌아가 그들만의 국가를 건설하고자 했다. 고대 예루살렘의 시온 언덕을 유대 국가 건설을 위한 상징으로 삼고 모여들었다. 유대인의 팔레스타인 회귀운동은 이 언덕의 이름을 따 시오니즘이라고 불렀다. 유럽 내의 유대 민족주의자들은 자신들에 대한 박해에 시오니즘으로 대응했다. 19세기 당시 유럽 곳곳에서 전개되던 민족주의와 국민국가 건설 움직임도 유대인의 시오니즘을 자극했다.

헤르츨은 이런 상황 속에서 유럽의 시오니즘 운동을 이끌었다. 유럽 정계와 재계의 유력 유대인 거물을 만나 뜻을 밝히고 지원을 요청했다. 헤르츨의 활약 속에 1897년 스위스 바젤에 각국 유대인 대표들이 모인 가운데 세계 시온주의 연합대회가 개최되기에 이르렀다. 참석자들은 팔레스타인에 유대 국가를 건설한다는 원대한 목표를 세웠다. 유대 국가 후보지로 아프리카 우간다와 남미 칠레 등이 거론되기도 했지만, 시온주의자들은 팔레스타인을 유대 국가 건설 후보지로 낙점했다.[5] 유대 국가 건설이라는 목표가 천명되자 유대인들은 팔레스타인으로 하나둘 모여들었다. 팔레스타인 도시와 시골에 유대인 수가 급격히 늘어났다. '성스러운 땅'으로 돌아온 시온주의자들은 진정 자신들만의 국가를 건설할 기세였다.

하지만 유대 국가 건설은 생각처럼 쉽지 않았다. 팔레스타인을 지배하던 오스만제국이 가장 큰 걸림돌이었다. 제1차 세계대전이 터지자 서구 열강과 아랍인, 유대인이 팔레스타인 땅을 놓고 제각기 다른 셈을 하고 있었다. 그 무렵 팔레스타인에 사는 아랍인은 약 60만 명이고, 유대 인구는 신규 이민자를 포함해 8만5천 명 정도였다. 유대인 수는 아랍 인구에 크게 못 미쳤지만 시온주의자들은 작은 규모로도 유대 국가 건설을 밀어붙였다. 이런 움직임은 오스만제국의 지배를 받던 팔레스타인을 되찾을 기회를 엿보던 아랍의 이해와 충돌할 수밖에 없었다.[6] 아랍권은 달아오르는 시오니즘을 경계하기 시작했다. 그동안 큰 탈 없이 지내오던 아랍인과 유대인 사이에 갈등이 싹트고 있었다. 유럽인들의 유대인 박해로 인한 불똥이 엉뚱하게도 아랍권으로 튄 것이었다.

서로 다른 세 개의 약속

강대국들은 그들대로 중동과 팔레스타인에 대한 이해가 엇갈렸다. 연합국이던 영국과 프랑스는 전쟁이 끝난 뒤 오스만제국의 식민지를 나눠 점령하기로 하고, 1916년 이런 내용을 담은 사이크스-피코 협정을 맺었다. 영국은 팔레스타인과 이라크 지역을, 프랑스는 시리아와 레바논을 각각 나눠갖기로 합의했다. 영국은 아랍인들을 꼬드겨 오스만제국을 상대로 저항운동을 벌이도록 했다. 오스만제국 병력 일부를 중동지역으로 분산시켜 전력을 약화하려는 속셈이었다. 영국을 도와주면 그 대가로 팔레스타인을 포함한 지역에 아랍의 독립국 건설을 지원하겠다고 약속했다. 아랍권 지도자와 이집트 주재 영국 고등판무관 헨리 맥마흔이 이런 내용을 담은 밀약까지 맺었다. 맥마흔 선언이었다.

영국은 다른 한편으론 유대인에게도 손을 내밀었다. 독일·오스만제국과 싸우며 고전을 거듭하던 영국은 전쟁 자금이 크게 부족했다. 영국의 외무장관 아서 밸푸어가 유대인의 막대한 자금을 활용하는 동시에 미국을 전쟁에 끌어들이려고 1917년 11월 유대인 재벌이자 시온주의 지도자인 로스차일드에게 서한을 보냈다. 로스차일드 가문은 세계적인 거부로 전 세계 유대 공동체뿐만 아니라 미국내의 정·재계에도 큰 영향력을 가지고 있었다.[7] 서한에는 유대인이 전쟁을 지원하면 영국 정부는 유대인이 팔레스타인에 독자적 국가를 건설하는 데 호의를 베풀겠다는 약속이 담겼다.

'밸푸어 선언'이라고 불리는 이 선언문은 편지지 한 장도 다 채우지 못하는 분량이었지만 전 세계 시온주의 운동에 기름을 부었다. 시온주의자들은 이를 자신들에 대한 영국 정부의 지지인 동시에 팔레스타인 내 유대 국가 건설에 정당성을 주는 근거로 받아들였다. 미국 의회까지 밸푸어 선언의 지지 결의안을 통과시키자, 시온주의는 더욱 끓어올랐다.

하지만 영국의 밸푸어 선언은 팔레스타인 땅에 아랍권 국가 건설을 약속한 맥마흔 선언은 물론, 프랑스와 맺은 사이크스-피코 협정과도 정면 배치됐다. 전후 팔레스타인 처리 문제를 놓고 서로 모순되는 협정이 세 개나 만들어짐에 따라, 전쟁이 끝나면 팔레스타인 문제는 혼돈의 소용돌이에 빠질 수밖에 없는 운명이었다.

전쟁은 영국과 프랑스가 참여한 서방 연합국의 승리로 끝났다. 오스만제국은 팔레스타인을 포함한 식민지를 포기해야 했다. 1917년 12월 팔레스타인은 오스만제국의 지배에서 벗어났다. 하지만 다시 영국의 위임통치를 받게 돼 예루살렘을 포함한 팔레스타인 전 지역이 영국의 통제 아래 놓였다. 위임통치를 맡은 영국은 전쟁 중 한 약속과 달리 누구에게도 팔레스타인 통치권을 넘기지 않았다. 전쟁이 끝나고 제각기 독립국가 건설의 동상이몽을 꾸었던 아랍인과 유대인들은 들끓었다. 아랍권은 영국이 맥마흔 선언을 지키지 않는다고, 시온주의자들은 밸푸어 선언을 어겼다고 각각 불만을 터뜨렸다.

어느 한쪽 편을 들 수 없었던 영국은 팔레스타인의 위임통치를 유지하기로 하고 1922년 국제연맹의 추인까지 받았다. 대신 위임통치를 하면서 아랍인과 유대인이 평화롭게 공존하며 팔레스타인을 개발할 수 있도록 하겠다고 밝혔다. 유대 언어인 히브리어와 아랍어, 영어를 팔레스타인 내 공용어로 하고 유대인의 이주와 토지 소유도 장려했다. 가장 큰 덕을 본 것은 유대인이었다. 각지의 유능한 유대인 인재들이 대거 옮겨와 시온주의 운동 지도부를 탄탄하게 구성했다. 땅을 소유하게 된 많은 유대인이 곳곳에 집단 농장을 만들고 농업 생산에 박차를 가했다. 팔레스타인 땅의 주인이 되기 위한 토대를 서서히 다져나갔다.

유대 공동체의 급성장

유대 지역사회는 빠르게 공동체의 모습을 갖춰나갔다. 1919년에서 1923년 사이에 러시아 출신 유대인을 중심으로 약 3만5천 명이 이주했다. 이들은 발전된 농업기술을 들여와 집단농장 키부츠를 대거 세우며 경제 공동체의 초석을 놓았다. 뒤이어 폴란드 출신을 주축으로 유대인 6만여 명이 들어와 텔아비브와 하이파, 예루살렘 등 도시 지역에 정착하며 중소 비즈니스와 건설업, 경공업 등을 일으켰다. 1930년대 유대 인구가 폭발적으로 증가했다. 독일에서 나치 독재자 히틀러가 조직적으로 탄압하자 유대인 약 16만5천 명이 팔레스타인으로 몰려들었다. 대규모 이주자 가운데 학자와 전문가, 고등교육을 받은 다양한 직업군이 포함됐다. 유대 공동체 구성원이 풍부해지면서 상거래는 물론이고 도시와 농촌의 삶의 질, 문화생활 수준까지 향상됐다. 유대인 거주 지역에서는 농업이 크게 발달하고 공장이 속속 지어지며 산업의 규모가 커졌다. 요르단 강 수자원을 이용한 발전과 전력 생산이 증대하고 주요 도시를 연결하는 도로망까지 빠르게 건설됐다.

유대 공동체의 조직화도 속도를 냈다. 영국은 팔레스타인을 위임통치하면서 유대와 아랍 모두에 자치권을 줬다. 이 때문에 유대인들은 스스로 필요한 정책을 의논하고 결정하는 자치조직까지 갖추게 됐다. 선출된 대표가 모인 의회 성격의 조직이 결성되고 여기서 뽑힌 대표들이 단위 위원회를 구성했다. 전국위원회는 교육과 종교, 보건, 행정 등의 기능을 수행하는, 사실상 정부 조직을 만들며 점차 국가로서의 면모를 갖춰나갔다.[8]

유대 국가를 건설하려는 움직임이 급물살을 타자 아랍권은 들끓었다. 팔레스타인 내에 유대 국가 건설에 반대하는 아랍인들이 노골적으로 유대인에게 테러를 가하며 불만을 표출했다. 유대인 상점과 공장은 물론 가정집까지 공격 대상이었다. 유대인도 가만히 있지는 않았다. 자신을 지키려고 자경단 '하가나'를 조직해 맞섰다. 아랍인과의 충돌이 격화되면서 자경단은 인력과 무장을 대폭 강화했다. 유럽으로부터 본격적인 군사훈련 프로그램과 무기까지 들여오면서 자경단은 사실상 민병대로 발전하게 됐다. 유대 사회의 무장이 강화되자 아랍권의 견제는 강도를 더했고, 이에 따른 양측 충돌도 격화되는 양상을 보였다. 전국 곳곳에서 아랍인과 유대인 사이에 충돌과 유혈사태가 끊이지 않았다. 아랍과 유대의 충돌이 감당하기 힘든 지경에 이르자, 영국은 1939년 양측 대표들을 불러 긴장을 완화하는 방안을 논의했다. 하지만 어떤 합의에도 이르지 못했다.[9]

제2차 세계대전은 유대인에게 국가 건설의 움직임을 더욱 절박하게 만들었다. 당시의 유럽 상황은 유대인에게 최악의 시련을 안겨주었기 때문이다. 독일의 히틀러를 위시한 나치는 유럽 내 유대인을 말살하려 했다. 제1차 세계대전 이후 1929년 대공황 때까지 독일의 많은 기업이 유대계 자본에 손을 벌리며 기업 활동을 유지해왔고, 유대 자본은 독일 산업에 막대한 영향력을 행사하고 있었다. 독일 기업들은 민족주의 나치 등 정치세력과 결탁해 반유대 캠페인을 부추겼다. 유대인을 몰아냄으로써 유대 자본에 대한 자신들의 채무를 없애려 한 것이었다. 나치도 유대인 재산을 몰수해 전쟁 자금으로 쓸 계획을 세웠다. 결국 유대인을 희생양으로 삼았다. 나치는 배타적 민족주의를 앞세우며 전대미문의 대학살 홀로코스트를 감행

했다.[10]

　유럽 대륙을 휩쓴 나치 군대는 곳곳에 흩어졌던 유대인들을 찾아내 격리지역 게토에 집단 수용했다. 유대인들은 게토에서 다시 수용소로, 그다음엔 가스실로 옮겨져 잔인하게 살해됐다. 1939년 전 세계 유대인 인구는 1천6백만 명으로, 유럽에 약 1천만 명이 거주했다. 이 가운데 6백만 명이 전쟁이 끝난 1945년까지 학살됐다.[11] 유대인들은 유럽을 떠나야 했다. 도망칠 곳이 필요했고, 팔레스타인과 그 땅에 만든 유대 정착촌들이 마지막 희망이었다. 위임통치국 영국의 도움이 필요했다. 팔레스타인 지역에 있던 유대인 3만2천 명이 영국군에 자원입대해 독일군과 맞서 싸웠다. 영국군 내에 5천 명 규모의 유대인 여단이 따로 만들어질 정도였다.

책임을 떠안은 것은 누구인가?

제2차 세계대전은 연합군의 승리로 막을 내렸다. 팔레스타인 내 아랍과 유대의 문제가 수면 위로 떠올랐다. 영국은 골치 아픈 상황에 놓였다. 유대인에게는 그들만의 국가를 만들도록 돕겠다는 약속을 지킬 수 없었고, 석유가 세계대전을 통해 핵심 에너지원으로 부상하면서 유전을 가진 아랍권에 등을 돌리기도 어려운 상황이 됐다. 어느 한편에도 서기 힘들게 된 영국은 팔레스타인 위임통치가 더 이상 불가능한 상태라며 유엔에 처리를 떠넘겼다. 영국에 배신감을 느낀 유대인은 미국 쪽에 희망을 걸고 의지했다. 유대인은 유럽보다 상대적으로 반유대 감정이 크지 않은 미국에서 막대한 자금력으로 로비 활동을 벌여 유대 국가 건설을 지지한다는 약속을 끌어냈다.

팔레스타인 문제를 떠안은 미국과 유엔은 팔레스타인 땅을 아랍과 유대 민족이 나눌 것을 제안했다. 팔레스타인의 44%를 아랍에, 56%를 유대에 나눠주기로 했다. 예루살렘을 어떻게 처리할지는 별개의 문제였다. 기독교와 이슬람, 유대교 등 여러 종교에서 성지로 간주하는 예루살렘은 어느 종교와 나라에도 속하지 않는 특별 국제 관리구역으로 지정했다. 유엔은 1947년 1월 총회를 열고 이 안을 가결했다.

유엔 결정에 대한 반응은 극명하게 나뉘었다. 유대 민족은 자신들에게 많은 땅을 나눠준 유엔의 결정을 환영했지만 아랍권은 받아들일 수 없었다. 팔레스타인 지역 전체 인구 190만 명 가운데 아랍인이 130만 명이고 유대인이 약 60만 명으로, 비율로 치면 7대 3 정도였다. 그런데 유대인에게 팔레스타인 땅의 절반 이상을 분할해준다는 것은 아랍으로선 불합리했다. 더욱이 당시 유대인이 실제로 소유한 땅은 팔레스타인 전체의 10분의 1도 안 되는 상황이었다. 아랍권은 팔레스타인 땅의 오랜 주인이자 다수인 자신들의 권리가 철저히 무시됐다며 강력하게 반발했다. 하지만 위임통치국 영국은 유엔의 결정에 따르겠다며 1948년 그대로 팔레스타인에서 철수해버렸다. 아랍인들의 나라를 세우는 걸 돕겠다던 영국인들의 약속 맥마흔 선언은 휴지조각이 돼 버렸다.

유대인들은 유엔 결의안이 가결된 직후 바로 건국 작업에 착수했다. 영국군이 팔레스타인 위임통치를 끝내자마자 이스라엘 건국을 선포했다. 이스라엘은 이와 함께 전 세계에 흩어진 유대인의 이민을 필사적으로 유치했다. 나라를 세우고 지키려면 훨씬 많은 인구가 필요했다. 농업과 산업 분야에서 생산할 수 있는 노동력이 모자라고 질서를 유지할 인력도 부족했다. 중동 한가운데 세워진 유대 국가에 주변 아랍국들이 강력하게 반발하며 호시탐탐 충돌을 일으켰다. 하지만 나라를 지킬 군사력도 절대 빈약했다. 시온주의 지도자 벤구리온은 자경단 '하가나'를 근간으로 군대를 창설하고 입법기관도 조직하기 위해 서둘렀다.

이스라엘 건국을 바라보는 국제사회의 시선은 엇갈렸다. 미국과 소련 등 일부 유엔 회원국은 바로 이스라엘을 국가로 인정하고 2천 년 동안 떠돌이 생활을 끝내고 마침내 나라를 세운 유대인의 끈질긴 노력의 성과를 축하했다. 다른 한편에선 이스라엘 건국으로 삶의 터전에서 쫓겨나게 된 팔레스타인의 아랍인을 동정했다. 팔레스타인 지역의 상당 부분을 유대인에게 빼앗긴 아랍 국가들은 현실을 받아들이지 않았다. 그 오랜 시간 동안 유대인을 핍박하고 대학살을 저지른 것은 유럽인인데, 왜 그 책임을 아랍인들이 떠안아야 하는지 이해할 수 없었다. 아랍인들에게 팔레스타인 땅을 넘겨주겠다는 약속을 하고, 이를 어긴 것도 유럽이었다. 유럽에서 날아온 갈등의 불씨로 팔레스타인은 세계의 화약고가 될 운명이었다.

땅의 주인은 누구인가?

—

컹! 컹! 컹! 저 멀리 개 짖는 소리가 어둠의 적막을 깼다. 동이 트려면 아직 시간이 남았지만 사막여우라도 나타났는지 개들은 연신 목청을 높였다. 짖는 소리엔 왠지 모를 두려움도 묻어났다. 곧이어 뜻밖의 소리가 이어졌다. 드르륵! 탕! 탕! 총성이었다. 여기저기 비명과 신음이 터져 나오고 놀라 울부짖는 소리가 이어졌다. 유대인 무장세력이 팔레스타인 마을을 습격한 것이었다.

1948년 4월 9일 새벽 4시 반反 유대인 극우조직 '이르군'이 예루살렘 인근의 작은 마을 데일 야신촌을 습격했다. 이르군 조직원들은 집마다 문을 박차고 들어가 깊이 잠든 팔레스타인 주민에게 무자비하게 방아쇠를 당겼다. 부녀자를 포함해 주민 254명이 순식간에 숨졌다. 날이 밝은 뒤 시신을 확인하는 과정에서 주민들은 아연실색했다. 일부 시신은 심각하게 훼손돼 있었다. 이 사건은 아랍 주민에게 이스라엘에 대한 극도의 공포감을 심어줬고, 전 세계에 충격을 가져다줬다.

많은 것을 바꾼 초록색 선

|

야신촌 학살 사건이 발생한 지 한 달여 뒤인 5월 14일 영국은 팔레스타인 위임통치를 공식적으로 끝냈다. 그리고 바로 그날, 시오니즘 지도자 하임 바이즈만은 이스라엘 건국을 선포했다. 유대 국가

건설을 반대해온 아랍인들은 즉각 행동에 들어가갔다. 이스라엘 건국 선포 몇 시간 만에 아랍 군대가 이스라엘 국경을 넘어 진격했다. 이집트가 앞장서고 요르단과 시리아 등 인접한 아랍 7개 나라가 함께 참전했다. 하지만 이스라엘은 신생국임에도 만만한 상대가 아니었다. 아랍의 침공에 쉽게 무너지지 않았다. 전쟁이 7개월 동안 이어졌지만 이스라엘은 아랍의 공세를 버텨냈다.[12] 다시 유엔이 끼어들어야 했다. 유엔 중재 아래 양측은 휴전협정을 체결했다.

이스라엘은 이집트와 요르단, 시리아, 레바논 등과 휴전협정을 맺었다. 협정에 따라 이스라엘과 팔레스타인 사이는 물론, 이스라엘 접경국인 이집트와 요르단, 시리아, 레바논 등과의 사이에도 모두 휴전선이 새로 그어졌다. 휴전선은 일명 '그린라인'이라고 불렸는데, 협정을 체결할 때 참고했던 지도 위에 초록색 펜으로 휴전선을 표시한 것에서 비롯된 이름이었다. 그린라인은 정치적, 영토적으로 의미가 있는 항구적 국경선이라기보다는 임시 경계였다. 그 때문에 이후로도 문제가 끊이지 않게 됐다. 아랍권과 이스라엘은 이후 반세기 이상 그린라인을 놓고 갈등을 반복하게 된다.

이스라엘이 이처럼 건국 초기부터 아랍의 도전을 물리칠 수 있었던 건 일찍이 강력한 무장조직을 정비해온 덕분이었다. 영국은 팔레스타인 위임통치 기간 유대인의 무장을 적극적으로 지원했다. 유대인들은 민병대 '하가나' 등을 조직해 아랍인과 맞섰는데, 이미 건국 전에 규모가 10만 명에 달했다. 건국을 앞두고는 극우세력이 중심이 돼 준군사조직 '이르군'도 결성했다. 이르군은 아랍인들을 상대로 무력 공격을 했는데, 바로 데일 야신촌 학살이 그중 하나였다.

홀로코스트를 겪으며 버텨왔던 유대인에게 최후의 보루가 된 유대 국가를 그들은 목숨을 걸고 지켜내야 했다. 고되고 조직적인 훈련도 마다하지 않았고, 강력한 무기를 들여와 무장도 서둘렀다. 이르군과 하가나는 1940년대 영국의 어정쩡한 위임통치가 자신들의 독립국가 건설에 방해가 된다며, 수시로 영국 시설물과 군인을 상대로 테러를 가할 만큼 대담하고 강력해졌다. 이들 무장조직은 아랍 군대와 맞서는 데 선봉에 섰다. 두 차례 전쟁을 겪으면서 이제 이스라엘은 주변국 침공에도 맞설 정도로 상당한 국방력을 보유하고 있음이 드러났다.

반면 팔레스타인인에게는 이렇다 할 무장조직이 없었다. 이스라엘 측이 팔레스타인 지도자를 수시로 제거하거나 쫓아내는 등 팔레스타인 정치세력이 조직화하는 것을 일찌감치 견제했다. 아랍 연합군이 이스라엘과 전쟁을 벌일 때 팔레스타인인은 2만 명에 달하는 아랍 군대가 손쉽게 승리할 것으로 기대했다. 하지만 전투 경험도 훈련도 빈약했던 아랍 군대는 배수의 진을 치고 싸우는 이스라엘군을 쉽게 이길 수 없었다. 게다가 아랍 군대는 꼭 이겨야 한다는 절박함도 부족했다. 당시 아랍 국가들은 팔레스타인의 독립국 건설보다는 아랍의 몫으로 주어진 팔레스타인 땅 44%를 어떻게 하면 나누어 가질까에 더 큰 관심을 가졌다.[13] 염불보다는 잿밥에 더 마음을 둔 셈이었다.

어찌 됐든 이스라엘 건국 후 첫 번째 벌어진 전쟁의 결과는 아랍권에 충격을 던져주었다. 외견상 승패 없는 휴전이었지만 사실상 승자는 이스라엘이었다. 이스라엘의 팔레스타인 땅 점유율은 건국 직후 56%에서 77%로 크게 높아졌다. 전쟁으로 팔레스타인 마을 370곳이 파괴되고 그곳에 살던 주민은 쫓겨났다. 그 자리엔 유대인 정착촌이 생겨났다. 단 한 차례의 전쟁으로 거주지를 유대인에게 빼앗기고 쫓겨난 팔레스타인 주민이 1백만 명에 달했다. 팔레스타인 전체 인구 약 2백만 명의 절반에 가까운 숫자였다. 거주지와 일터를 잃은 이들은 난민 신세로 전락했다. 국경 인근에 난민촌이 생겨났고, 이들은 그곳으로 내몰렸다.[14]

이스라엘 영토가 넓어지고 정착촌도 더 많이 생기면서 유럽과 아프리카 등지에서 유대인들이 물밀 듯이 이주해왔다. 이스라엘 인구는 순식간에 150만 명에 육박했다. 이스라엘 정부는 이민자들의 신속한 정착을 지원하는 한편 유대 정체성을 세우는 작업에도 박차를 가했다. 아랍 식이던 팔레스타인 지명과 도로, 산, 하천 등 자연 지물의 이름까지 유대인 언어인 히브리어로 만들어 붙였다.

쫓겨나는 팔레스타인 사람들

아랍의 도전을 물리친 이스라엘은 아랍에 대한 정책도 더 공세에 나섰다. 이웃나라 이집트에서는 1952년 왕정이 붕괴하고 나세르가 공화제 초대 대통령이 되면서 수에즈 운하를 국유화했다. 이에 영국과 프랑스가 반발해 이집트와 전쟁을 벌였다. 그러자 이스라엘도 연합군 측에 붙어 이집트 공격에 가담했다. 제2차 중동전쟁이었다. 전쟁은 영국과 프랑스, 이스라엘에 우세하게 진행됐다. 1956년 연합군은 이집트로 진격해 시나이 반도 전체를 점령했고, 이스라엘 역시 반도 요충지의 상당 부분을 접수했다. 이번엔 신흥 강국인 미국과 소련이 끼어들어 이집트를 공격한 영국과 프랑스, 이스라엘을 비난하며 압박했다. 유엔군까지 긴급 파견되자 결국 이들 세 나라는 순차적으로 점령지에서 철수하며 전쟁이 마무리됐다. 아랍권은 이스라엘과의 대결에서 또 한 번 쓴맛을 봐야 했다.

아랍 국가들이 이스라엘과의 전쟁에서 무기력한 모습을 드러내는 동안 팔레스타인의 저항운동에는 새 바람이 불었다. 팔레스타인 안팎에서 이스라엘을 상대로 개별 저항활동을 하던 단체들이 힘을 합치고 조직화했다. 팔레스타인도 이스라엘처럼 독립국가를 건설한다는 목표를 세우고 1964년 팔레스타인해방기구PLO가 결성됐다. 하지만 팔레스타인해방기구는 팔레스타인 난민이 주축이 된 것은 아니었다. 아랍연맹이 후원하는 아랍 국가들의 조직으로, 이집트 카이로에 기반을 두고 시작했다.

1960년대 이스라엘은 빠르게 국력을 축적했고 그만큼 아랍과의 대립도 심해졌다. 이집트가 또 총대를 메고 앞장섰다. 1967년 이집트의 나세르 대통령은 이스라엘에 빼앗긴 시나이 반도를 다시 점령하고 병력을 배치했다. 이스라엘과의 국경지대에 주둔한 유엔군에는 철수를 요구했다. 시리아와 군사동맹까지 맺고 이스라엘을 공격할 채비를 갖췄다. 하지만 이들의 움직임을 간파한 이스라엘이 선제공격을 퍼부으면서 제3차 중동전쟁이 발발했다.[15]

전쟁은 이번에도 아랍권의 바람대로 진행되지 않았다. 이스라엘 공군은 6월 5일, 개전 3시간 만에 이집트와 아랍 연합군 비행기 4백여 대를 파괴하며 공군력을 괴멸시켰다. 특히 이집트 공군이 보유한 항공기 450여 대 가운데 약 3백 대를 더 이상 날 수 없게 만들어 버렸다. 제공권制空權을 장악한 이스라엘은 사흘 만에 시나이 반도를 재접수했다. 아랍 연합군은 적수가 되지 않았다. 요르단은 3일, 이집트는 4일, 시리아는 5일 만에 각각 이스라엘과 정전협정을 맺었다. 전쟁은 단 엿새 동안 벌어져 이스라엘의 대승으로 끝났다. 이집트가 공군과 기갑부대 80%를 잃는 등 아랍권은 전체 병력의 10분의 1을 손실했다.

'6일 전쟁'은 아랍권이 그동안 이스라엘에 점령당한 땅을 되찾겠다고 벌인 도발에서 시작됐지만 결과는 반대였다. 전쟁이 끝나고 이스라엘이 이집트의 시나이 반도와 가자 지구, 요르단 강 서안, 골란 고원 등 주변 곳곳의 땅을 차지하면서 영토가 10만2천4백 km²로 확대됐다. 이스라엘은 전쟁 이전의 5배, 건국 초기와 비교하면 8배에 달하는 넓은 영토를 확보하게 됐다. 이스라엘은 6일 전쟁을 통해 팔레스타인은 물론, 이웃한 아랍 국가 사이에 새로운 경계를 그었다. 이후 일부 변화가 있었지만 사실상 오늘날 국경선의 토대가 만들어졌다.

여기서 잠깐 현재 이스라엘 영토를 보면, 남북으로 긴 마름모꼴

이스라엘-팔레스타인 영토

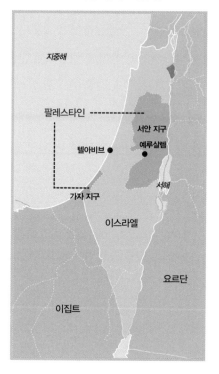

모양인 이스라엘은 면적이 약 2만 km²로, 대한민국의 약 5분의 1 크기이다. 동쪽은 요르단과 접경하고 서쪽은 지중해와 닿아 있다. 남쪽은 이집트, 북쪽은 레바논과 각각 이웃한다. 팔레스타인은 이스라엘 영토 안에 둘러싸인 모양을 하고 있으며 두 개로 나뉘어 있다. 하나는 동쪽 요르단 강을 따라 땅콩 모양으로 길게 놓여 있는데, 강 서쪽에 있어 서안 지구라고 불린다. 1949년 유엔이 정한 그린라인을 따라 이스라엘과 경계를 두고 있다. 서안 지구는 동예루살렘을 포함해 면적이 5640km²로 서울 면적의 9배 정도 된다. 또 다른 팔레스타인 영역은 가자 지구이고, 이스라엘 남서쪽에 직사각형 모양으로 있다. 길이가 남북으로 약 41km, 동서로는 6~12km에 걸쳐 있다. 넓이는 약 362km²로 서울의 절반 크기이다. 서쪽은 지중해, 남쪽은 이집트와 접해 있고, 동쪽과 북쪽은 모두 이스라엘과 접경하고 있다.[16] 가자 지구와 서안 지구는 원래 하나였지만 여러 차례에 걸린 전쟁과 점령 과정을 통해 두 개의 섬처럼 완전히 분리돼 두 지역을 오가려면 이스라엘 땅을 거쳐야 한다.

이스라엘은 6일 전쟁 때 가자 지구를 점령하고 군대를 주둔시켰다. 유엔이 결의안까지 통과시키며 군대를 철수하라고 했지만 이스라엘은 말을 듣지 않았다. 오히려 가자 지구를 봉쇄하고 주민 이동까지 통제했다. 가자 지구를 출입하려는 팔레스타인 주민은 이스라엘 허가를 받아야 했다. 가자 지구까지 유대 정착촌이 들어섰고 이스라엘 군대는 이들을 보호했다. 가자 지구뿐만이 아니었다. 이스라엘 정부는 점령지 곳곳에 부지런히 유대인 정착촌을 세웠다. 대대로 이들 지역에 살아온 아랍인들은 정착촌에 밀려나 난민 신세로 전락했다. 이스라엘 건국 직후 팔레스타인 난민은 약 1백만 명이었는데, 6일 선생 이후 30만 명이 추가됐나.

이스라엘이 점령한 곳에서 모든 아랍인을 몰아내는 것은 불가능했다. 이스라엘은 피점령지에 사는 팔레스타인인에게 시민권을 주고 거주할 수 있도록 허락했다. 이는 유대 국가인 이스라엘로서는 정체성과 관련해 두고두고 풀어야 할 숙제로 남았다. 이스라엘 남

녀 모두가 이행해야 하는 병역의 의무는 아랍계 시민에게는 주어
지지 않았다. 하지만 이들은 군에 안 가는 대신 취업 기회와 임금
등에서 차별을 받으며 열등한 시민의 대접을 감수해야만 했다.

팔레스타인의 반격

6일 전쟁까지 아랍 연합군이 참패하자 팔레스타인은 아랍 형제들
에 대한 실망감이 컸다. 주변국 힘을 빌린 투쟁보다 직접 투쟁에
나설 채비를 강화했다. 아랍권이 이끌었던 팔레스타인해방기구 활
동에도 주동적으로 뛰어들었다. 야세르 아라파트도 그 가운데 있
었다. 이집트 태생으로 제1차 중동전쟁부터 참전했던 아라파트는
무장조직 파타를 결성하고 게릴라전을 주도했다. 저항 운동가로서
지도력을 인정받아 1969년 팔레스타인해방기구의 의장 자리에 오
른 뒤, 팔레스타인의 독립국가 건설 운동을 보다 조직적으로 이끌
었다.

　하지만 아랍권 내에서는 팔레스타인해방기구의 급성장을 견제
하려는 움직임도 생겼다. 이 때문에 팔레스타인해방기구는 근거지
를 요르단과 레바논 등 이곳저곳으로 옮겨 다녀야 했다. 아랍 단결
이 요원한 현실을 절감한 팔레스타인해방기구는 스스로 무장조직
을 육성하고 세계 곳곳에서 유대인과 이스라엘 시설물을 상대로
무력 투쟁을 전개했다.[17] 1969년에는 로마에서 텔아비브로 향하던
이스라엘 항공기를 납치해 팔레스타인 게릴라 포로와 인질을 교환

했고, 1974년엔 독일 뮌헨올림픽에 참가한 이스라엘 선수단 9명을 살해해 충격을 줬다. 팔레스타인해방기구는 이런 강력한 테러 활동을 통해 국제사회에 팔레스타인 난민 문제를 부각했다. 이스라엘을 상대로 70여 차례 공격을 주도한 아라파트는 이스라엘 정보 당국의 암살 표적이 되기도 했으나 끝끝내 살아남아 '사막의 불사조'라 불리며 팔레스타인 저항운동의 상징으로 자리잡았다.

테러와 무력 충돌로 중동 혼란이 가중되자 유엔은 이스라엘 정부에 점령지를 아랍 국가들에 반환할 것을 촉구했다. 이스라엘은 유엔의 요구를 따르기는커녕 오히려 점령지 내 정착촌 건설에 박차를 가했다. 그러자 이스라엘에 시나이 반도를 빼앗긴 이집트와 골란 고원을 점령당한 시리아가 영토를 되찾겠다며 다시 뭉쳤다. 두 나라 연합군이 1973년 이스라엘을 기습 공격하면서 제4차 중동 전쟁이 시작됐다. 아랍 연합군은 이번엔 사전 준비를 철저히 했고, 그동안 승리에 자만한 이스라엘은 허를 찔렸다. 전쟁 초기 이스라엘은 수세에 몰렸다. 하지만 미국의 막대한 지원 아래 전열을 정비하면서 곧 전세를 뒤집었다. 파죽지세로 아랍 군대를 격파하며 진격했다. 다시 유엔이 긴급군을 투입하며 중재해야 했고, 양측은 약한 달 만에 총구를 거둬들였다. 이번에도 사실상 이스라엘의 역전승이었다.

4차례에 걸친 중동전쟁은 지역 정세에 상당한 변화를 가져왔다. 우선 이스라엘은 주변 아랍 국가와의 4차례 대결에서 단 한 번도 패배하지 않음으로써 역내 군사 강국으로 우뚝 섰다. 건국 후 짧은 기간 안에 이처럼 강력한 군사력을 보유하게 된 것은 미국의 도움이 컸다. 제2차 세계대전 이후 신흥 강대국이 된 미국의 대 중동 정책은 냉전 경쟁국 소련의 남하를 견제하고 사우디아라비아 등 중동 산유국을 친미세력으로 포섭하는 것이었다. 이스라엘은 그 전략 거점 가운데 하나였고, 일찍이 1960년대부터 미국은 이스라엘에 군사 지원을 시작했다. 이스라엘이 프랑스와 손잡고 핵 개발을 할 때도, 적당히 눈을 감아줬다. 제4차 중동전쟁 때는 수송기를 5천여 차례 보내 군수를 보급하고 30억 달러 이상의 군비도 지원했다.

대신 이스라엘에 대한 미국의 전폭 지원은 아랍권에서 반미 감정을 자극했다. '골리앗' 아랍에 맞서 싸웠던 유대의 목동 '다윗'은 강대국 미국의 등에 올라타며 힘이 급속히 불어나고 있었기 때문이었다. 네 차례의 전쟁을 통해 다윗은 골리앗이 되고 골리앗은 다윗이 된 것과 같은 상황이 만들어지자, 아랍권은 이스라엘을 돕는 나라에 대해서도 반감을 드러냈다. 산유국들은 제4차 중동 전쟁이 끝난 뒤 이스라엘을 지원한 미국과 서방에 항의하며, 석유 수출 중단으로 보복했다. 세계 경제는 석유 파동으로 휘청거렸고, 자원을 무기로 한 중동 지역 아랍 산유국의 힘이 새삼 국제사회에서 주목받았다.

팔레스타인에도 새로운 움직임이 꿈틀거렸다. 아라파트가 이끄는 팔레스타인해방기구는 1974년 아랍연맹으로부터 팔레스타인의 유일한 합법적 대표기관임을 인정받고 더 나아가 유엔에서 참관인 자격까지 얻었다. 팔레스타인해방기구는 더는 테러집단이 아닌 정치 실체로서 자리잡으며 위상이 높아졌다. 팔레스타인해방기구의 활동 목표도 팔레스타인 땅에서 유대인을 쫓아내는 것에서 이스라엘의 존재를 인정하고 팔레스타인 국가 건국과 함께 공존하는 방향으로 선회했다. 테러를 대신해 협상과 외교 교섭이 시도되자 세속적인 아랍 지도자들도 지지를 보냈다. 그러나 무장투쟁으로 용맹을 날렸던 아라파트가 현실적이고 온건한 노선으로 갈아타자 비판 세력이 꿈틀댔다. 팔레스타인해방기구 지도부도 아라파트를 놓고 찬반 세력으로 나뉘는 등 팔레스타인 내부 갈등이 벌어졌다.

그동안 이스라엘 공격에 앞장섰던 이집트는 대 이스라엘 정책을 전향적으로 바꿨다. 국내에서 정치·경제적으로 궁지에 몰린 사다트 이집트 대통령은 팔레스타인 문제 해결을 통해 난국을 타개하고자 했다. 우호적인 아랍 이웃이 필요했던 이스라엘은 냉큼 이집트의 손을 잡았다. '땅(점령지)과 평화를 교환'하는 대외정책도 과감하게 밀어붙였다. 양측은 1979년 평화조약을 맺고 극적으로 화해했다. '평화'를 얻은 이스라엘은 점령했던 '땅' 시나이 반도를 이집트에 돌려줬다. 대 이스라엘 도발에 앞장섰던 이집트가 평화협정을 맺음으로써 이스라엘은 팔레스타인 땅에서 입지가 강화됐다. 반면 이집트는 아랍권에서 배신자로 낙인찍혀 아랍연맹에서 추방됐고 아랍 국가 간 공조에 큰 균열이 생겼다. 제4차 중동전쟁 이후 이스라엘과 아랍권 사이에 더 이상의 전면전은 벌어지지 않았다.

인티파다, 화약고에 불을 댕기다

1980년대 후반 팔레스타인 내부에서는 새로운 형태의 대 이스라엘 투쟁이 전개됐다. 팔레스타인 주민의 대규모 민중 봉기 인티파다였다. 이스라엘 점령이 고착되면서 팔레스타인은 사실상 식민지 신세로 전락했고 주민이 받는 고통도 커졌다. 이스라엘군은 점령지에서 팔레스타인 주민을 혹독하게 통제하고 노동자를 착취했다. 아랍계 주민은 처우 등에서 차별을 받았을 뿐만 아니라 세금까지 많이 내야 했기에 생활고가 깊어졌다. 팔레스타인 민심은 부글부글 들끓고 있었다. 그런 상황에서 우발적인 사건이 인티파다를 촉발했다.

1987년 12월 6일 가자 지구에서 쇼핑하던 한 이스라엘인이 칼에 찔려 숨졌다. 그런데 다음날 같은 지역에서 팔레스타인 사람 4명이 이스라엘군의 차량에 치여 목숨을 잃는 일이 벌어졌다. 이 교통사고가 전날 유대인 살해에 대한 보복이란 소문이 퍼지면서 가자 지구 주민들이 폭발했다. 팔레스타인인들이 모여 이스라엘 검문소를 습격하고 이스라엘 군경이 이에 맞서면서 순식간에 유혈사태로 확대됐다. 양측 충돌이 곳곳에서 벌어지면서 격앙된 팔레스타인 주민들이 무장봉기를 일으켰다. 인티파다는 금세 서안 지구로까지 퍼졌고 다시 중동을 혼란의 도가니 속으로 밀어 넣었다. 이후 약 6년 동안 줄기찬 무장투쟁이 이어졌다. 인티파다 첫해 팔레스타인인 24명이 숨진 것을 시작으로 이어진 다섯 해 동안, 모두 1천4백여 명이 숨지고 약 9만 명이 이스라엘 군경에 체포됐다.

인티파다는 팔레스타인 내부 권력 구도까지 뒤흔들었다. 봉기가 시작된 지 약 1년 만에 이슬람 근본주의 사회운동조직인 무슬림형제단 지도자 야신의 주도로 급진 무장저항 단체 '하마스'가 결성됐다.[18] 이들은 그동안 팔레스타인해방기구의 온건 노선으로 이스라엘과의 관계에서 얻은 게 없다며 무장봉기를 이끌었다. 유대인에 대한 테러와 무장 공격을 감행해 팔레스타인 문제에 대한 국제사회의 이목을 끌고 동시에 이스라엘 내부에서의 철수 여론도 높이려고 했다. 세속세력과 결탁하지 않고 팔레스타인해방기구의 영향도 받지 않은 채 독자적으로 움직였다. 하마스는 테러를 전담하는 조직을 따로 두고 이스라엘 국민과 유대인 시설을 대놓고 공격했다. 통쾌한 테러를 지지하는 팔레스타인 사람이 늘어났으며 하마스의 무장 활동은 더욱 격렬해졌다.

인티파다가 중동을 다시 소용돌이치게 했다. 국제사회는 팔레스타인 문제에 손을 놓고 있을 수 없었다. 마침 1989년 미국과 소련의 냉전도 끝나면서 중동 문제에 전기가 마련됐다. 소련 붕괴로 지구상 유일한 초강대국으로 부상한 미국의 빌 클린턴 대통령이 중동평화 문제에 적극적으로 개입했다. 미국의 중재에 이스라엘과 팔레스타인도 대화로 화답했다. 1991년 스페인 마드리드에서 만나 두 국가의 공존 문제를 논의하기 시작했다. 약 2년의 협상 끝에 1993년 9월 오슬로 평화협정이 체결되며 국제사회의 노력이 결실을 보았다. 팔레스타인은 이스라엘에 대한 무장투쟁을 멈추고, 이스라엘은 팔레스타인이 독립국가를 세우는 것을 허용하기로 했다.

이스라엘은 가자 지구와 서안 지구에서 팔레스타인의 자치권도 인정했다. 이스라엘과 팔레스타인은 서로의 존재를 인정하고 국가 대 국가로서의 공존, 즉 '두 국가 해법'을 모색하게 됐다.[19] 1996년, 드디어 팔레스타인에도 자치정부가 수립됐고 거의 해외를 떠돌다시피 했던 팔레스타인해방기구 지도자 아라파트는 서안 지구 라말라에 자치정부의 수반으로 돌아왔다.

하지만 중동평화의 길은 멀었다. 하나의 땅덩어리 위에 종교와 문화가 서로 다른 두 민족이 공존할 두 개의 나라를 세우는 일은 쉽지 않았다. 이스라엘에서는 오슬로 협정을 이끌었던 라빈 총리가 1995년 극우파에 의해 암살됐다. 팔레스타인에서는 아라파트가 이끄는 자치정부가 무능하고 부패한 모습을 드러냈고, 하마스가 더욱 강력한 무력 투쟁을 전개하며 화해의 길을 가로막았다.[20] 양측은 8년 가까이 실무 협상을 이어갔지만, 결국 두 국가 건설에 실질적 성과는 끌어내지 못했다.

2000년 9월 중동에 다시 유혈 분쟁을 고조시키는 사건이 벌어졌다. 이스라엘과 팔레스타인은 오슬로 협정 이후에도 유대 정착촌 문제와 동예루살렘의 지위 등을 놓고 이견을 좁히지 못한 채 불안한 평화를 이어가던 상황이었다. 이스라엘 극우파 리쿠드당 샤론 당수가 조금 남았던 희미한 화해의 불씨를 짓밟아버렸다. 무장 경찰을 대동한 채 동예루살렘의 이슬람 성지 알아크사 사원을 방문한 것이었다. 알아크사 사원은 이스라엘의 관리 아래에 있었지만 유대 정치-종교 지도자의 방문은 금기시됐다. 이슬람 소유를 존중

한다는 의미였다. 그런데 극우 정치인이 무장 병력까지 데리고 들어갔으니 사실상 도발 행위나 마찬가지였다. 샤론은 더 나아가 동예루살렘에 대한 이스라엘의 주권까지 주장했다.

　팔레스타인인들은 또다시 들불처럼 일어났다. 새로운 민중 봉기, 제2차 인티파다에 불을 댕긴 것이었다. 오슬로 협정은 물거품으로 돌아가고, 대화와 협상의 자리에 다시 폭력과 충돌이 들어섰다. 2차 인티파다는 1차 때보다 훨씬 더 강력하고 폭력적인 양상으로 전개됐다. 이스라엘은 이제 양측을 서로 떼어놓을 견고한 물리적 장치가 필요하다고 생각했다. 이스라엘-팔레스타인 간 분리장벽의 서막이 올라가고 있었다.

장벽

그린라인을 침범한 장벽

아침 7시 30분. 15세 여학생 헬레나는 이스라엘 텔아비브 인근의 바트얌Bat Yam 버스 정류소에서 서 있었다. 등굣길 버스를 기다리던 중이었다. 그때 갑자기 나타난 한 남성이 마구 흉기를 휘둘렀다. 헬레나는 유혈이 낭자한 채 급히 병원으로 옮겨졌지만 다시 일어나지 못했다. 끔찍한 범행을 저지른 사람은 팔레스타인 이슬람 무장 조직 소속의 행동대원이었다. 가자 지구 출신으로, 헬레나보다 불과 세 살 많은 10대 청소년이었다. 1992년 5월 4일 발생한 여학생의 피살 소식에 이스라엘인들은 충격에 빠졌다. 거리 곳곳에서 시위가 벌어졌고 거리의 아랍인을 상대로 폭력을 행사하기도 했다. 그러자 팔레스타인 주민도 들고일어나 양측 시민들이 여기저기서 부딪혔다.

헬레나 살해 사건은 얼마 남지 않은 이스라엘 총선에서도 쟁점이었다. 후보들은 줄줄이 사건 현장을 방문하고 팔레스타인 테러 방지 공약을 쏟아냈다. 노동당 총리 후보였던 라빈도 그 가운데 한 명이었다. 그는 팔레스타인과 불필요한 충돌을 피하려면 가자 지구를 이스라엘로부터 물리적으로 분리해야 한다며, 양측 사이 장벽을 건설할 것을 제안했다.[21] 노동당 선거 승리로 총리가 된 라빈은 팔레스타인 가자 지구를 이스라엘과 떼어놓을 계획을 실행에 옮겼다. 이스라엘과 팔레스타인 사이 장벽 건설이 본격화된 것이었다.

첫 번째 장벽

이스라엘은 6일 전쟁 때 팔레스타인 가자 지구와 서안 지구를 모두 점령한 뒤, 전략적 요충지 여기저기에 유대인 정착촌을 건설했다. 정착촌을 보호한다는 명목으로 군대도 주둔시키고 주변 지역을 통제해왔다. 하지만 팔레스타인 주민의 이스라엘 왕래는 검문소를 통해 허용했다. 정치 상황과는 별개로 상호보완적으로 움직이는 경제 때문이었다. 아랍과의 전쟁에서 연전연승한 이스라엘은 팔레스타인을 포함한 주변국 영토를 잇달아 점령했다. 점령지엔 유대인 정착촌을 건설하고 주민을 신속하게 이주시켜 실효적 지배를 강화해야 했다. 전 세계 유대인을 상대로 이스라엘 이민을 장려하고, 실제로 많이 이주시켰지만 여전히 인력이 부족했다. 이는 곧 생산력 부족을 의미했다. 이스라엘 산업과 경제가 빠르게 성장하면서 도로와 발전 시설 등 대규모 건설사업이 붐을 이뤘지만, 노동력이 이를 받쳐주지 못했다. 특히 농업과 건설업 분야는 일손 부족이 심각했다. 이스라엘 산업 현장은 풍부한 팔레스타인 노동자들이 절실했다.

반면 농업 중심의 팔레스타인 경제는 침체에 빠져 있었다. 비옥한 농장지대를 포함해 많은 땅을 이스라엘에 빼앗겼고, 산업 활동 자체도 활기를 찾지 못했다. 그렇다 보니 일자리는 항시 부족하고 소득은 줄었다. 팔레스타인 노동자들은 일자리를 찾아 이스라엘로 가야 했다. 유대인이 꺼리는 위험하고 더러운 환경의 저임금 단순 노동 일자리는 팔레스타인 노동자들이 도맡았다. 비슷한 일을 하는 이스라엘 노동자보다 임금 수준이 3분의 1에 불과했지만 마다하지 않았다. 그래도 팔레스타인에서 받는 임금보다는 훨씬 더 많았다.

팔레스타인은 이스라엘의 일자리가, 이스라엘은 팔레스타인의 노동력이 서로 필요했다. 이러한 경제적 상호 의존성 때문에 이스라엘과 팔레스타인 사이의 출입 통제는 느슨했다. 1970년대 초반 이스라엘은 새벽 1시~5시를 제외하고는 팔레스타인 노동자들이 자유롭게 경계를 넘나들 수 있도록 허용했다. 사실 그때만 해도 양측 간 경계선 자체가 상당히 모호한 상태였다.

이런 관계는 1980년대까지 이어졌지만 인티파다 이후 조금씩 바뀌었다. 무장봉기로 양측 간 무력 충돌이 이어지고 사상자가 속출하면서 변화는 불가피했다. 이동에 대한 규제가 늘고 경계지역은 폐쇄적으로 변했으며 통제와 감시가 강화됐다. 모호했던 경계선도 점차 선명해졌다. 이스라엘 내 팔레스타인 노동자도 감소했다. 그런데도 빗장을 완전히 걸어 잠글 수는 없었다. 이스라엘 고용주들 때문이었다. 이미 저렴한 팔레스타인 노동력을 기준으로 경영 계획을 세우고 수지타산을 맞춰온 이들은 노동시장이 닫히지 않도록 정부를 압박했다. 특히 상당수 건설현장은 팔레스타인 노동자 없이는 마비될 지경이었다. 1991년 이라크가 걸프 전쟁을 일으켰을 때 양측 관계는 악화했지만 이때도 이스라엘에서 일하는 팔레스타인 노동자는 11만 명이 넘었다.[22]

이런 상황이 극적으로 변한 것은 이스라엘 10대 소녀 피살 사건 이후였다. 라빈 총리는 공약대로, 먼저 가자 지구 주변에 장벽을 쌓기 시작했다. 이스라엘 기업과 고용주들에게도 그동안 의존해온 팔레스타인 노동력과 결별을 촉구했다. 그렇지 않고서는 노동자들 사이에 섞여 넘어오는 테러범을 막을 수 없다고 설득했다. 1994년 팔레스타인 무장조직이 텔아비브에서 또다시 연쇄 공격을 가하자, 이스라엘은 가자 지구를 완전히 자신들과 분리하기 위한 장벽 건설에 속도를 냈다. 철책과 철조망 울타리, 철판 등을 빠르게 이어 붙였다. 약 2년 만에 51km에 달하는 가자 지구 장벽이 완성됐다.

말도 많고 탈도 많은 그 장벽

내친김에 동예루살렘을 포함한 서안 지구를 에워쌀 장벽까지 건설하려는 움직임이 꿈틀댔다. 하지만 서안 지구는 가자 지구와는 사정이 좀 달랐다. 오슬로 협정에 따라 팔레스타인 자치권이 인정된 서안 지구는 A·B·C 세 구역으로 구분해 관리됐다. A구역은 팔레스타인 자치정부가 단독으로 통제하며 서안 지구의 약 20%에 해당한다. 또 다른 20%인 B구역은 유대인 정착촌이 곳곳에 세워져 있어 팔레스타인과 이스라엘이 공동으로 통제한다. 나머지 60%에 해당하는 C구역은 이스라엘이 단독으로 통제한다. 이스라엘은 A구역을 제외하고는 곳곳에 유대인 정착촌을 건설했다.

유대 정착촌에는 다양한 사람이 들어갔다. 팔레스타인 땅에 유대 영토를 확대한다는 사명감으로 들어간 사람이 있는가 하면, 저렴한 땅과 주택 등 각종 정부 혜택을 노린 이도 많았다. 시온주의 영웅도 있었고 고립을 자처한 극단주의자도 있었다. 어떤 목적으로 정착했는지에 상관없이, 이들은 팔레스타인 측과 충돌이 있을 때면 이스라엘 군경과 힘을 합쳐 싸운 사람들이었다. 팔레스타인 땅에 유대인 식민지를 개척한 공도 무시할 수 없었다. 정착촌 주민은 정부가 서안 지구를 장벽으로 둘러싸면 자신들은 팔레스타인 쪽에 갇히게 될 것이라며 강력하게 반발했다. 이스라엘 정부로서도 이들을 끝까지 보호해야 할 책임에서 자유로울 수 없었다.

결국 서안 지구 전체에 장벽을 건설하려던 계획은 무산되고 팔레스타인 측으로부터 공격이 빈발하는 일부 지역에만 설치가 시작됐다. 가장 먼저 장벽이 세워진 곳은 툴카렘 인근 예루살렘 종단 고속도로 약 1.5km 구간이었다. 팔레스타인 무장세력이 고속도로 주변에 숨어 있다가 이스라엘 차량을 공격하는 일이 잇따르자, 우선 이것부터 막자는 의도로 시작됐다. 콘크리트 장벽이 빠르게 세워졌다. 하지만 거기까지였다. 정착촌 주민들의 강력한 반발과 후임 총리의 미온적 태도 등으로 이후 10년 가까이 서안 지구의 장벽 건설은 더 속도를 내지 못했다.

그랬던 서안 지구의 장벽 건설이 본격화된 것은 아리엘 샤론 총리 정부 때였다. 2000년 후반 시작된 제2차 인티파다는 해를 넘겨 이어지고 있었다. 2001년 12월 예루살렘 최대 번화가로 꼽히는 벤 예후다Ben Yehuda 거리에서 팔레스타인인 두 명이 자폭테러를 감행해 이스라엘인 11명이 숨졌다. 이튿날 하이파에서 또 다른 자폭테러가 발생해 15명이 목숨을 잃었다. 폭탄이 터진 버스는 깡통처럼 구겨졌고, 그 안에는 형체를 알아보기 힘든 시신과 핏자국, 파편 등이 뒤엉켜 참혹한 모습을 연출했다. 끔찍한 공포영화의 장면 같은 테러 현장의 모습들이 실시간 전 세계에 타전돼 국제사회에 충격을 안겨줬다.

특히 2002년은 팔레스타인 자폭테러의 정점이었다. 매주 한 건 꼴로 테러가 벌어져 그 해에만 47건을 기록했다. 1년 전부터 치면 모두 81건의 폭탄 테러가 발생해 299명이 목숨을 잃었고 거의 2천 명이 다쳤다. 이스라엘 국가안보위원회가 긴급 소집돼 팔레스타인 테러범 침입에 가장 취약한 예루살렘을 장벽으로 둘러쌀 계획을 세웠고, 바로 1단계 장벽 계획이 승인됐다. 예루살렘 북쪽으로 라말라, 남쪽으로 베들레헴을 분리하는 장벽을 각각 10km 정도 구간에 세우기 시작했다.[23] 오늘날까지 말도 많고 탈도 많은 '분리장벽', 이스라엘에서 부르는 '보안장벽' 건설이 본격화된 것이다. 가자 지구와 비교해 이스라엘과 팔레스타인이 서로 훨씬 복잡하게 얽힌 서안 지구에 장벽이 본격 설치됨으로써, 양측 간 갈등 양상도 새로운 국면으로 접어들었다.

그린라인을 무시하고

장벽은 지역과 여건에 따라 철조망과 콘크리트 등 다양한 소재와 모양으로 만들어졌다. 동예루살렘 등 요지에 세워진 초기 장벽은 구조가 간단했다. 미리 만들어 놓은 1~2m 높이 콘크리트 슬래브 구조물을 원하는 곳에 가져다 줄줄이 세우고 서로 고정하면 그만이었다. 넓은 부지가 따로 필요 없었기 때문에 도로와 공터, 골목길, 주택가 등 어디든 장벽은 쉽고 빠르게 세워졌다. 콘크리트 장벽은 주로 팔레스타인 도시나 마을이 유대 정착촌 등 이스라엘 쪽과 아주 가깝게 붙어 있는 곳에 건설됐다. 건물과 동산과 같이 이스라엘 쪽으로 총격을 가하기 쉬운 팔레스타인 측 높은 지형지물 주변에도 이를 가리기 위한 장벽이 만들어졌다. 이에 따라 동예루살렘 일대와 툴카렘 서쪽 이스라엘 종단 고속도로, 베들레헴, 칼킬야 등에 콘크리트 장벽이 먼저 들어섰다.

땅이 넓은 도시 외곽과 들판, 야산 등 지역은 시간을 두고 부지를 조성한 뒤 철조망 울타리로 장벽을 세웠다. 철조망 장벽은 다중 구조로 돼 있어 쉽게 침투할 수 없도록 했다. 팔레스타인 쪽에서 보면 제일 먼저 스프링처럼 꼬인 가시철조망이 길게 연결돼 있다. 가시철조망 다음엔 폭 4m, 깊이 2~3m의 도랑을 파 놓아 가시철조망을 밀고 들어온 차량이나 침입자가 빠져서 더 진입하지 못하도록 했다. 그다음 폭 12m의 포장도로를 깔아 이스라엘 순찰차와 병력이 신속하게 이동할 수 있게 만들었다. 이 도로 지대를 지나면 다시

4m 너비의 모래밭이 조성돼 있어 침입자 유무와 함께 동선까지 파악할 수 있도록 했다.

이 모래밭 지대까지 무사통과해야 비로소 양측 경계선을 따라 만든 철조망 울타리 장벽이 나온다. 철조망 울타리는 높이가 3~4m에 달한다. 울타리에는 감시 카메라와 조명, 열 감지기 등 각종 첨단 장치가 설치돼 침입자를 실시간으로 감시한다. 장벽은 여기서 끝이 아니다. 철조망 울타리를 중심으로 이스라엘 방향으로 다시 모래밭과 포장도로, 가시철조망이 데칼코마니처럼 펼쳐져 있다. 이처럼 복잡한 구조 때문에 철조망 장벽 지대는 폭이 60~90m에 달해 왕복 4차선 고속도로를 만들 수 있을 정도의 지역이 필요한 셈이다. 전체 장벽의 97%는 이런 철조망 울타리이다. 콘크리트 장벽 구간은 약 16km로, 전체의 3% 정도다.

장벽은 2002년 건설 계획이 승인된 뒤 3년 만에 어디에 설치할지 전체 경로가 결정됐다. 총 연장은 681km에 달했다. 그런데 장벽은 유엔이 이스라엘과 팔레스타인 사이의 경계로 정한 그린라인을 따르지 않았다. 장벽은 곳곳의 구간이 서안 지구 팔레스타인 영역을 잠식해 들어왔다. 이스라엘이 서안 지구에 분포된 많은 유내 정착촌들을 장벽 안쪽으로 포함하려다 보니, 그린라인 침범이 불가피했다. 이 때문에 그 모양도 뱀처럼 구불구불하게 이어졌다. 그린라인을 따라 세워진 것은 장벽의 약 15%뿐이고 나머지 85% 구간은 서안 지구를 넘어 들어갔다.[24] 그린라인 너머 팔레스타인 지역으로

그린라인과 이스라엘 장벽 설치 비교

직선거리로 22km나 더 밀고 들어온 구간이 있을 정도였다. 장벽이 그린라인을 그대로 따라서 만들어졌다면 길이가 약 320km여야 했지만 계획된 것은 두 배가 넘었다. 이스라엘 정부의 초기 계획에 따르면 장벽이 완성될 경우 동예루살렘 일부를 포함해 서안 지구의 10% 이상이 이스라엘 쪽에 포함되도록 경로가 설계됐다.

고립되는 팔레스타인

장벽이 그린라인 너머 팔레스타인 영역을 잠식하면서 새로운 문제가 발생했다. 그린라인과 이스라엘 장벽 사이에 끼인 팔레스타인 땅이 생긴 것이다. 그린라인에 의해 팔레스타인 땅으로 지정되고 주민도 팔레스타인 사람이었지만 장벽이 세워지면서 본인들의 의지와는 상관없이 이스라엘 쪽에 포함된 곳이었다. 이스라엘 정부는 이 지역을 '경계지대Seam Zone'라고 부르며 통제했다. 서안 지구에 있던 유대 정착촌 주민들은 장벽 건설 덕분에 이스라엘 정부의 보호 아래 들어가게 됐지만, 반대로 원래 이 지역에 살던 팔레스타인 주민은 졸지에 이스라엘 쪽에 속해져 버렸다. 장벽이 최종적으로 완성되면 팔레스타인 주민 약 27만 명이 경계지대에 갇히거나 장벽에 둘러싸여 고립될 처지에 놓일 것으로 추정된다.

경계지대에 있는 팔레스타인 주민은 기존에 소유하고 있던 집과 땅에 그대로 남아 있을 수 있었다. 하지만 그러기 위해서는 16세 이상 주민은 이스라엘 정부가 발행하는 영주허가증을 받아야 했다. 대대손손 원래 자기들이 살던 곳에 그대로 사는데, 갑자기 허가를 받아야 하는 상황이 된 것이다. 허가는 하루부터 2년까지 기간이 정해져 있다. 허가증은 기간 만료 전에 갱신해야 하며, 허가증이 있는 사람만 자신의 집과 거주지에서 계속 살 수 있다. 반면 이스라엘 사람은 원래 경계지대에 살던 사람이 아니더라도 자유롭게 들어가고 머물 수 있게 됐다.[25] 이 땅의 주객이 바뀐 것이다.

장벽을 건설하여 이런 식으로 영토를 넓혀온 이스라엘 정부는 애초 2010년까지 장벽 건설을 마무리할 계획이었다. 하지만 현재는 건설 종료 시한을 명확히 하지 않고 있다. 전략적으로 상황에 따라 장벽을 추가하고 강화해야 할 구간이 늘면서 사실상 무기한 사업처럼 돼 버렸다.

땅 위에 장벽을 세우는 것도 모자라 최근엔 지하장벽이 추가로 만들어지고 있다. 서쪽 지중해를 빼고는 세 면이 장벽에 둘러싸인 가자 지구 주민들은 이집트와의 국경선 아래 땅굴을 파고 식량과 생필품 등을 밀수로 조달해 생계를 이어가고 있었다. 문제는 가자 지구 무장단체가 이스라엘 공격에 필요한 무기도 땅굴을 통해 들여온다는 것이었다. 더욱이 땅굴이 이집트뿐만 아니라 이스라엘 쪽을 향해서도 만들어졌다. 2014년에는 무장조직 하마스의 군인들이 땅굴로 이스라엘 영토를 침입해 이스라엘 군인 11명을 살해하는 일이 벌어졌다. 10개 이상의 터널이 이스라엘 민간인 거주지까지 깊숙이 뻗어 있는 게 드러났다. 이스라엘은 충격에 휩싸였다. 이들 터널은 이집트와의 국경 아래 있던 것들과는 차원이 달랐다. 하마스가 건설한 땅굴만 1천 개가 넘는 것으로 추정됐다. 땅굴 위협이 심각하다고 판단한 이스라엘 정부는 지하 장벽 건설을 시작했다. 2017년부터 가자 지구 접경 65km 지역에 깊이 40~100m로 콘크리트와 강철 지하장벽을 구축하고 땅굴 굴착을 탐지할 첨단 감지기까지 설치했다. 비용은 약 5억 7천만 달러에 달할 것으로 추산한다.[26]

유엔에 따르면 2017년을 기준으로 장벽은 전체 약 712km가 설치될 계획이 잡혀 있고 이 가운데 460km 정도가 완공된 상태다. 50여 km 구간에서 건설 작업이 계속 진행되고 있으며 약 200km 구간은 아직 설치 작업에 착수하지 않았다.[27] 장벽이 추가 건설되면서 비용도 눈덩이처럼 불었다. 사업 초기 약 10억 달러로 예상했던 건설비용은 21억 달러 이상 배로 늘어났다.[28] 1km 당 건설비만 약 280만~430만 달러(약 50억 원)로 추정된다. 그나마 이는 순수한 건설비용만 계산한 것이고, 4만~5만 명으로 추정되는 감시 및 운용 인력과 각종 전자장비 운영비까지 모두 포함하면 비용은 훨씬 늘어날 수밖에 없다. 이를 모두 포함한 전체 장벽 건설에 따른 비용은 최대 32억 달러가 훨씬 넘을 것으로 추산된다. 장벽 건설이 이스라엘 건국 이후 최대 토목사업이라고 불리는 이유다.

장벽에 갇힌 인권

기괴한 모습이었다. 일부 장벽은 마을 한가운데를 관통해 이미 세워져 있었고, 멀리 떨어진 곳에선 공사가 한창이었다. 주택가에 세워진 장벽은 그리 크지 않았다. 마음만 먹으면 훌쩍 뛰어넘을 수 있을 정도의 높이에 장벽 사이에는 빈틈이 벌어져 건너편이 훤히 보일 정도였다. 이쪽에 사는 사람도 팔레스타인인이고 벽 건너에 보이는 사람도 팔레스타인인이었다. 다만 이쪽은 팔레스타인, 저쪽은 이스라엘이었다. 불과 얼마 전까지 한 마을이었지만 이렇게 둘로 나뉘어 있었다.

　마을 외곽에선 분리장벽을 건설하는 공사가 한창이었다. 미리 만들어 놓은 장벽을 하나씩 이어 세우는 작업이었다. 대형 크레인이 장벽을 내려놓으면 아래에선 인부들이 이를 받아 촘촘히 이어 붙이고 지면에 고정한 뒤 흙을 덮었다. 중동의 12월이었지만 날씨는 제법 쌀쌀했다. 시커멓게 그을린 인부들 얼굴에선 연신 굵은 땀방울이 뚝뚝 떨어져 내렸다. 취재를 도와주던 팔레스타인 현지인이 말했다.

　"저 인부들이 어디서 왔는지 아세요?"

　생각지 않은 질문이었다. 이스라엘 분리장벽이니 당연히 이스라엘 노동자겠지….

　"이스라엘 사람이겠죠."

　"팔레스타인 사람들이에요. 지금 우리를 가두는 장벽을 쌓는 일을 우리 손으로 하는 거예요. 욕하는 사람도 있지만 어쩌겠어요. 먹고 살아야 하는데…. 저렇게라도 하지 않으면 굶어 죽는 사람들이에요."

　2004년 12월 방문했던 동예루살렘 장벽 건설현장에서 벌어진 일이었다.

장벽이 가져다준 고통

새벽 4시면 곳곳에 있는 이스라엘 장벽 검문소에 긴 행렬이 시작된다. 이스라엘로 일하러 가려는 팔레스타인 노동자들이 이른 시간부터 줄을 서는 것이다. 검문소가 문을 열면 한 사람씩 차례로 들어가 이스라엘 군인으로부터 신체검사를 받는다. 구석구석 몸 수색이 끝난 뒤 또다시 금속탐지기와 엑스레이 검색대를 지나가야 한다. 숨겨진 무기나 폭발물을 찾아내는 것이다. 여기까지 무사통과해야 비로소 서류 심사가 이뤄진다. 신분증과 이스라엘 정부가 발급한 노동허가증 등 필요 서류를 제출하고 지문까지 확인한다. 서류가 제대로 준비되지 않았거나 방문 목적이 불분명하다고 판단되면 입경이 거부된다. 아무 문제가 없어 허가를 받는다고 해도 검문소를 통과하는 데 2시간 이상 걸리는 건 보통이다.[29]

이 때문에 이스라엘로 출근하는 많은 팔레스타인 노동자는 새벽 3~4시면 집을 나서야 한다. 집에서 검문소까지 가는 시간과 검문소를 통과한 뒤 이스라엘 내 일자리까지 이동하는 시간까지 고려하면 적어도 출근 시간 4~5시간 전에는 일어나야 제시간에 도착할 수 있다. 매일 10만 명이 넘는 팔레스타인 주민이 장벽 검문소에서 이렇게 고통스러운 과정을 거친다. 일과가 끝나면 팔레스타인에 있는 집으로 돌아왔다가 이튿날 새벽 다시 검문소로 향해야 한다. 그리고 다시 길고 고통스러운 검문을 받아야 한다. 이런 일은 최근까지 계속 벌어진다.

분리장벽이 없을 때와는 완전히 다른 세상이 됐다. 이동 제한이 주는 불편과 고통은 상상을 초월하는 수준이다. 팔레스타인 주민은 이스라엘 주민과 공유해온 공간이 너무 많았다. 이스라엘 임의대로 경계를 나누고 장벽을 세우다 보니 수많은 팔레스타인 주민이 기존 공동체로부터 격리됐다. 초기에 건설된 장벽은 팔레스타인 마을과 도로, 주거지 등 한가운데를 가로질러 세워졌다. 특히 이스라엘과 팔레스타인 주민이 공유하는 공간이 많은 지역일수록 경계선이 기형적으로 들어서는 경우가 흔했다. 어제까지 이웃사촌이던 주민들은 하루아침에 장벽으로 갈라졌다. 서로 만나려면 장벽 위로 넘어가거나 그마저 힘든 지역은 몇 킬로미터씩 돌아가야 했다. 학교나 병원, 시장, 문화시설까지 장벽으로 인해 접근이 차단된 경우가 허다했다. 팔레스타인 사람이 예루살렘의 전문병원에 가려면 먼저 허가를 받아야 했다. 장벽이 세워진 직후 예루살렘 주요 병원 환자가 절반가량 줄어들 정도였다.

경계지대에 남겨진 팔레스타인 주민은 불편이 특히 심했다. 이들이 영유해온 일자리와 의료, 교육, 문화, 여가 등 시설 대부분은 장벽 너머 팔레스타인 영역에 있었다. 일하거나 장을 보거나 친구를 방문하는 등, 일상을 그대로 유지하기 위해서는 이제 장벽에 설치된 검문소를 통과하는 성가신 절차를 거쳐야 했다. 통행 허가증을 신청해 받아야 하는 번거로움 때문에 경계지역 주민은 가족 모임이나 사교 모임을 주최하는 것조차 위축됐다. 결혼식과 생일 파티 등은 아예 거주지가 아닌 장벽 너머 팔레스타인 지역에 가서 열도록 압력 아닌 압력을 받았다.

이스라엘에 종속되는 경제

무엇보다 큰 고통은 생계유지에 어려움이 커졌다는 것이었다. 이스라엘은 팔레스타인 노동자에겐 없어서는 안 될 거대한 인력 시장이었다. 팔레스타인이 이스라엘 노동시장에 이렇게 의존하게 된 데에는 오랜 배경이 있다. 1960년대부터 이스라엘과 팔레스타인 경제는 부분 통합이 시작됐다. 이스라엘이 팔레스타인 인구와 자원을 효과적으로 통제하려고 양측 간 경제 협력을 추진한 결과였다. 좋지 않은 팔레스타인 경제상황을 그대로 두면 폭동과 시위 등 사회불안으로 이어지고, 이는 이스라엘에도 악영향을 미칠 것으로 우려했다. 가장 대표적인 협력이 바로 팔레스타인 노동력의 활용이었다. 팔레스타인은 노동력이 풍부한 데다 인건비도 저렴해 비용 측면까지 고려해도 이스라엘로서는 일거양득이었다. 이스라엘은 일자리를, 팔레스타인은 노동력을 각각 공급하며 상호 의존관계를 만들어나갔다.

하지만 시간이 갈수록 의존도가 커지는 건 팔레스타인 쪽이었다. 이는 이스라엘이 전략적으로 원하는 것이기도 했다. 장기적으로 팔레스타인이 자신들에게 더 의존하면 할수록 스스로 독립국가로 발전하는 것이 지연될 것이기 때문이었다.[30] 공장과 식당, 농장, 건설현장 등 매일 팔레스타인 노동자들이 투입돼 기계와 설비를 돌렸다. 1970년대 팔레스타인 근로자는 이스라엘 전체 산업 현장 노동력의 약 4분의 1을 제공했다. 건설과 농업 등 노동집약 분야는 팔레스타인 노동자가 거의 절반에 달했다. 사정이 이렇다 보니 1990년대 초반까지 팔레스타인인 전체 취업자의 3분의 1은 이스라엘 내에서 고용이 이뤄졌고, 이들이 팔레스타인 국내총생산의 4분의 1에 이바지할 정도였다.

장벽은 이러한 팔레스타인의 이스라엘 경제 종속을 더욱 심각하게 만들었다. 검문소에서 팔레스타인 주민의 출입을 막아내는 것만으로도 당장 노동자와 그 가족까지 수십만 명의 생계를 끊어버릴 수 있게 됐다. 실제로 테러 위협이 커진다거나 소요사태가 발생하면 이스라엘 정부는 손쉽게 팔레스타인 주민 출입을 제한했다. 노동허가증을 받고 이스라엘에서 일하는 팔레스타인 노동자는 14만 명에 달한다. 노동허가증 발급 총량을 줄이거나 일부만 취소해도 팔레스타인 경제에는 치명적일 수밖에 없다. 장벽이 세워지기 전 제1차 인티파다가 발생했을 때 실제로 이스라엘 정부는 팔레스타인 주민에게 발행한 노동허가를 취소하고 루마니아와 불가리아, 터키, 중국 등 다른 나라 외국인 노동자를 대거 받아들이며 팔레스타인을 압박하기도 했다.

이스라엘이 이처럼 우월한 위치에 있다 보니 팔레스타인 노동자의 근로 여건은 열악해질 수밖에 없었다. 요즘도 이스라엘의 주요 도시에는 인력 시장이 열리고 고용주들은 시장에 나온 팔레스타인 노동자를 입맛대로 골라간다. 치열한 경쟁을 뚫고 선택돼 노동 현장에 가더라도 이들을 기다리는 건 차별과 학대, 굴욕이다. 이스라엘에서 일하려는 팔레스타인 노동자가 많아질수록 처우는 열악해졌다. 이스라엘 악덕 고용주는 저렴한 임금마저 체불하고 각종 보험에도 가입해주지 않는다. 팔레스타인 노동자들에게 가장 가혹한 것은 일자리가 있는 이스라엘에서 밤에 묵을 수 없게 한 것이다. 일과를 마치면 팔레스타인으로 돌아가 잠을 잔 뒤 다시 아침에 몇 시간에 걸쳐 검문소를 통과해 들어와야 한다. 이스라엘 직장 인근 숙소에서 자고 바로 출근한다면 이런 고통이 없겠지만 그럴 수 없도록 만들었다. 팔레스타인 불법 노동자들의 상황은 더 형편없다. 허가받은 노동자조차 차별 대우를 감수하는 마당에 불법 취업자들은 말 그대로 노예처럼 일할 수밖에 없다. 그나마 정해진 임금이라도 제대로 받으면 다행이다. 고용주는 임금의 일부를 알선 브로커 몫으로 떼어가기 일쑤다.

제도상으로는 팔레스타인 노동자는 임금과 권리, 근로 조건 등에서 이스라엘 노동자와 차별받지 않게 돼 있다. 하지만 현실은 다르다. 팔레스타인 노동자가 차별이나 부당한 대우를 받는지 관리 감독할 여건이 제대로 갖춰지지 않은 상태다. 팔레스타인 노동자들은 권리를 찾기 위해 노조를 결성하는 것도 불가능하다. 이스라엘 노동자가 만든 노조에 가입하는 것도 허용되지 않았다. 최근 이스라엘 시민단체의 노력 등으로 몇몇 소규모 노동 단체가 팔레스타인 노동자를 받아들이기 시작했다.[31]

바로 이런 상황 때문에 이스라엘 고용주들은 더더욱 팔레스타인 노동자를 선호한다. 임금 수준은 이스라엘 노동자와 비교가 안 될 뿐더러, 다른 외국인 노동자와 비교해도 절반 정도에 불과하다. 법적으로 외국인 노동자에게 제공해야 할 각종 보험과 사회보장 등 복지를 제공할 의무도 없다. 매일 팔레스타인에서 출퇴근하니 직원용 숙소를 따로 제공해줄 필요도 없다. 불법 노동자는 더 열악한 처우를 해주면서 노예처럼 부릴 수 있다. 팔레스타인 노동자의 인권은 보호받기 힘든 게 현실이고, 이스라엘 입장에선 그만큼 사회에 부담이 되지 않으므로 매력적인 노동력일 수밖에 없다.

　장벽 건설로 이스라엘은 팔레스타인 경제의 숨통을 더욱 강하게 조일 수 있게 됐다. 팔레스타인 노동자의 이동은 물론이고, 물류와 상품의 수출입까지 물리적 통제가 쉬워졌기 때문이다. 이스라엘이 장벽을 통해 인력과 상품의 이동을 제한할 때마다 팔레스타인 원자재와 상품은 제시간에 유통되지 않았다. 이처럼 경제 불확실성이 커지자 외부 자본의 팔레스타인 투자도 급감했고, 팔레스타인의 대표적인 상업 중심도시로 꼽히는 예닌과 툴카렘, 칼킬야 등이 장벽건설의 충격파를 가장 직접 받았다. 팔레스타인 경제는 장벽으로 고립돼 제대로 돌아가지 않게 됐으며, 이는 곧 실업률 상승으로 이어졌다. 수많은 팔레스타인 주민이 생계를 유지하려고 불법이든 합법이든 이스라엘로 향했다. 팔레스타인 노동자는 '을'의 입장에서 벗어나려야 벗어날 수 없는 상황으로 치닫고 있다.

마실 물까지 모조리

|

팔레스타인 경제의 중심축을 이뤄왔던 농업 분야도 장벽 건설 이

후 큰 타격을 피할 수 없었다. 장벽은 팔레스타인의 땅과 농경지 상당 부분을 황폐화했다. 장벽 건설로 인해 풍부한 농업용수 확보가 힘들어졌을 뿐만 아니라, 서안 지구에서 가장 비옥하고 생산성이 높은 경작지와 땅마저 장벽 너머에 갇혀 버렸기 때문이었다. 이스라엘의 장벽 건설로 경계지대 농경지와 땅은 이스라엘 쪽에 편입됐지만, 이를 소유하고 경작할 팔레스타인 지주와 농민은 장벽 밖에 거주하게 된 경우가 많았다. 이스라엘 정부는 장벽 건설로 땅이 경계지역에 속하더라도 소유권은 계속해서 기존 팔레스타인 주민이 그대로 가질 수 있게 했다. 장벽 건설로 사유지가 침해당한 경우는 보상까지 해줬다.[32] 하지만 토지 소유권이 있다고 자유로운 접근까지 보장해준 것은 아니었다. 이스라엘은 경계지대를 봉쇄하고 질서 유지를 위해 군을 동원했다. 때문에 군의 허가 없이 이 지역에 들어갈 방법은 없다. 이는 경계지역 내 팔레스타인 농경지는 물론 유대인 정착촌의 농장에서 일하는 팔레스타인 노동자에게도 마찬가지로 적용된다.

출입 허가를 받는 절차는 여간 까다로운 게 아니다. 지주는 땅 소유 관계를 증명해야 허가가 떨어진다. 그나마 허가 유효기간도 짧게는 2개월, 길게는 2년까지 정해져 있는데, 지주에게 발급되는 허가는 대부분 단기가 많아 수시로 갱신해야 한다. 팔레스타인 지주가 경계지대에 있는 자신의 농지에 들어가겠다며 출입 신청을 하면, 이스라엘 당국은 경작지 소유 관계가 불분명하다든가 땅 크기가 농사를 지을 만큼 충분히 넓지 않다고 하는 등 이런저런 이유로 발급을 거부하는 경우가 부지기수다. 이런 상황은 최근까지 이어지고 있다. 지주라고 다 출입 허가가 나오는 것도 아니어서, 지주 출입 허가 발급 비율은 2014년 76%에서 2018년 28%로 뚝 떨어졌다. 전체 지주의 3분의 2가 거절된 셈이다. 같은 기간 농업 근로자에 대한 출입 허가율도 70%에서 50%로 낮아졌다. 거부 사유는 대부분 '구비 서류 미비'였다.

출입 허가를 받았더라도 필요할 때마다 마음대로 경작지로 들어가 농사를 지을 수 있는 것도 아니다. 농경지로 연결되는 장벽 검문소는 보통 하루 세 차례 개방되는데, 한 번에 20분에서 한 시간 동안만 열린다. 제시간에 도착하지 못한 사람은 들어갈 수 없고, 보안상 사유가 발생할 때도 예고 없이 며칠씩 검문소가 폐쇄되기도 한다. 이스라엘은 팔레스타인 농민들의 통행을 위해 장벽에 출입문 84개를 설치했지만 이들 가운데 매일 개방되는 것은 9개뿐이다. 10곳은 주 단위로 며칠씩 열리며, 나머지 65곳은 오로지 올리브 등 계절 작물의 수확기 몇 주 동안에만 개방된다. 그 외의 시간은 대부분 잠긴 상태다. 그나마 문이 개방돼 출입이 가능해지더라도, 트랙터와 차량, 중장비 등의 반입은 제한된다. 농기구는 직접 손에 들고 들어가거나 당나귀, 말 등 가축을 이용해야 한다. 이렇다 보니 나이 많은 지주들은 농사를 짓고 관리하는 게 너무 버거워졌다. 자신을 대신해 가족 내 젊은 구성원에게도 출입 허가를 내 달라고 요청하지만, 친인척 관계가 명확하지 않다거나 보안 인증이 확실히 안 된다는 등 이유로 거부되기 일쑤다. 이 때문에 연로한 지주가 힘겹게 경작을 유지하는 경우가 적지 않다.

상황이 이렇다 보니 씨뿌리기와 물 대기, 수확하기 등 계절별로 필요한 농사에 차질이 빚어지는 경우가 허다하다. 농사가 제대로 될 리가 없고, 이는 농지 생산성과 작황, 작물 품질에 상당한 악영향을 미쳤다. 서안 지구 북부 올리브 농장의 경우, 장벽이 설치된 뒤 다른 지역에 비해 수확량이 50~60% 가까이 줄었다. 힘들여 수확해도 이를 판매하기도 쉽지 않게 됐다. 장벽에 가로막혀 시장에 내놓는 것이 제한되기 때문이다. 특히 수요가 많은 이스라엘 시장에 접근하는 것은 더 힘들어졌다. 이 때문에 경작을 포기하는 지주가 속출하고 적지 않은 땅이 더 이상 농사를 짓지 않고 방치되고 있다.

전통적으로 농업이 중요 축을 담당해온 팔레스타인 경제에 이런 상황이 가져온 타격은 어마어마했다. 농업 절대 생산량이 준 것은 물론, 장벽으로 매매와 수출입이 제한되면서 팔레스타인 농업에 대한 투자도 감소했다. 농업이 위축되자 농가 소득이 줄고, 많은 농민이 실업자로 전락했다. 농업을 포기하는 사람이 속출하면서 실업자가 증가했다. 이들은 일자리가 풍부한 이스라엘로 향할 수밖에 없었다. 악순환이었다.

장벽은 팔레스타인 주민의 식수원, 즉 물에 대한 접근도 크게 제한하고 있다. 1970년대 말부터 이미 물 부족 사태를 겪기 시작한 이스라엘은 서안 지구와 가자 지구에 유대 정착촌을 건설할 때 강과 호수, 지하수 등 풍부한 수자원을 끼고 위치하도록 설계했다. 장벽을 건설하면서 정착촌을 이스라엘 쪽으로 포함하지 않는다는 것은 엄청난 수자원을 포기하는 것과 마찬가지였다. 장벽이 먼 길을 둘러가더라도 가능한 많은 정착촌을 포함할 수밖에 없는 이유 중 하나였다. 이스라엘은 서안 지구에서도 수자원을 통제해왔다. 이스라엘 주민은 지하수를 퍼 올려 사용하지만 팔레스타인 사람은 새 우물을 파는 것조차 제한됐다. 서안 지구 내 이스라엘 관할인 C구역은 요르단 강을 끼고 있어 물이 풍부하다. 이 때문에 이스라엘은 C구역을 군의 통제 아래 두고 이곳에 있는 유대 정착촌 수십 곳과 수자원을 관리하고 있다. 그 결과 이스라엘의 1인당 물 사용량은 팔레스타인의 5배에서 7배에 달한다.[33] 특히 요르단 강이 흐르는 요르단 계곡은 이스라엘로서는 양보할 수 없는 생명줄과 같다. 수자원이 풍부한 이 지역에는 대추야자와 올리브 등을 경작하는 농장이 밀집해 있다.

팔레스타인은 이스라엘이 주요 수자원을 독점할 수 있도록 장벽을 전략적으로 세우고 자신들을 고사할 위기에 빠트리고 있다고 주장한다. 서안 지구의 장벽 건설이 마무리되면 팔레스타인 영토 약 25%가 이스라엘 쪽으로 넘어가게 되는데, 여기에는 비옥한 팔레스타인 농지 약 80%와 수자원 65%가 포함될 전망이다. 이와 함께 적어도 40만 명의 팔레스타인 주민이 서안 지구에서 격리될 것으로 보인다.[34]

'지상 최대의 감옥'이라는 곳

서안 지구보다 먼저 장벽이 건설된 가자 지구는 주민이 또 다른 고통 속에 처해 있다. 지중해를 빼고 3면이 모두 장벽으로 둘러싸인 이 지역 주민은 더 철저하게 격리됐다. 이스라엘은 6일 전쟁 이후 가자 지구에 주둔해온 군대를 2005년에 모두 철수시켰다. 이때 가자 지구에 있던 유대 정착촌 20여 곳의 시설물을 파괴하고 주민도 같이 떠났다. 그러면서 가자 지구는 이스라엘인과 섞이지 않은 팔레스타인 사람만의 공간으로 남았다. 이스라엘은 이 지역에 장벽을 건설하는 문제를 놓고 더 고려할 필요도 없게 됐다. 가자 지구를 둘러싼 장벽을 더 튼튼하게 만들었다. 장벽 주변에는 최대 약 1km에 달하는 완충지대까지 두어, 가자 지구 주민들이 아예 장벽 근처에 접근도 못하도록 했다.

가자 지구는 지중해와 닿은 서쪽을 제외하곤 다른 면들이 전부 장벽으로 막혀 있으므로, 사실상 섬처럼 봉쇄된 상태다. 그런데 가자 지구 영공과 영해마저 모두 이스라엘군이 통제한다. 주민들은 외부와 자유롭게 접촉할 길이 없다. 오슬로 협정에 따라 가자 지구 주민은 지중해 20해리(약 37km)까지 배를 타고 나가 어획 활동을 할 수 있게 돼 있지만, 이스라엘이 안보상 이유로 3분의 1인 6해리만 허용한다. 그 너머 해상에는 이스라엘 군함이 상주하며 가자 지구 주민의 배가 접근만 해도 제지해 버린다. 1998년 국제사회가 원조해 지은 가자 지구 국제공항마저 인티파다 때 이스라엘군이 파괴해 항공로마저 차단된 셈이다. 육로와 해로, 항로가 모두 막히자, 가자 지구 주민들은 궁여지책으로 남쪽 이집트 사이의 국경선 아래로 땅굴을 파고 물자와 자원을 밀수입해왔다. 그런데 그마저 최근 이스라엘이 땅속 지하에까지 강철로 된 장벽을 건설하면서, 땅굴 밀무역도 제한되고 있다.

이렇게 폐쇄된 가자 지구에 인구는 너무 많다. 면적이 약 360km²로 우리나라 세종시만 한데, 인구는 약 2백만 명에 달한다. 인구밀도를 놓고 보면 1km²당 5천 명이 훌쩍 넘어 마카오와 모나코, 싱가포르, 홍콩에 이어 세계에서 다섯 번째 수준이다.[35] 제1차 중동전쟁 때만 해도 인구가 약 8만 명이었지만 전쟁 난민 20만 명이 몰려들어 인구가 폭증했고, 이후 60여 년 만에 주민 수가 2백만 명으로 불어났다. 유엔은 지금 추세라면 가자 지구는 2030년엔 인구가 3백만 명에 달해, 사람이 살기 부적절한 땅이 될 것으로 전망했다. 이미 가자 지구는 주민 80%가 국제사회 원조에 의존해 생활하고 실업률은 40%에 달하는 것으로 알려져 있다. 아랍권에서는 이런 가자 지구를 '지상 최대의 감옥'이라고 부른다.

이스라엘의 장벽과 정착촌 건설로 팔레스타인 주민의 인권과 생존권이 심대하게 침해되는 상황이 계속되자 유엔이 나섰다. 2003년 유엔은 장벽이 국제법 위반이므로 제거하라는 결의안을 통과시켰다. 하지만 이스라엘은 무시했다. 2004년 국제사법재판소ICJ도 서안 지구 내 이스라엘이 일방적으로 장벽을 건설하는 것은 불법이라고 판단했다. 장벽 건설로 인해 팔레스타인 주민의 이동권과 직업선택권, 교육권 및 의료권이 심각하게 침해된 만큼, 명백한 국제인권법 위반이라고 지적했다. 그러면서 장벽 건설을 중단하고 철거할 것과, 장벽 설치로 땅을 잃은 팔레스타인 주민에게 보상하라는 내용의 권고 의견을 내놨다. 하지만 이스라엘은 국제사회의 이런 권고에 귀를 닫은 채 추가로 장벽 건설을 이어가고 있다.

다만 최근 몇 년 동안 장벽 검문소 환경에 다소 변화가 있었다. 이스라엘 정부는 팔레스타인 주민의 검문소 통과 시간을 줄여주겠다며 전자 검문장치와 스마트 신분증을 도입했다. 검문소에 안면 인식 카메라를 설치해 스마트 신분증을 소지한 팔레스타인 근로자를 즉석에서 식별할 수 있도록 했다. 이 장치가 설치된 검문소는 통과하는 데 10분 정도밖에 안 걸린다고 이스라엘 측은 설명한다. 단, 이 시스템을 이용하려는 팔레스타인 노동자는 노동허가증을 받을 때 생체정보가 담긴 스마트 신분증을 만들어야 한다. 이스라엘 정부는 2019년 6월 현재 노동허가증 8만3천 개와 스마트 신분증 38만2천 개를 발급했다. 서안 지구로 들어가는 검문소 98곳 가운데 27곳에 안면 인식 시스템이 설치된 상태이다.[36]

이스라엘은 안면 인식 시스템을 도입해 장벽 검문소가 공항처럼 깨끗하고 현대화됐다고 자랑한다. 처리 시간이 빨라지고 환경도 쾌적해졌다는 것이다. 팔레스타인으로서도 이스라엘 군경과의 고압적이고 불쾌한 접촉이 크게 줄어든 만큼 반기는 사람도 있다. 하지만 검문소를 통과할 때 스마트 신분증과 얼굴을 스캔하면 어떤 개

인정보가 공개되는지, 또한 무슨 정보가 축적돼 어떻게 사용되는지 등은 알려지지 않아, 우려하는 목소리도 나온다. 이스라엘군이 그동안 스마트 시스템이 없을 때도 검문소에서 전화번호와 주소, 차량번호 등 팔레스타인 노동자의 개인정보를 수집해왔다는 사실은 공공연히 알려져 있다.[37]

장벽에 막혀 경제 활동이 어려워진 서안 지구 주변 경계지대 팔레스타인 주민은 하나둘 울며 겨자 먹기 식으로 떠나고 있다. 이들에겐 쉽게 접근할 수 있는 직장과 학교, 시장, 병원, 이웃이 필요하다. 가자 지구 주민 대부분은 국제사회의 원조 없이는 생존하기조차 힘든 상황을 견디며 하루하루를 살아간다. 친지를 만나는 것도, 학교에 다니는 것도, 직업을 갖고 일하는 것도 힘들어졌다. 농사를 짓는 것은 물론, 상품과 작물을 수출·수입하는 것도 마음대로 할 수 없다. 유엔의 경고대로 머지않은 미래에 가자 지구는 사람이 살기 힘든 땅이 될 가능성도 크다. 이 때문에 아랍에서는 이스라엘이 장벽을 세워 팔레스타인 사람을 몰아내는 인종청소를 한다는 비난이 나온다. 장벽이 건설된 뒤 팔레스타인 주민의 인권이 심대하게 침해받는 것은 분명해 보인다. 이스라엘이 의도했든 안 했든.

노동자는 장벽을 넘는다

이른 아침 팔레스타인 서안 지구 헤브론 인근 거리에 노동자들이 삼삼오오 모여들었다. 십 대 소년부터 중년까지 다양한 연령대의 사람들이었다. 모두 긴장된 표정으로 승합차를 기다렸다. 차가 도착하자 각자 운전사에게 250셰켈(약 8만 원)을 주고 올라탔다. 차비치고는 적지 않은 돈이지만 이 정도면 장벽 너머 이스라엘로 숨어들어갈 수 있다고 했다. 운전사는 노동자들을 차에 욱여넣다시피 가득 태운 뒤 '쾅!' 하고 문을 닫았다. 승합차는 익숙한 듯 비포장도로를 내달렸다.

한참을 달려 차가 도착한 곳은 서안 지구 남부에 자리잡은 유대 정착촌 베이트 야티르였다. 멀지 않은 곳에 이스라엘과의 경계선 그린라인이 있었다. 아직 장벽 건설이 마무리되지 않아 틈새를 이용하면 이스라엘 쪽으로 넘어갈 수 있었다. 운전사는 장벽 건설현장에서 몇 미터 떨어지지 않은 곳에 노동자들을 내려놓고는 바로 흙먼지를 일으키며 사라졌다. 이제 뛰어야 했다. 어디서 갑자기 튀어나올지 모르는 이스라엘 군인의 눈에 띄지 않게 어떻게든 장벽 건너편으로 가야 했다. 적발돼 밀입국 전과 기록이라도 남으면 다시는 정상적인 방법으로 이스라엘에 입국하는 것도, 취업하는 것도 불가능해질 수 있었다. 반대편에서 기다리는 또 다른 승합차에 무사히 올라타면 성공이었다. 이스라엘 밀입국 알선업자가 준비한 이 차는 팔레스타인 불법 노동자들을 텔아비브 같은 대도시 건설 현장에 데려다줄 것이다. 취업허가증을 가졌는지는 물어보지도 않았다.[38]

여전히 장벽을 넘어가는데

이렇게 이스라엘에 밀입국하는 팔레스타인 노동자가 매주 수백 명에 달한다. 방법과 경로도 다양하다. 건설 작업이 마무리되지 않았거나 파손된 장벽 구간을 찾아 넘어가는 게 가장 쉽고 흔한 방법이다. 기다란 사다리를 장벽과 울타리에 대고 넘어가기도 하고, 장벽 아래 만들어진 하수도를 따라 이동하기도 한다. 이렇게 몰래 들어가 이스라엘에서 일하는 팔레스타인 불법 노동자는 약 4만~5만 명에 달하는 것으로 추산된다. 이스라엘이 팔레스타인 테러범을 막는다며 장벽을 건설했는데, 수만 명의 팔레스타인 노동자가 여전히 몰래 이스라엘에 숨어 들어가는 사실을 어떻게 설명해야 할까.

이스라엘에는 여전히 팔레스타인 노동자에 대한 수요가 넘치고,

이들을 받아들인다. 합법적인 취업허가증을 가진 노동자는 물론, 불법 노동자도 이스라엘 경제에 적지 않은 역할을 한다. 2000년 2차 인티파다가 발생하기 직전 취업 허가를 받은 팔레스타인 노동자는 14만 명으로 최고조에 달했다. 이후 최근 수년 동안 이스라엘에는 5만5천 명, 유대인 정착촌에는 약 2만 명 수준의 노동자가 적법하게 취업하고 있다. 이스라엘이 이들 합법 취업자만 받아들인다면 사전 신원조사를 철저하게 해, 잠재적인 테러범이나 범죄자를 걸러낼 수 있다.

하지만 합법 노동자만 일하게 되면 이스라엘 고용주들 입장에선 비용이 증가해 부담이 커진다. 팔레스타인 노동자는 임금 수준이 이스라엘 노동자의 반에도 못 미치지만 불법 노동자는 이보다도 더 싸다. 게다가 취업허가를 받은 노동자는 보험이나 연금, 휴무, 병가 등 법적으로는 이스라엘 노동자에 준하는 복지 혜택을 제공해야 한다. 지켜지지 않으면 처벌을 받을 수 있어 고용주로서는 부담이 아닐 수 없다. 하지만 불법 노동자는 그럴 필요가 없다. 이스라엘 고용주들이 팔레스타인 불법 노동자의 유혹을 뿌리치지 못하는 이유다.

특히 이스라엘 식당과 건설현장, 농장 등은 불법 취업자를 선호한다. 이들은 임금이 싼 것은 물론이고 신분까지 불안하다 보니 힘든 일, 궂은 일, 위험한 일도 시키는 대로 잘한다. 정확한 통계는 없지만 이스라엘 내 팔레스타인 불법 취업자는 수확기나 건설 경기가 좋을 때는 그 수가 일시적으로 두 배까지 늘어, 5만 명이 훌쩍 넘을 것으로 추산된다. 이스라엘 내에는 팔레스타인 근로자의 밀반입 알선 전문업자들까지 성업 중이다. 이들 전문업자들이 자신들의 사업을 정당화하기 위해 내세우는 논리는 이렇다. 팔레스타인 노동자는 일자리를 구할 수 있어 좋고, 이스라엘 사업장은 저렴한 노동력을 공급받아 비용을 절감할 수 있으니, 모두에게 득이 된다고.[39]

이스라엘 정부 역시 팔레스타인 출신 불법 취업자를 적발해도 강력하게 처벌하지 않는다. 매주 수백 명의 밀입국자와 불법 노동자가 적발되지만, 대부분 그대로 팔레스타인으로 돌려 보내진다. 반복해서 적발되는 경우 이스라엘 법정에서 처벌받기도 하지만 극히 소수다. 테러 등 특별한 범죄 혐의가 없는 한 불법 취업으로 적발된 사람을 모두 감금하기엔 수용시설이 부족하고 비용도 부담스럽다. 불법 취업한 팔레스타인 노동자가 많다 보니, 이들 중 일부는 크고 작은 사회문제를 일으켜 왔다. 그런데도 이스라엘 의회가 취업허가증 없는 노동자를 고용한 업주를 처벌하는 법안을 통과시킨 게 2016년에 이르러서였다.[40] 그만큼 불법 노동자가 많고 이스라엘 경제도 이들에게 크게 의존해온 것이다.

팔레스타인 밀입국자 실태가 이 정도이다 보니 이스라엘의 장벽 건설의 목적을 놓고 논란이 끊이지 않는다. 20여 년 전부터 본격적으로 장벽을 세워온 이스라엘 정부는 장벽의 건설 목적은 단 하나, 팔레스타인 테러범의 침입을 막는 것이라고 주장해왔다. 그 때문에 이름도 '보안장벽', '반反 테러 장벽'이라고 부른다. 실제로 장벽 건설 이후 테러가 감소했다. 먼저 장벽이 세워진 서안 지구 북부의 경우 설치 1년 만에 테러범의 공격이 17건에서 5건으로 줄어들었다. 반면 장벽이 설치 안 된 남부는 테러 감소세가 나타나지 않았다.[41] 테러 희생자 수에서도 장벽 건설 전후가 차이를 보인다. 2000년 9월 인티파다가 시작된 이후 2003년 7월 첫 번째 장벽 구간이 건설되기 전까지, 테러 공격으로 인해 이스라엘 주민 293명이 숨지고 1950명이 다쳤다. 이스라엘 정부는 장벽 건설이 시작된 이래 테러 공격이 90%가 줄고 이스라엘 측 희생자 수가 약 85% 감소했다고 주장한다. 살해된 이스라엘 주민 수도 장벽 건설을 시작하기 전인 2002년 457명에서, 2009년 8명으로 대폭 줄었다고 한다.[42] 이스라엘 정부는 서안 지구보다 앞서 장벽 건설이 완료된 가자 지구로부터 촉발된 주요 테러는 단 두 건밖에 없었다며, 장벽의 테러 방지 효과를 역설한다.

반면 아랍권과 팔레스타인 측은 이스라엘 장벽이 테러 방지 목적이라는 데 동의하지 않는다. 매년 수만 명에 달하는 팔레스타인 사람이 몰래 이스라엘에 들어갈 수 있는 상황이라면 보안장벽, 반테러 장벽이 무슨 기능을 제대로 하느냐는 것이다. 장벽 구조부터가 테러 방지와는 거리가 멀다고 지적한다. 테러범 침입을 막고 감시를 잘하려면 장벽을 구불구불하게 할 게 아니라 곧고 단조로운 형태로 만드는 게 이치에 맞는다는 것이다. 아랍권에서는 테러 공격이 줄어든 것은 양측 간 정치적 상황이나 관계의 변화 등에 따른 것이지, 전적으로 장벽이 테러를 막아줬기 때문은 아니라는 분석도 나온다.

심화되는 고립과 합병

팔레스타인 측은 이스라엘이 장벽을 건설하는 목적은 자신들을 격리해 고립시키고, 궁극적으로는 고사하게 만들려는 것이라고 본다. 사실상 팔레스타인 영토 내 이스라엘 식민지인 유대 정착촌은, 건설 초기부터 전략적 요충지나 수자원이 풍부한 곳 또는 비옥한 팔레스타인 땅에 세워져 이스라엘 영토를 넓혀가겠다는 의도가 엿보인다. 이스라엘 정부는 정착촌에 건물과 기간 시설을 만드는 건설사에 낮은 금리로 자금을 빌려주고, 입주자에게도 주택자금을 대출해주는 등 유대인 식민과 정착을 장려해왔다. 심지어 정착민들에게는 무장까지 허용했다. 정착촌이 늘면서 주변 팔레스타인 주민과 충돌이 빈발하자, 아예 정착민을 이스라엘 군대 직제에 편입하고 무장시켜 지역 방위를 담당하도록 했다. 유대 정착민들은 팔레스타인 주민의 신분증을 검사하거나 체포할 권한까지 가지게 됐다.[43]

정착촌은 팔레스타인 주요 지역에 조직적으로 '알박기' 하듯이 건설됐다. 정착촌들이 아랍인 지역과 도시, 마을, 지역사회, 심지어 거리와 개인 주택지까지 에워싸면서 생기다 보니, 정착촌이 들어설 때마다 팔레스타인 주거지와 교통로 등은 단절됐다. 이런 방식으로 정착촌 주변에 거주하는 팔레스타인 주민에게 불편을 일으키고 생

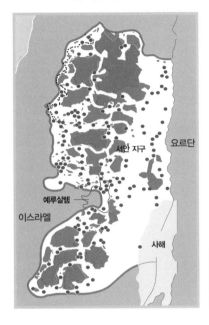

서안 지구
요르단
예루살렘
이스라엘
사해

A구역	팔레스타인 자치구역
B구역	공동통제구역
C구역	이스라엘 통제구역
●	유대인 정착촌

존권을 위협함으로써, 견디다 못한 이들이 자발적으로 다른 지역으로 떠나도록 유도한다는 취지다.

실제로 이스라엘은 장벽을 설계할 때 최대한 많은 유대인 정착촌을 포함할 수 있는 경로를 고민했다. 장벽이 세워지기 전 팔레스타인 내 유대인 정착촌은 서안 지구에 54곳, 동예루살렘에 12곳 등이었다. 장벽을 건설하면서 정착촌 상당수와 그 주변 지역을 끌어안으면서 정착촌 주민의 80%에 해당하는 약 32만 명의 유대인이 장벽 안쪽, 즉 이스라엘 지역으로 포함됐다. 동시에 팔레스타인 마을 67곳도 이스라엘 쪽으로 넘어왔다. 그동안 장벽 건설로 졸지에 이스라엘 쪽으로 포함된 팔레스타인 서안 지구 땅은 약 15%, 아랍 주민은 21만 명에 달한다.[44] 서안 지구 장벽 건설이 마무리되면 팔레스타인 공동체 150개와 적어도 40만 명의 팔레스타인 주민이 서안 지구에서 격리돼 이스라엘로 넘어가거나 경계지대에 남게 될 것으로 보인다. 그만큼 이스라엘이 실질적으로 지배하는 땅은 넓어지고 인구는 많아지는 셈이다.

팔레스타인 사람은 자신들이 수도로 여기는 동예루살렘까지 장벽과 정착촌에 포위돼 이스라엘에 합병되는 것을 극도로 경계한다. 동예루살렘은 애초에 이스라엘 영토에는 포함되지 않았지만, 그곳에 유대 정착촌이 건설됐다. 이스라엘은 이들 정착촌을 보호한다는 명목으로 동예루살렘에도 장벽을 쌓고 출입을 통제했다. 매일 까다로운 검문소를 지나며 힘겹게 생업과 생활을 유지해야 하는 동예루살렘의 팔레스타인 주민 상당수가 거주지를 떠났다. 장벽은 서안 지구와 동예루살렘의 팔레스타인 공동체를 분리하고 주민들이 다른 곳으로 이주하게 했다. 이스라엘 측이 이런 방식으로 예루살렘 내 아랍 주민을 줄이고 유대 인구를 늘여 궁극적으로는 팔레스타인과 예루살렘의 지정학적, 역사적 유대를 끊어버리려 한다는 분석도 나온다. 이 때문에 팔레스타인은 '보안장벽'이 아니라 '분리장벽'이라고 부른다.

이스라엘의 장벽 건설정책을 과거 남아프리카공화국의 인종차별 정책 아파르트헤이트에 비유하는 시각도 있다. 장벽으로 팔레스타인 주민을 격리하고 차별과 박해를 가하는 수단으로 이용한다는 것이다. 하지만 이스라엘은 장벽이 인종차별과 아무 상관이 없다고 선을 긋는다. 아파르트헤이트는 백인 정부가 똑같이 남아공 시민임에도 피부색이 다르다는 이유로 흑인을 차별하는 정책이었지만, 자신들의 장벽 정책은 이스라엘 유대인과 팔레스타인 아랍인이라는 서로 다른 두 시민, 민족을 떼어 놓는 것이므로 근본 성격이 다르다는 것이다. 자신들은 팔레스타인을 병합하거나 그 주민을 통치할 의사가 없고, 오히려 팔레스타인의 독립국가 설립을 환영한다고 주장한다.

아울러 이스라엘은 장벽 건설에는 아무런 정치적 의미가 없다는 입장을 고수한다. 팔레스타인이 먼저 테러와 폭력을 동원해 정치적 목적을 달성하려는 바람에, 이스라엘이 자국민을 보호하려고 자위적 차원에서 장벽을 세울 수밖에 없었다는 것이다. 팔레스타인과의 경계인 그린라인을 따라 장벽을 세우지 않은 것도 같은 이유다. 1967년 6일 전쟁 직후 이스라엘과 요르단의 정전협정으로 그어진 그린라인이야말로 정치적 산물이고 팔레스타인과 합의된 국경도 아닌 만큼, 그 선에 따라 장벽을 건설할 필요가 없다는 게 이스라엘의 논리다. 오히려 테러 위험 유무에 상관없이 기계적으로 그린라인에 따라 장벽을 건설하는 것은 테러 방지 목적과도 맞지 않는다고 강조한다.

장벽이 서안 지구의 팔레스타인 영역을 잠식하게 된 것에 대해서도 같은 논리다. 장벽은 영구적이지 않아서 언제든 필요에 따라 위치가 바뀔 수 있고, 양측 간 항구적 평화협정이 체결되면 더 이상 필요하지도 않을 것이라고 설명한다. 국경선은 이스라엘과 팔레스타인이 직접 협상을 벌여 정하고 국제사회의 인정도 받아야 하는 것이지, 이스라엘이 장벽을 쌓고 일방적으로 선을 긋는다고 확정되는 것도 아니지 않느냐고 반문한다. 이스라엘은 과거 중동전쟁 때 레바논 남부를 점령하고 장벽을 설치했지만, 이후 유엔이 양측 간 국경선을 다시 확정함에 따라 거기에 맞춰 장벽을 이동한 선례도 있다고 말한다.

두 개로 나뉜 팔레스타인

국경선이든 보안장벽이든 결과적으로 이스라엘 분리장벽으로 가장 확실하게 나눠진 건 팔레스타인이다. 장벽은 팔레스타인 가자 지구와 서안 지구를 물리적으로 단절시켰고, 그 결과 두 지역은 서로 다른 세력이 장악해 갈등을 벌이게 됐다. 서안 지구는 팔레스타인 자치정부가, 가자 지구는 무장 정파 하마스가 각각 통제한다. 국제사회와 이스라엘이 인정하는 팔레스타인 대표기구는 자치정부지만, 서안 지구에서만 영향력을 행사하는 반쪽 정부로 전락한 상태다. 가자 지구는 하마스의 영향력 아래에 있다.

1980년대 후반부터 가자 지구에서 이슬람 저항운동을 이끌며 세력을 키운 하마스는 파타를 중심으로 한 팔레스타인 자치정부와 지속해서 대립했다. 파타가 이스라엘의 존재를 인정하고 팔레스타인 독립국가 건설을 추진했지만, 하마스는 이스라엘의 존재 자체를 부정하며 대화와 협상을 거부해왔다. 하마스는 아라파트가 오슬로 협정으로 얻은 것은 팔레스타인 독립이 아니라 반쪽짜리 자치일 뿐이라며 대화 움직임에 반대하고 자치정부와 본격 대립각을 세우는 등 팔레스타인 내부적으로 지지와 위상을 강화해왔다.

이스라엘은 하마스 활동 초기 이들을 전략적으로 지원하기도 했다. 아라파트가 이끄는 세속적인 정치조직이 유엔 등 국제사회에서 인정받으며 세력이 커지자, 이를 견제하기 위해 이슬람 근본주의 색채가 강한 무슬림형제단의 지도자 야신을 직간접적으로 지원했다. 야신과 아라파트가 대결하게 함으로써 팔레스타인 사회를 분열시키고 독립운동도 더디게 해보겠다는 의도가 숨어 있었다. 하지만 야신이 이끄는 무슬림형제단의 대 이스라엘 저항운동이 급속하게 세를 불리며 탄력을 받았고 1차 인티파다 때 하마스까지 결성하면서 오히려 이스라엘에 가장 큰 위협 가운데 하나로 급부상했다.

2005년 이스라엘군의 가자 지구 철수가 팔레스타인 내부 분열의 분수령이었다. 이듬해 총선에서 하마스가 자치정부를 상대로 승리를 거뒀다. 인티파다 무장투쟁을 주도하며 이스라엘을 가자 지구에서 몰아내는 데 역할을 한 데서 큰 지지를 받았다. 반면 자치정부는 무기력하고 부패한 모습을 드러내며 많은 유권자가 등을 돌렸다. 하마스는 가자 지구에서 자치정부 세력을 몰아내고 단독으로 지배력을 행사했다. 이스라엘은 하마스를 테러단체로 규정하고 자치정부와만 대화했다. 국제사회도 테러와 무장투쟁을 외치는 하마스가 달갑지 않았다. 크지도 않은 팔레스타인 영토는 자치정부가 이끄는 서안 지구와 파타가 장악한 가자 지구, 그렇게 두 개로 사실상 쪼개져 버렸다.

무장저항을 이끌어온 하마스는 이스라엘로선 이래저래 껄끄러운 존재다. 미국을 비롯해 중동평화를 중재해온 국제사회도 이스라엘과 대화를 거부하는 하마스의 강경 노선 때문에 골치가 아플 수밖에 없다. 하마스는 2008년과 2014년 이스라엘과 두 차례 전쟁까지 벌였다. 그런데 하마스가 가자 지구를 장악한 현실을 보는 이스라엘의 속내는 좀 다를 수 있다. 자치정부와 하마스가 분열하고 대립할수록 팔레스타인의 독립국가 건설 움직임은 힘을 잃기 때문이다. 하마스와 자치정부는 2014년 이후 통합정부 구성을 시도하는 등 분열을 봉합하려고 노력하고는 있지만 아직 갈 길이 멀어 보인다. 이스라엘은 팔레스타인 내부 분열이 길어지는 상황을 즐길 수밖에 없다.

결과적으로 이스라엘 장벽은 가자 지구와 서안 지구를 가로막으며 팔레스타인 내부의 분단과 분열을 촉진하는 데 역할을 톡톡히 했다. 더욱이 이스라엘은 그나마 남겨진 이 두 팔레스타인 영역에도 정착촌을 세워 잠식해 들어갔다. 가자 지구에서는 유대인 정착민이 철수했지만, 서안 지구는 그대로 남아 팔레스타인 영토를 분해했다. 서안 지구에는 공식적으로 유대 정착촌이 130곳이 넘게 들어서 있고 그곳에 거주하는 유대인만 42만 명에 달한다. 이제 이스라엘은 1967년부터 반세기 이상 자신들이 점령하고 있는 정착촌에 대해 실효적인 지배권을 주장한다.[45] 정착촌은 곧 이스라

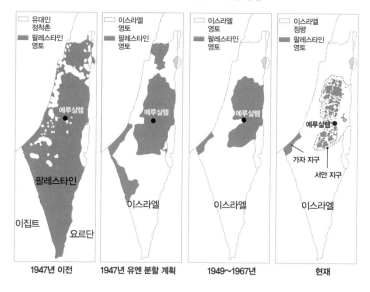

유대인
정착촌
팔레스타인
영토

예루살렘

팔레스타인

이집트

요르단

1947년 이전

이스라엘
영토
팔레스타인
영토

예루살렘

이스라엘

1947년 유엔 분할 계획

이스라엘
영토
팔레스타인
영토

예루살렘

이스라엘

1949~1967년

이스라엘
점령
팔레스타인
영토

예루살렘

가자 지구

서안 지구

이스라엘

현재

엘 땅이라는 것이다. 팔레스타인이 독립국가가 된다고 하더라도, 이들 정착촌 처리 문제는 여전히 골칫거리로 남을 공산이 크다. 분리장벽과 정착촌 문제가 해결되지 않는다면 작은 덩어리로 영토가 갈기갈기 쪼개진 팔레스타인은 향후 이스라엘에 위협이 되기는커녕 스스로 생존을 고민해야 하는 상태가 될 수 있다.

돌이켜보면 이스라엘이 팔레스타인 땅에 유대 국가를 건설하는 데 큰 도움을 준 것은 아이러니하게도 팔레스타인 사람들이었다. 영국의 위임통치 시기에 팔레스타인 대지주들은 시오니즘 지도자들에게 땅을 팔아 유대인들이 정착할 수 있는 토대를 제공했고, 팔레스타인 노동자들은 유대인들의 주거지 건설현장과 산업 생산시설 등에서 노동력을 공급하며 땀 흘려 일했다. 예루살렘과 유대인 정착촌, 서안 지구 등 이스라엘이 무단 점령한 팔레스타인 땅의 건설현장에서도 팔레스타인 노동자들이 대부분의 막노동을 도맡아왔다. 팔레스타인 노동자는 수많은 유대인 집과 호텔, 쇼핑센터, 교정시설, 도로, 항만 등을 짓는 데 인생을 보냈다. 심지어 자신들을 고립하고 격리하는 분리장벽 건설현장에서까지 일했다. 지금도 크게 바뀌지 않았다. 이스라엘 내에 고용된 팔레스타인 노동자는 2017년 현재 약 14만 명 규모이고 유대인 정착촌에서 일하는 팔레스타인인도 2만 명이 넘는다. 수만 명으로 추정만 되는 불법 노동자는 정확한 규모도 파악이 되지 않을 정도다. 어찌 됐든 팔레스타인 노동자들을 받아들임으로써 이익을 보는 건 이스라엘이다. 그런데도 이스라엘 정부는 이들을 잠재적인 위협으로 간주하고 있다.

이스라엘 인구는 약 840만 명이며 약 180만 명이 아랍계이다. 국민 네 명 가운데 한 명은 팔레스타인계 주민인 셈이다. 반면 서안 지구에는 팔레스타인 주민 290만 명과 유대인 60만 명이 섞여 산다. 이대로 팔레스타인 독립국가가 세워진다면 어떻게 될까. 장벽이 없어진다면 팔레스타인인들은 그들이 원하는 것을 얻을 수 있을까. 이스라엘 시민권을 가진 아랍인들이 선뜻 독립국가 팔레스타인으로 국적을 바꿀 수 있을까. 풍족한 이스라엘에서 다져온 기반을 모두 포기하고 고립되고 가난한 팔레스타인으로 기꺼이 넘어갈 수 있을까. 생활권이 사실상 이스라엘의 예루살렘인 동예루살렘 주민은 또 얼마나 독립국가 팔레스타인을 반기고 지지하게 될까. 반대로 이스라엘인이라고 모든 팔레스타인 사람이 유대 국가 이스라엘에서 떠나길 원하게 될까. 또한 장벽이 완성되면 이대로 이스라엘인들은 그들이 바라는 것을 모두 얻게 되는 것일까.

하필 세계에서 가장 부유하고 강한 나라와 이웃한 나라의 국민들은 어떤 심정

일까. 더욱이 이웃과는 다르게 자신들의 사정이 좋지 않다면. 미국과 멕시코의

사이가 그렇다. 두 나라 사이 국경지대는 자연환경이 척박하기로 유명하다. '죽

음의 땅', '무법지대'라고 불리는 지역도 있다. 그럼에도 수많은 히스패닉이 몰

려든다. 범죄의 표적이 될 수도, 중도에 목숨을 잃을 수도 있지만 행렬은 끊이

지 않는다. 무엇이 그들을 이곳으로 이끄는 걸까.

3장

굴욕의 국경선

미국-멕시코

사건

빼앗긴 텍사스

문제는 텍사스였다. 멕시코는 1821년 스페인으로부터 독립하면서 통치능력보다 더 넓은 영토를 갖게 됐다. 텍사스도 그 일부였다. 독립 당시 멕시코의 면적은 지금의 두 배에 가까워 북쪽으로 오늘날 미국 중부의 콜로라도 주까지 뻗어 있었다. 땅은 넓은데 사는 사람은 적고 공권력이 미치지 않는 곳도 많다 보니, 실질적으로 영토를 통치하는 데 어려움을 겪었다. 이들 지역을 개발하고 원주민의 공격까지 막으려면 더 많은 인구가 필요했다. 때문에 멕시코 정부는 미국인의 이민을 관대하게 받아들였다. 이는 스페인의 정책이기도 했으며 독립 이후에도 멕시코가 그대로 이어받은 셈이었다. 그러나 능력보다 더 큰 영토를 가진 것이 화근이었다. 지키지 못하는 땅은 남의 것이 될 수밖에 없었다. 멕시코가 드넓은 땅을 빼앗기기 시작한 것은 스스로 호의적으로 받아들였던 이민자, 미국인들의 반란 때문이었다.

텍사스 독립이 던진 문제

문제의 실마리가 된 텍사스는 멕시코의 수도 멕시코시티에서 수천 킬로미터나 떨어진 북쪽의 변방이었다. 이 광활한 땅을 개발하려면 인력이 필요했다. 역시 영국으로부터 독립한 신생국 미국 정부는 텍사스를 자신들에게 팔라고 제안했지만, 멕시코 정부는 거절했다. 대신 이민자를 적극 받아들여 이를 개발하도록 했다. 초기에 미국인 약 3백 가구를 초청해 정착시켰다. 텍사스 일대는 면화 농사의 최적지로, 미국인들은 아프리카 노예를 끌고 이주해 면화농장을 일구며 부를 쌓았다. 이민이 시작된 지 10년도 안 돼 텍사스 지역엔 미국 백인 2만여 명과 노예 약 2천 명이 살게 됐다. 같은 기간 이 지역 멕시코인 수는 크게 늘지 않았다.[1]

면화산업이 발달하면서 노예제도 역시 빠르게 퍼졌다. 가톨릭 국가였던 멕시코는 텍사스 지역에 미국인 개신교 신자가 급증하는 것과 노예제도가 퍼지는 게 달갑지 않았다. 멕시코 정부는 대책 마련에 나섰다. 1829년 텍사스 내 노예제를 폐지하고, 이듬해 미국인 이민까지 금지했다. 이미 정착한 미국인에게는 높은 세금을 내도록 했다. 그러자 텍사스 주민의 절대다수가 된 미국인들이 반발했다. 텍사스에 정착한 미국인들은 멕시코 연방을 벗어나 자기들만의 독립된 나라를 만들고자 했다. 곳곳에서 무장봉기를 일으키고 텍사스 분리 독립운동을 벌였다.[2] 그리고 미국 정부에는 자신들을 텍사스 주로 받아 달라고 요청하기에 이르렀다.

1836년 3월 텍사스는 멕시코로부터 독립을 선언하고 그들만의 공화국을 선포했다. 장군 출신인 멕시코 산타안나 대통령은 직접 병력 1천8백여 명을 이끌고 반란 진압에 나섰다. 텍사스 주민과 의용군이 주축이 된 저항군은 알라모 교회에서 최후의 방어망을 구축하고 맞섰다. 하지만 상대가 되지 않았다. 가지고 있는 총알을 모두 소진하며 13일 동안 저항했지만 180여 명이 몰살됐다. 멕시코 군대는 죽은 병사의 시신을 훼손하기까지 했다. 충격적 패배였다.

텍사스 주민들은 "알라모를 기억하라!"라며 분노에 찬 복수를 준비했다. 부족한 병력을 충원하는 게 급선무였다. 텍사스가 독립하면 넓은 땅을 나눠주겠다며 사람들을 끌어모았다. 전열을 정비한 텍사스 군대는 알라모 전투 패전 한 달 만에 복수전을 벌였다. 이번엔 텍사스가 멕시코 군대를 대파했고 산타안나까지 포로로 붙잡았다. 멕시코군은 항복하고 리오그란데 강 너머로 물러났다. 워싱턴으로 압송된 산타안나는 잭슨 미국 대통령을 만나 텍사스 독립을 약속한 뒤에야 풀려날 수 있었다. 이로써 텍사스는 독립선언 두 달여 만인 5월 14일 벨로스코 조약을 체결하고 독립 공화국이 됐다. 미국과 멕시코 사이 새로운 공화국이 하나 들어선 것이었다. 텍사스 공화국은 나중에 미국과 멕시코 간 국경선을 그리는 데 중요한 역할을 하게 된다.

미국의 대륙 확장

멕시코보다 앞서 1773년 영국으로부터 독립한 미국은 현재 면적의 약 3분의 1 정도에 불과했다. 독립 초기 미국 영토는 동부 해안부터 시작해 아메리카 대륙 중부를 남북으로 가르는 미시시피 강까지였다. 미시시피 강은 캐나다와 접경한 북부 미네소타에서 남쪽 대서양까지 대륙을 종단하는데, 강 서쪽인 아메리카 대륙 중부 내륙 지역 루이지애나는 프랑스의 식민지였다. 여기에는 지금의 몬태나와 노스다코타, 오클라호마, 텍사스 일부, 루이지애나 등이 포함됐다. 그 아래 남쪽은 스페인이 식민 지배를 하고 있었다. 아직 신생국인 미국에 프랑스와 스페인 등, 유럽의 열강 국가는 두려운 존재였다. 그런 미국이 영토를 대대적으로 확장하고 아메리카 대륙의 정세 지도를 새로 그릴 획기적인 사건이 벌어졌다. 프랑스의 식민지 루이지애나를 사들인 것이었다.

미시시피 강 서쪽에 있는 루이지애나는 아메리카 대륙의 3분의 1 정도에 걸친 넓은 지역이었다. 동부에 국한된 미국 영토의 두 배 가까운 크기였다. 토머스 제퍼슨 대통령은 보스턴과 뉴욕 같은 동부 항구처럼 남부에도 안정된 항구를 갖고 싶었다. 인도, 유럽 등과 무역하기 좋은 위치에 자리한 미시시피 강 하구의 뉴올리언스에 눈독을 들였다. 제퍼슨은 이 땅을 매입하려고 프랑스와 접촉했다. 뜻밖에도 프랑스는 뉴올리언스뿐만 아니라 아메리카 대륙 중부 전체를 차지한 루이지애나를 팔겠다는 의사를 밝혔다. 당시 유럽에서 영국과 전쟁 중이던 프랑스는 아메리카 식민지보다는 유럽에서의 승리가 더 급했다. 프랑스는 루이지애나를 팔아 전쟁비용을 충당하고, 경쟁자 영국으로부터 독립한 미국과의 관계도 돈독히 하려 계산하고 있었다.

프랑스의 황제 나폴레옹은 1803년 미국에 루이지애나를 약 1125만 달러에 매각하고, 루이지애나 주민을 미국인과 동등하게 대우해 줄 것을 조건으로 내걸었다. 제퍼슨으로서는 마다할 이유가 없는 거래였다. 무역항 뉴올리언스에 더해 미국 영토보다 더 넓은 루이지애나 땅을 헐값에 구매할 기회였다. 게다가 서쪽에 있던 잠재적 경쟁자 프랑스의 식민지가 사라지는 셈이어서, 향후 서쪽으로 더 진출해 태평양 연안까지 영토를 넓힐 토대를 마련할 수 있었다.[3] 제퍼슨은 나폴레옹의 제안대로 거래를 성사시켰고, 미국인들은 서부 개척의 꿈을 본격화했다.

아메리카 대륙의 절반 이상을 차지한 미국은 유럽 열강의 간섭을 벗어나 대륙의 패권을 넘보기 시작했다. 1823년 제임스 먼로 대통령은 미국이 유럽의 다툼에 개입하지 않을 테니 대신 유럽도 아메리카 대륙의 국가들을 인정하고 간섭하지 말라고 주장했다. 이른바 '먼로 선언'이었다. 여기에는 미국을 포함한 아메리카 신생국들이 유럽 제국주의에 좌지우지되는 것을 막아보겠다는 의지가 담겼다. 그런데 미국이 상호 불간섭 대상에 자국뿐 아니라 대륙 전체를 포함한 것은 의외였다. 이는 장래 미국의 독무대가 될 아메리카 대륙에 유럽이 더는 눈독 들이지 못하게 하려는 계산이 깔려 있었

루이지애나 구입
1803년

과달루페 이달고 조약
1848년

독립 초기 미국 영토
1783년

텍사스 합병
1845년

개즈던 구입
1853년

다.[4] 텍사스가 공화국으로 독립할 즈음 아메리카 대륙 정세는 이렇듯 미국에게 유리하게 돌아가고 있었다.

텍사스 공화국은 독립 직후 미국에 자신들을 병합해 달라고 요청했지만, 바로 받아들여지지 않았다. 노예제도가 문제였다. 미국은 노예제를 찬성하는 남부와 반대하는 북부로 나누어져 내전을 벌이고 있었는데, 노예제를 인정하는 거대한 텍사스가 남부에 편입되면 팽팽하던 남북 간 균형이 깨질 것이 불 보듯 뻔했기 때문이다. 결국 텍사스가 합병되기까지는 10년이란 세월이 더 걸려, 1845년에서야 텍사스가 공식적으로 미국의 28번째 주가 됐다.

루이지애나에 이어 텍사스까지 합병한 미국은 대륙에서 영향력을 더욱 확대할 명분을 찾아야 했다. 보스턴과 뉴욕, 필라델피아 등 동부를 중심으로 기반을 잡은 미국인은 서쪽으로 조금씩 무대를 확장하고 있었다. 곳곳에서 대륙의 원주민 인디언을 몰아내고 땅을 빼앗아야 했다. 소위 '명백한 운명'이라는 개념이 등장한 것도 이때 부터다. 신은 미국인을 위해 아메리카 대륙을 마련해주었고, 대륙을 개척하는 게 자신들의 운명이라는 것. 미국 잡지 편집장이 만든 이 개념에 따라, 인디언을 죽이고 그들의 땅을 차지하는 것도 신이 부여한 운명이라며 정당화했다. 신은 미국인이 태평양 연안까지 민주주의와 자본주의, 개신교를 전파하길 원한다는 것이다. 이런 사상을 바탕으로 미국인은 대륙 내 비옥한 인디언 영토를 속속 접수하며, 서부와 남쪽 멕시코로까지 손을 뻗쳤다.

개즈던 구입 vs. 메시야 늑약

이제 멕시코와 미국의 충돌은 피할 수 없는 길로 들어서고 있었다. 텍사스 합병은 양국 충돌의 도화선이 됐다. 텍사스가 독립을 선언하자 멕시코는 이를 승인하기는커녕, 미국이 텍사스를 합병할 경우 선전포고로 받아들이겠다고 경고했다. 미국이 이를 무시하고 합병을 강행하면서, 서부를 차지한 멕시코와는 경쟁이 불가피했다. 텍사스는 서부 개척의 교두보로 없어선 안 될 땅이었다.[5] 텍사스 합병 이듬해부터 두 나라는 전쟁의 소용돌이 속으로 빠져들었다.

멕시코는 미국이 텍사스를 합병하자 즉각 외교 관계까지 끊으며 항의했다. 하지만 미국의 새 지도자 포크 대통령은 팽창주의자였다. 그는 합병한 텍사스와 남쪽으로 맞닿은 경계선을 문제 삼으며 멕시코를 자극했다. 양국 경계를 놓고 서로 이견을 보였는데, 멕시코는 북쪽의 누에센스 강이 경계라고 했지만 미국은 훨씬 남쪽에 있는 리오그란데 강이 경계라고 주장했다. 포크는 내친김에 리오그란데 강으로 군대를 보냈다. 독립 이후 줄곧 국내 정치 혼란에 빠져 있었던 멕시코는 대대적인 전쟁을 치를 준비가 안 돼 있었기 때문에 미국의 도발에 대응하지 않았다. 하지만 양측 간 크고 작은 충돌이 몇 차례 벌어지면서 미군 사상자가 발생했다. 미국은 이를 빌미로 1846년 멕시코에 선전포고했다.

미국 의회는 즉각 5만 명 파병안을 가결해 군대를 보냈고, 미군은 파죽지세로 멕시코 군대를 격파하며 승전고를 울렸다. 전쟁 발발 1년여 만에 멕시코 베라크루스 항에 상륙한 미군 해병대 1만2천 명은 순식간에 수도 멕시코시티까지 점령했다. 멕시코인들은 저항했지만 강력한 미군을 막아낼 수 없었다. 멕시코군 측은 5만 명에 달하는 사상자를 냈고 전쟁은 3년 만에 미국의 승리로 막을 내렸다. 1848년 양측은 멕시코시티 인근 과달루페 이달고에서 조약을 맺고 전쟁을 마무리했다.

전쟁의 결과는 멕시코에게 대재앙과 같았다. 과달루페 이달고 조약은 미국의 텍사스 지배를 인정했을 뿐만 아니라 미국의 주장에 따라 240만 km²에 달하는 영토를 넘겨줘야 했다. 거의 절반에 가까운 영토를 잃게 된 셈이었다. 캘리포니아와 네바다, 유타, 애리조나, 콜로라도, 뉴멕시코, 와이오밍 주 일부가 여기에 포함됐는데 지금의 멕시코 영토보다 더 넓은 면적이었다. 미국이 애초 도발하며 주장했던 리오그란데 강이 국경선으로 확정됐다. 국제사회 여론 등을 의식한 미국 정부는 땅을 빼앗은 게 아니고 매입한 것 같은 모양새를 만들려고 멕시코에 배상금 1천5백만 달러를 지급하는 치밀함도 보였다.

미국의 영토 야욕은 여기서 멈추지 않았다. 대륙횡단 철도를 부설하는 데 필요하다며 멕시코 메시야 계곡 일대에도 군침을 흘렸다. 과달루페 이달고 조약을 체결한 지 5년도 안 돼 미국 정부는 당시 사용된 지도에 문제가 있었다며, 메시야 계곡을 포함한 멕시코 북부 영토를 더 팔라고 강요했다. 오늘날 애리조나와 뉴멕시코 주 남부에 이르는 거대한 지역인데, 미국 정부는 제임스 개즈던James Gadsden 공사를 통해 끝내 매매 합의를 끌어냈다. 미국은 이를 '개즈던 구입'이라고 부르고, 멕시코는 땅을 빼앗겼다는 의미에서 '메시야 늑약'이라고 부른다. 이 거래로 멕시코는 영토의 절반을 미국에 내어주고 이후 미국과 멕시코 사이에 국경선도 확정됐다.

멕시코는 왜 이렇게 허망하게 땅을 빼앗겼을까. 독립 직후 상당 기간 국가의 통치질서가 제대로 잡히지 않았던 멕시코는 스스로 지킬 힘이 없었다. 독립전쟁으로 인해 전체 인구의 10%에 달하는 60만 명이 숨지고 도시와 공장, 도로 등 기간시설이 대거 파괴됐다. 식민 지배를 했던 스페인인들은 귀국하며 재산을 몽땅 가져갔다. 정부는 거둬들일 세금이 적어 재정이 파탄 날 지경이었고, 당연히 치안과 군대 유지도 부실할 수밖에 없었다. 미국과 영토 분쟁을 벌

미국·멕시코 국경 변화

1848년 이전의 국경

현재의 국경

미국

멕시코

였던 드넓은 지역에는 이를 지키고 개발할 멕시코 주민이 부족했고, 공권력도 제대로 미치지 못했다.

사회 분열도 심각한 수준이었다. 식민시대부터 이어져 온 기득권 세력인 교회와 군부가 지주들과 손잡았다. 그 반대편엔 평등한 세상을 위해 개혁이 필요하다는 자유주의 세력이 뭉쳤다. 두 진영이 극심하게 대립하면서 미국과 전쟁을 벌인 13년 동안에만 멕시코 정권이 25번 바뀌었다. 게다가 마야 원주민들은 유카탄 지역을 중심으로 반란을 일으켜 3년 동안 저항운동을 벌였다. 집권세력은 외부의 적과 싸우는 것보다 내부 정적과 반란을 진압하는 데 군대를 투입하느라 바빴다. 당장 집권을 유지하는 것이 더 급했기 때문에 미국과의 전쟁도 빨리 끝나기를 바랐다. 미국도 이런 상황을 적절히 활용했다. 미군이 점령한 멕시코 지역에서 주민에게 적대 행동을 못 하게 해 민심을 잃지 않도록 했고, 현지 지방정부의 자치권도 존중해주었다. 멕시코 중앙정부의 힘을 약화하고 자치세력 간 경쟁을 부추겨, 미국에 맞서는 멕시코의 내부 결속을 느슨하게 만들려는 전략이었다.[6]

미국-멕시코 전쟁 결과는 아메리카 대륙에 지각 변동을 가져왔다. 이웃한 두 신생 독립국 간 세력 대결에서 힘의 균형추가 급격히 미국 쪽으로 기울었다. 멕시코는 전쟁 패배에 이어 굴욕적인 조약을 잇달아 맺으면서, 이후 반미 감정이 싹트게 됐다. 반면 미국은 라틴아메리카의 강자 멕시코를 제압함으로써 아메리카 대륙의 새 강국으로 설 발판을 마련했다. 동부에 국한됐던 영토를 서부까지 넓히며, 사실상 북미 대륙의 패권국으로 부상했다. 더 나아가 기존 서구 열강과도 어깨를 나란히 할 토대를 다지게 됐다.

신보다 가까운 미국

——

—— "병정들이 전진한다 / 이 마을 저 마을 지나 / 소꿉놀이 어린이들
   / 뛰어와서 쳐다보며 /…… 라쿠카라차! 라쿠카라차!"

어릴 적 누구나 한번은 불러 봤을 노래 〈라쿠카라차〉는 스페인

민요다. 이 노래가 왜 우리나라에서까지 와서 유명해졌는지 알 수 없지만, 노래 속 주인공이 멕시코 혁명의 지도자인 것도 의외다. 그 혁명 지도자 이름은 판초 비야이고 라쿠카라차의 뜻은 바퀴벌레다.

판초 비야는 19세기 초 멕시코가 스페인에서 독립한 뒤 아직 사회가 혼란스러울 때 가난한 농부의 집안에서 태어났다. 자신의 여동생을 성폭행한 농장 주인을 죽이고 산적이 됐다. 부자의 재물을 빼앗아 불우한 이들에게 나눠주기도 했다. 의적 활동 등으로 지역민의 신망을 얻으며 세력을 키웠고, 멕시코 북부 지역까지 장악하게 됐다. 멕시코에 독재정권이 장기간 집권하자, 이에 맞서 혁명군 지도자로 나섰다. 수백 년 동안 구전돼온 노래 〈라쿠카라차〉는 지역과 세대에 따라 가사가 조금씩 변해 왔는데, 판초 비야가 활약한 혁명기에 그가 이끌던 혁명군과 민중 사이에 널리 불리며 지금의 가사가 붙은 것으로 추정된다. 노래 제목과 가사에 등장하는 라쿠카라차, 즉 바퀴벌레가 가리키는 것은 냉혹한 독재자 아래 비참한 생활을 견뎌온 민초 또는 혁명군을 뜻하는 것으로 풀이하기도 한다.

혼돈 속의 멕시코 혁명

독립 직후 멕시코는 영토의 절반 이상을 미국에 빼앗기는 등, 혼란이 이어졌다. 보수 진영과 자유주의 세력 사이 분열과 대립이 심화했다. 보수 측은 독립 이후 혼란이 계속되느니 차라리 스페인 지배 체제 아래로 돌아가는 게 낫다는 입장이었고, 자유주의 세력은 보수 기득권층의 특권을 없애고 스페인과 완전히 단절된 새로운 정치체제와 지도자가 필요하다고 주장하며 맞섰다.

1858년 자유당의 베니토 후아레스가 원주민 출신으로 첫 대통령으로 뽑혀 교회와 군인 등 기득권 세력의 특권을 폐지하는 등 개혁을 추진했다. 하지만 보수세력이 자신들만의 대통령을 추대하며 반란을 일으켰다. 양측의 갈등은 내전 양상으로 확대됐다. 후아레스 정부는 보수파의 반란을 강력하게 진압하고, 내전으로 악화한 재정을 만회하기 위해 외채 상환을 중단했다. 주요 채권국인 스페인과 영국, 프랑스 등 서구 열강은 막대한 손해를 입을 상황이 되자 이를 가만히 두지 않았다. 프랑스군이 멕시코시티를 점령했고, 보수세력은 이 틈을 타 군주제로 회귀를 시도했다. 급부상한 미국을 견제하고 싶었던 프랑스가 이를 지지하면서 막시밀라노 황제 시대가 열렸다. 미국도 즉각 대응에 나섰다. 황제 축출을 경고하면서 텍사스에 대규모 군대를 파병했다. 유럽에서 프로이센과도 충돌하고 있던 프랑스는 여러 곳에서 전쟁을 치를 여력이 없었고, 결국 멕시코에서 발을 뺐다. 힘이 빠진 막시밀라노 황제는 3년 만에 자유주의 세력에 의해 끌어내려져 처형됐다. 후아레스가 재집권했지만 다시 반란이 이어져 임기 중 사망하고 말았다.[7] 후아레스의 개혁은 그렇게 끝나고 다시 멕시코에는 혼란이 이어졌다.

1876년 멕시코에는 포르피리오 디아스 대통령이 집권했다. 그는 초기부터 자본세력과 손잡고 외국 자본을 끌어들여 경제 발전을 도모해 근대화를 이끌었다. 미국도 텍사스를 합병하고 개즈던 구입한 이후 더 이상 멕시코 땅에 군침을 흘리지 않았고, 오히려 멕시코 산업에 10억 달러 이상을 투자하는 등 두 나라 관계는 나쁘지 않았다. 멕시코는 경제 사정이 나아지면서 정치 상황도 호전됐다.[8] 하지만 디아스가 대통령에 연임하면서 점차 독재의 길로 빠져들었다. 외국 자본에 특혜가 제공되고 부와 권력은 유럽 출신의 기득권층에 집중됐다. 디아스는 인구 대다수를 차지하는 농민과 노동자, 정적을 탄압하며 30년 동안 장기 집권을 이어갔다. 독재가 이어지고 빈부 격차가 커지자 시민들은 분노했다.

1910년 치러진 선거는 민중의 분노에 기름을 부었다. 더 이상 대선에 출마하지 않겠다던 디아스가 약속을 깨고 출마해 당선된 것이었다. 자유주의 진영의 대통령 후보 마데로가 독재에 반대하는 혁명을 일으켰다. 디아스 정권 아래에서 농지와 삶의 터전을 잃은 농민과 소작농이 앞장섰다. 멕시코 전역은 순식간에 혁명의 불길에 휩싸였다. 이때 산적 판초 비야도 마데로를 도왔다. 늙은 독재자 디아스는 민중의 분노를 이기지 못하고 자리에서 물러나 유럽으로 도망쳤다.

혁명을 시작하기는 쉬워도 완성하기는 어렵다고 했던가. 혁명군 지도자 마데로가 대통령이 됐지만 또 다른 혁명 지도자인 사파타가 개혁 방향을 놓고 갈등하며 반란을 일으켰다. 그 과정에서 마데로는 쫓겨난 대통령 디아스의 충복 우에르타에게 살해됐고, 멕시코는 다시 혼돈에 빠졌다. 우에르타가 내친김에 대통령 자리까지 거머쥐었다.

이번엔 주지사 출신 카란사와 군 출신 오브레곤 장군이 연합해 다시 우에르타에 반하는 혁명을 일으켰다. 사파타도 멕시코 북부에서 군대를 조직한 판초 비야와 연합해 혁명을 도왔다. 판초 비야는 북부에서 혁혁한 전과를 거두며 쿠데타로 집권한 우에르타 진영에 큰 타격을 주었다. 혁명군은 결국 우에르타를 쫓아내고 1917년 카란사가 대통령에 취임했다. 그런데 또 혁명 성공 세력 간 충돌이 재현됐다. 카란사 대통령의 행보는 이전 독재자 디아스와 별반 다르지 않았다. 카란사와 함께 혁명을 이끌었던 오브레곤은 반카란사 시위에 앞장섰고 전국에서 반란이 일어났다. 들불처럼 번지는 반정부 시위에 카란사는 다급하게 피신에 나섰지만 역시 암살당하고 말았다.

대통령이 된 오브레곤은 혁명을 완수하고 싶었다. 친노동자 정책과 토지개혁, 농촌 교육 등을 진행하며 개혁을 이끌었다. 그의 정치적 동지인 카예스가 후임 대통령이 돼 개혁을 이어갔고, 혁명 정신을 계승한다는 뜻으로 민족혁명당까지 창당했다. 그다음도 혁명 지도자 출신인 카르데나스가 대통령직을 물려받았다. 카르데나스는 유럽 출신 기득권층과 군부, 교회의 영향력을 견제하고 대신 노동자와 농민 등 사회 약자를 위한 정책을 대거 마련했다. 멕시코 국민은 대선에서 카르데나스에게 90% 이상 몰표를 주며 혁명을 지지했다. 사실상 멕시코 혁명의 완성이었다.

미국의 간섭

멕시코 영토를 절반 이상 차지한 미국은 멕시코 혁명과 내정에도 개입했다. 미국에 협조적이던 디아스 정권이 무너지고 혁명 지도자 마데로가 집권하자 미국은 탐탁지 않았다. 디아스 추종 세력이 반혁명을 일으키도록 사주했다. 뿐만 아니라 우에르타가 마데로를 살해하고 집권하는 데 도움까지 줬다. 하지만 정작 우에르타 정부를 승인하지 않아 멕시코를 혼란의 수렁으로 밀어 넣었다. 윌슨 미국 대통령이 쿠데타 등의 폭력적인 방법이 아니라 법과 질서에 따라 민주적인 절차로 집권한 나라와만 손을 잡겠다고 천명했기 때문이었다. 결과적으로 혁명세력 계파 간 다툼으로 멕시코는 다시 내전에 휩싸였다. 윌슨은 "민주주의를 가르쳐 주겠다"며 대놓고 끼어들었다. 멕시코 베라쿠르즈 항구에 해군을 보내 점령하기도 했다. 쿠데타로 정권을 잡은 우에르타를 끌어내리고 대통령이 된 카란사는 미국의 지원으로 집권한 뒤에는 정작 미국을 배척함으로써, 정치 상황을 안팎으로 더욱 꼬이게 했다. 미국은 영토를 빼앗은 데 이어 내정까지 간섭하면서 멕시코에 혼란을 부추겼고, 미국에 대한 멕시코 국민의 감정은 빠르게 악화됐다.[9]

멕시코 혁명으로 미국 등 외국 기업들의 멕시코 내 활동도 새로운 상황에 직면하게 됐다. 당시 멕시코는 전 세계 석유 산출량의 약 20%를 생산하는 세계 2위 석유 대국이었다. 하지만 석유회사는 미국과 영국 등 외국 자본의 소유였다. 카란사 혁명 정권이 들어서고

1917년 제정된 민족주의적 멕시코 헌법은 외국 자본의 활동에 큰 제약을 가했다. 토지와 석유 등 자원에 대한 소유권은 오직 멕시코 사람과 회사만 가질 수 있게 한 것이었다. 소급 적용하진 않을 거라며 외국 기업을 안심시켰다.

그런데 1920년대 세계 대공황이 닥치면서 상황이 바뀌었다. 석유 가격은 급등했고, 주요 산유국인데도 멕시코 국내 유가가 국제 시세보다 더 높았다. 석유 가격 상승의 열매는 대부분 외국 기업이 챙기고, 멕시코인 손에 떨어지는 것은 너무 적었다. 불만을 품은 시민들이 외국 기업과 외국인을 습격하는 사건이 발생하고, 반정부 시위가 벌어졌다. 석유회사들은 불안한 멕시코 내 원유 생산을 줄이고, 중동과 베네수엘라 등으로 공급선을 돌렸다.[10] 이 때문에 석유 업계에 있던 수많은 노동자가 일자리를 잃고 시위에 가세했다.

사회 혼란이 이어지자 멕시코 정부는 석유산업의 국유화 조치를 단행했다. 1938년 3월 18일 카르데나스 대통령이 직접 TV 카메라 앞에서 말했다. "석유는 우리 것이다!" 석유산업 국유화 선언이었고, 국민은 환호했다. 독립한 지 100년이 넘도록 강대국과 외국 자본에 수탈만 당해온 상황이 끝날 것이란 기대에 부풀었다. 시민들은 거리로 몰려나와 진정한 혁명과 독립이 완성됐다며 반겼다.

외국 석유기업의 시추권과 채굴권을 모두 정부가 수용하고, 국영 석유기업 페멕스를 설립했다. 세계 최초 국영 석유기업 페멕스는 멕시코 '경제 독립'의 상징처럼 여겨졌다. 서구 국가들은 반발했다. 영국은 당장 외교 관계를 끊겠다고 협박하는 등, 투자금 회수를 위해 전쟁까지 불사할 분위기였다. 멕시코 정부는 강대국들을 달래려고 "투자된 외국 자본은 10년 내 갚겠다"고 공언했다. 시민들은 석유산업이 멕시코인의 손에만 남아 있을 수 있다면 외채를 갚는 데 보태겠다며 귀금속과 골동품까지 내놨다.[11] 멕시코인들은 석유산업의 국유화를 혁명의 진정한 완성으로 여겼다.

미국계 석유회사들은 국유화에 대응해 법적 투쟁에 나섰다. 미국 정부도 멕시코 정부에 보상을 요구했다. 그러나 다른 서구 열강처럼 강력하게 항의하지는 않았다. 루스벨트 미국 대통령은 전임자처럼 라틴아메리카 국가들을 상대로 민주주의를 이식하는 등, 간섭하지 않겠다는 선린정책을 표방했다. 그즈음 독일이 오스트리아를 공격하며 유럽에서 제2차 세계대전의 전운이 짙게 드리워진 것도, 미국의 강경 대응을 자제하도록 만드는 한 요인이었다. 전쟁이 확대되면 미국은 참전이 불가피하고, 이 경우 멕시코를 포함한 라틴아메리카 국가들과의 협력이 중요했기 때문이었다.[12] 실제로 이후 멕시코는 제2차 세계대전이 터지자 미국을 적극적으로 지원했다. 그런데 미국과의 협력은 두 나라 관계를 또다시 생각지 않은 방향으로 끌고 가게 된다.

스페인으로부터 독립한 뒤 라틴아메리카에서 주도국이 되고자 했던 멕시코는 신생국으로 채 자리를 잡기도 전에 미국에 영토 절반을 빼앗겼다. 혁명 과정에서도 미국의 영향력을 벗어날 수 없었다. 어떻게 해도 미국과의 관계에서 굴욕적인 상황이 이어지자 멕시코 독재자 디아스는 탄식했다.

"신은 너무 멀리 있고 미국은 너무 가까이 있다."

경제 협력의 함정

멕시코에서 혁명이 진행되는 동안 유럽은 제1차 세계대전에 휩싸였다. 텍사스는 다시 쟁점이 됐다. 이번엔 난데없이 독일이 끼어들었다. 영국과 프랑스, 러시아 등 연합국과 전쟁을 치러야 했던 독일은 중립을 지키던 미국이 개입할까 두려워했다. 세계대전을 유럽의 전쟁으로 간주하고 거리를 두었던 미국은, 대신 전쟁물자를 생산하고 공급해 막대한 부를 쌓으며 국력을 비축했다. 이런 미국이 개입하면 전세가 독일에 몹시 불리하게 돌아갈 상황이었다. 독일은 미국의 이웃인 멕시코를 이용하려 했다. 멕시코가 도발하면 미국이 바깥세상의 일에 눈을 돌릴 여유가 없을 것으로 생각했다. 여기에 텍사스가 필요했다.

1917년 1월 독일 외무장관 치머만은 멕시코 주재 독일대사에게 비밀 전문을 보냈다. 멕시코가 국경 문제로 미국에 선전포고하고 전쟁을 일으켜 주면, 그 대가로 멕시코가 미국에 빼앗긴 텍사스와 뉴멕시코 등 북쪽 땅을 되찾을 수 있도록 독일이 지원하겠다는 내용이었다. 사실상 독일과 멕시코가 손을 잡고 전쟁을 해보자는 제안이었다. 그런데 영국 해군정보국이 치머만 전문을 사전 입수해

해독했고 미국 측에도 그 내용을 전달했다.

독일의 음모가 드러나자 미국 내 참전 여론이 들끓었다. 독일이 멕시코에 보낸 전문은 내용이 너무 고약했고, 이는 곧 윌슨 미국 대통령이 독일에 선전포고를 날리는 결정적인 계기 가운데 하나가 됐다. 더욱이 얼마 전 독일 잠수함 U보트가 영국 여객선 루시타니아 호를 침몰시켜 미국인 150여 명이 숨지는 일이 벌어진 상황이었다. 독일의 꼼수가 역효과를 낸 것이었다. 게다가 내전과 혁명으로 정신없던 멕시코는 독일의 제안을 거절했다. 멕시코는 제1차 세계대전 내내 어떤 나라를 상대로도 선전포고를 하지 않았다. 미국은 멕시코 영토를 반이나 빼앗아가고 내정 간섭도 적지 않게 했지만, 그렇다고 무턱대고 전쟁을 벌일 관계는 아니었다. 미국은 이미 강성해져 있었다.

미국과 멕시코의 협력

|

미국과 멕시코의 정치적인 관계와는 별개로 접경지역에선 교류와 협력이 활발하게 이뤄지고 있었다. 두 나라 사이 국경선은 존재했지만 법적으로 영토를 구분하기 위한 것일 뿐이었다. 1848년 미국이 멕시코와의 전쟁에서 승리한 이후, 거의 80년 가까이 양국 국경엔 장벽이란 게 없었다. 국경은 개방돼 이동이 자유로웠다. 19세기 중반 미국 서부에서 골드러시가 이뤄졌을 때 멕시코인 2만5천 명이 캘리포니아로 달려갔다. 이들 가운데는 경험이 풍부한 광부 출

신이 많았다. 금맥을 찾는 데 뛰어난 실력을 발휘해 금광산업 발전에 큰 힘을 보탰다. 멕시코인들은 광업뿐만 아니라 철도 건설현장과 농장에도 풍부한 노동력을 공급했다. 당시 철도산업 노동자 10명 가운데 6명 이상이 멕시코 출신이었다. 이 시기 미국과 멕시코의 국경지역 일대는 보이지 않는 경계만 있을 뿐, 거의 하나의 공동체처럼 생활했다.[13]

아메리카 대륙 서남부 지역은 여전히 땅은 넓고 사람은 부족했다. 멕시코 영토였을 때는 미국인이, 미국 영토가 된 후에는 멕시코인이 옮겨와 부족한 노동력을 채웠다. 미국과 멕시코의 상호 보완적인 경제 협력은 일찍이 시작됐다. 1910년부터 거의 10년 가까이 진행된 멕시코 혁명 기간 동안 수많은 노동자가 사회 불안을 피해 미국으로 넘어갔다. 미국 서남부 농장과 공업지대는 물론, 산업화가 한창 진행돼 생산인력이 절대 부족했던 미국 대도시 곳곳에서, 저렴하고 풍부한 멕시코 노동 인력은 환영받았다. 이런 이유로 국경을 넘어 미국으로 가는 멕시코 노동자와 가족이 줄을 이었다. 20세기 초 미국으로 향한 멕시코인 이민자 수가 이미 1백만 명에 달했다. 멕시코 사람이 물밀 듯이 몰려오자, 1924년 미국은 국경수비대를 창설해 국경 통제를 시작했다.

제2차 세계대전은 두 나라의 협력 관계를 새로운 차원으로 이끌었다. 제1차 세계대전 때 전쟁의 소용돌이에서 한 발짝 떨어져 있었던 멕시코는, 제2차 세계대전이 터지자 독일과 일본, 이탈리아 중심의 추축국에 선전포고를 하고 연합국에 가담했다. 그리고 전쟁을 통해 미국과 전례 없던 수준의 경제 협력을 시작했다. 미국은 병력과 무기를 세계 곳곳의 전선에 보내 전투를 벌였고, 멕시코는 풍부한 자원과 노동력을 활용해 군수물자를 공급했다.

제2차 세계대전은 산업화한 전쟁이었다. 막대한 군수물자와 인력이 총동원됐다. 전쟁이 진행될수록 미국은 국내산업의 생산인력이 크게 부족해졌다. 미국의 젊은 남성들이 전선에 나가 있었고, 그나마 남은 노동력도 군수물자 공급에 집중적으로 투입돼 있었기 때문이었다. 특히 남부 농장지역에 일손이 턱없이 모자랐다. 미국 정부는 부족한 노동력을 충당하려고 멕시코에 손을 벌렸다. 이미 많은 멕시코인이 미국에 이주해 있었지만 충분하지 않았다. 미국 정부는 1942년 멕시코인이 한시적으로 미국 내에 취업하는 것을 허용하는 브라세로 제도를 도입했다. 농번기에 멕시코 노동자가 미국으로 들어와 일할 수 있도록 허용하는 계절 노동자 초청 프로그램이었다. 미국 정부는 브라세로 제도가 부족한 일손을 충당하는 것은 물론, 그동안 문제가 됐던 멕시코인들의 불법 입국도 억제해줄 것으로 기대했다. 멕시코인은 일자리가 풍부하고 임금도 많이 주는 미국으로 몰려들었다. 남부 농장을 중심으로 부족했던 일손이 상당 부분 메꿔졌다.

문제는 그다음이었다. 1945년 연합국의 승리로 전쟁이 끝났지만, 귀국하지 않는 멕시코 노동자가 태반이었다. 멕시코는 혼란스러웠고 미국은 풍족했다. 이들은 미국에 계속 남아 일했을 뿐 아니라 더 나아가 멕시코에 있던 가족과 친지, 친구들까지 미국으로 불러들였다. 멕시코 출신 밀입국자가 급증했다. 미국 접경지역에서 체포되는 밀입국자 수는 1947년 18만 명이었는데, 5년여 만에 85만 명으로 4배 이상 뛰었다.

멕시코로 돌아가지 않는 노동자가 급증하면서 브라세로는 두 나라 간 문제로 떠올랐다. 비상이 걸린 미국은 1964년 브라세로 제도를 폐지했다. 하지만 브라세로 폐지는 또 다른 문제를 일으켰다. 이때까지 한시적 노동 계약을 맺었던 멕시코 노동자는 450만 명이 넘었다. 값싼 멕시코 노동자에 의존해온 미국 고용주들 상당수가 이들 없이는 경영이 힘든 상황에 놓인 것이었다.[14] 당장 미국에서 일하던 멕시코 노동자 18만여 명이 일자리를 잃었고, 미국 남부와 접경한 멕시코 도시의 실업은 심각한 수준이 됐다. 수많은 노동자와 가족이 일자리를 찾아 다시 불법으로 미국 국경을 넘었다. 밀입국자가 크게 늘다 보니 국경 밀입국 알선이 조직적으로 이뤄지기 시작했다.

산업화하는 국경지대

|

미국 내 노동력은 부족했지만 그렇다고 늘어나는 밀입국자들을 그대로 방치할 수는 없었다. 양국은 어떻게 하면 이 문제를 해결할 수 있을지 머리를 맞댔다. 브라세로 대안으로 등장한 것이 접경지역을 통째로 산업화하는 계획이었다. 단순히 미국 농장에 멕시코가 직접 노동력을 제공하는 수준의 협력을 넘어 아예 접경지역 일대를

산업화하려는 것이었다. 이렇게 하면 멕시코 내에서 고용을 창출할 수 있어 남아도는 현지 인력을 소화할 수 있을 것으로 기대했다. 브라세로를 폐기한 이듬해인 1965년 미국과 멕시코는 새 경제 협력 프로그램 마킬라도라를 시행했다.[15] 국경지대의 본격적인 산업화가 닻을 올린 것이다.

마킬라도라는 멕시코에서 방앗간 곡식을 빻는 데 힘을 보태고 품삯으로 받는 곡식을 뜻한다. 미국 기업이 국경과 가까운 멕시코 도시에 공장 시설을 세우면, 멕시코인이 노동력을 공급하고 임금을 받는 구조였다. 멕시코 정부는 마킬라도라로 생산한 상품의 부가가치에 대해서만 관세를 내면 그대로 미국으로 수출할 수 있도록 특혜를 줬다. 저렴하고 풍부한 멕시코 노동력이 공급되고, 미국 시장까지 가까워 운송 시간과 경비도 줄일 수 있었다. 마킬라도라 제품은 경쟁력이 있었다. 미국 기업이 앞다퉈 마킬라도라에 참여했다. 첫해 12개의 공장이 멕시코 노동자 약 3천 명을 고용하며 시작했는데, 그 수는 계속 늘어 20년 뒤 2천6백여 개 공장에 근로자 80만 명을 고용하는 수준으로 성장했다.[16] 미국으로서는 경쟁력 있는 생산기지를 갖게 됐고, 멕시코는 잉여 노동력 소진에 외화까지 벌어들이니 두 나라가 모두 만족할 경제 협력이었다.

마킬라도라 초기에는 의류와 잡화 등 노동집약 산업이 주축을 이뤘다. 시간이 가면서 점차 기술집약 산업으로 확대돼 1980년대에는 텔레비전과 자동차 조립공장도 들어섰다. 미국 업체뿐 아니라 일본 등 다른 나라 업체도 참여했다. 다국적 마킬라도라 기업은 미국과의 접경지를 벗어나 멕시코 전역으로 퍼졌다. 그러면서 마킬라도라 관련 고용 인구도 1990년대 이후 1백만 명 선을 유지했다. 멕시코의 전체 제조업에서 마킬라도라 업체가 차지하는 비중은 거의 절반에 육박하고, 이로 인해 벌어들이는 외화도 멕시코의 석유 수출 수익 규모를 넘어섰다. 1999년 마킬라도라 산업 총수출액은 멕시코의 국내기업 수출액을 따라잡았다. 마킬라도라 절정기였던 2000년대 초반 마킬라도라 업체 수는 3천7백여 개에 고용인원이 135만 명에 달했다.[17]

마킬라도라와 함께 미국과 멕시코의 경제 협력에 기름을 부은 건 1994년 발효된 북미자유무역협정 나프타NAFTA였다. 미국·캐나다·멕시코가 체결한 나프타는 상호 무역장벽을 없애고 북미 단일 시장을 만들자는 것이었다. 미국의 자본과 기술력에 멕시코의 자원과 노동력이 결합하면 경제 협력의 효율성이 극대화될 것으로 기대됐다. 이는 멕시코 산업의 성장을 이끌어 미국행 불법 이민도 크게 줄여줄 것으로 예상했다. 실제로 나프타는 멕시코 경제에 큰 변화를 가져왔다. 대미 수출이 크게 늘어난 멕시코는 캐나다에 이어 미국의 두 번째 무역 상대국으로 올라섰다. 나프타 체결 직전 약 518억 달러였던 멕시코의 수출 규모는 10년 만에 1606억 달러로 껑충 뛰어 세 배 가까이 증가했다. 나프타 이전 멕시코의 수출품 중에는 광물과 농산물의 비중이 높았고, 특히 석유는 전체 수출액의 70%에 달했다. 그런데 나프타 체결 8년 만에 제조업 비중이 87%에 이르고 석유는 9%로 줄었다.[18] 나프타가 멕시코의 산업구조까지 변화시킨 것이다.

양국 간 활발한 경제 협력으로 접경지대는 빠르게 산업화했다. 그러면서 국경선을 사이에 두고 미국과 멕시코에 마주 보고 위치한 도시들이 쌍둥이처럼 발달했다. 멕시코 쪽에는 노동자들이 투입되는 공장과 생산 설비들이 들어선 산업도시가 생겨났고, 그 국경 맞은편 미국 도시에는 원자재 창고와 물류시설, 사무실 등이 자리 잡았다. 멕시코 생산시설에서 일하는 관리자 등 미국인들과, 미국 창고나 물류센터 등에서 근무하는 멕시코 노동자들이 매일 국경을 넘어 출퇴근했다. 서로 상대 지역에서 생산과 소비 활동을 했고, 그러면서 국경을 중심으로 대칭형 쌍둥이 도시들이 속속 성장했다.

미국 – 멕시코 국경지대 쌍둥이 도시들

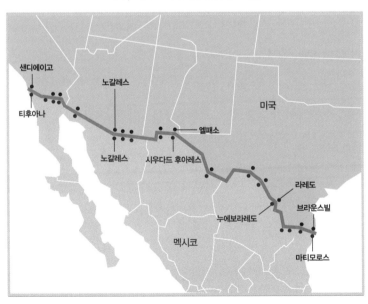

맨 서쪽에서부터 보면 미국 샌디에이고와 멕시코 티후아나Tijuana,
중부 엘패소El Paso와 시우다드 후아레스Ciudad Juárez, 동부 브라운스빌
과 마타모로스Matamoros 등 접경지역에 있는 쌍둥이 도시는 10여 곳
에 달한다. 멕시코 측 쌍둥이 도시에서 미국으로 매일 출퇴근하는
근로자는 멕시코 경제인구의 10%가 넘고, 멕시코 전체 경제 활동
의 6분의 1을 웃돌게 됐다.[19] 나프타는 미국과 멕시코의 경제 협력
을 더욱 공고하게 만들었고, 국경선을 따라 하나둘 들어선 마킬라
도라 산업지대와 쌍둥이 도시들은 미국과 멕시코 협력의 상징처럼
그려졌다.[20]

경제 협력의 부작용

하지만 두 나라 경제 협력이 지속할수록 예상하지 않았던 부작용
이 속출했다. 장기적으로 멕시코 경제 체질은 허약해지고 국민소득
도 기대처럼 늘지 않았다. 마킬라도라 산업은 대부분 부품과 원자
재를 미국에서 수입해 이를 멕시코에서 단순히 조립, 가공한 뒤 다
시 미국으로 수출하는 구조였다. 이런 협력이 장기간 이뤄지면서
멕시코 산업 구조는 단순한 저부가가치 산업에 쏠려 기형적으로
자리잡았다. 마킬라도라 협업에 따른 수익도 미국 업체가 멕시코
노동자에 지불하는 임금과 전력·수도 등 기간시설 이용료가 대부
분을 차지했다. 멕시코의 수출액은 통계 수치상으로는 크게 잡히지
만 원재료 등을 빼고 나면 국내 경제에 미치는 효과는 제한적이었

다.[21] 결과적으로 멕시코가 마킬라도라에 제공한 값싼 노동력과 인프라, 무관세 등 혜택은 미국 등 외국 기업이 챙기고 멕시코 경제는 체질 개선에 실패했다는 평가까지 나왔다.

경제 협력을 할수록 양국 무역 불균형은 커지고 멕시코 경제는 미국 경제에 종속되는 경향을 보였다. 멕시코 대외무역의 미국 의존도는 나프타 체제 이전에는 약 50%였는데, 이후 10년 만에 90%에 이르렀다. 멕시코 수출은 사실상 미국이라는 단일시장에 절대 의존하게 된 셈이었다. 그 결과 미국 경제가 기침만 해도 멕시코 경제는 골병이 든다는 자조적인 분석까지 나왔다. 설상가상으로 이후 중국과 동남아시아 국가 등 멕시코보다 훨씬 임금이 싸고 노동집약적인 나라들이 급부상하면서, 멕시코 제품은 수출 경쟁력마저 떨어졌다. 그러면서 마킬라도라에 참여했던 외국 기업 상당수가 아시아로 거점을 옮겨, 멕시코 내 고용도 크게 줄었다. 일부 마킬라도라 생산업체에는 노동자가 부족한 상황까지 벌어졌다. 멕시코 국가경쟁력도 나프타 체결 이후 계속 하락해, 1999년 세계 34위에서 2015년 61위까지 떨어졌다. 노벨경제학상을 받은 경제학자 조지프 스티글리츠는 〈깨어진 약속〉이란 칼럼을 통해 멕시코가 나프타로 인해 얻은 것은 기대에 못 미치고 오히려 경제만 저성장 체실로 허약해졌다고 평가했다.[22]

뿐만이 아니었다. 멕시코 경제 양극화도 골칫거리로 떠올랐다. 멕시코에 투자한 외국 자본의 절반 이상이 마킬라도라 지역인 북부 국경도시와 멕시코시티 등 일부 대도시에 집중됐다. 신규 일자리는 이들 도시에 만들어졌고 인구도 몰려들었다. 노동자 간 과잉 경쟁이 벌어지면서 임금은 하락하고, 최저임금 규정도 잘 지켜지지 않았다. 멕시코 노동자 평균 임금은 나프타 발효 10년 만에 80%가 줄었다. 노동자가 넘쳐나다 보니 노동법을 지키지 않는 고용주들이 많아져 노동 복지를 기대할 수 없는 사업장이 허다했다. 해가 갈수록 노동 환경이 열악해지면서 마킬라도라 근무는 지옥에서 일하는 것과 같다는 얘기가 나올 정도였다.

마킬라도라에서 소외된 지역은 그 지역대로 또 다른 위기를 맞았다. 인구가 줄고 저발전 현상이 나타났다. 특히 농촌지역에 타격이 컸는데 멕시코 경제의 20%를 차지하던 농·축산업이 나프타 이후 몰락했다. 제조업과 마찬가지로 농·축산업 중심도 투자가 많이 이뤄진 북부 국경지대로 빠르게 이동했다. 외국 자본과 기술이 유입된 북부에 현대적 대규모 농경지가 속속 생겨나고 축산업도 번성했다. 내륙 전통 농·축산업 지역은 자본 부족과 인력 이탈로 어려움을 겪었다. 나프타 체결 이후 미국에서 값싸게 밀려오는 농·축산물은 이들의 목을 더욱 졸랐다. 나프타가 출범한 지 10년도 안 돼 옥수수와 콩, 쌀 등 대표 작물의 경작을 포기하는 멕시코 농가가 속출했다. 멕시코의 주식량 작물로 각광받언 옥수수는 미국과 캐나다 등 외산에 밀려났고, 옥수수 농부 3백 만 명 가운데 2백 만 명이 나프타 체제 17년 동안 농사에서 손을 뗐다.[23]

수많은 농민이 생업을 포기하고 제조업 일자리를 찾아 도시로 이주했다. 이미 포화 상태인 노동시장에 구직자만 더욱 넘쳐나는 상황이 연출됐다. 나프타가 체결된 이후 농촌이 황폐해지고 노동 환경이 열악해지자, 1990년대 중반 이후 농민 저항운동, 반정부 소요사태까지 벌어졌다. 이는 멕시코의 사회 불안으로 이어졌고, 살길을 찾아 미국으로 향하는 사람이 늘었다. 멕시코 출신의 미국 불법 이민자는 1970년대 연간 3만 명 수준에서 1990년대 약 40만 명으로, 2000년대는 60만 명으로 크게 늘었다.

미국과 멕시코 경제는 서로에게 끌릴 수밖에 없는 여러 조건을 가졌다. 미국은 뛰어난 기술과 자본이 풍족하고 산업 기간시설도 잘 갖춰져 있다. 다양한 일자리와 노동 기회가 많은 데다 구매력도 높은 매력적인 시장이다. 멕시코는 이런 미국과 지리적으로 가깝다. 천연자원이 많이 매장돼 있고 노동력이 풍부해, 임금은 미국의 10분의 1에서 20분의 1 수준이다. 두 나라가 각기 장단점을 잘 보완해 협력한다면 모두가 득을 보는 상황이 벌어질 것으로 기대했다. 브라세로와 마킬라도라, 나프타로 이어진 경제 협력은 이런 배경에서 이뤄졌다.[24] 하지만 장밋빛 전망은 어긋나고 말았다. 멕시코 산업과 노동시장은 미국이라는 거인에 종속되다시피 했다. 경제 협력과 무역 확대에도 멕시코 경제와 산업, 사회, 문화 등 여러 분야에서 대미 종속화가 심화했고, 이는 곧 멕시코에서 미국으로의 이주 행렬로 이어졌다.

장벽

마약과의 전쟁

이른 아침부터 무더위가 기승을 부렸다. 열다섯 살 호아킨 구스만
은 뜨거운 태양을 머리로 받으며 아버지를 따라 밭으로 향했다. 먹
지도 못하는 풀을 왜 재배하는지 이해할 수 없었다. 아버지는 꽃을
잘 키워 어른들에게 팔면 돈을 벌 수 있다고 했다. 어른들이 좋아한
다는 이 꽃, 아편의 원료 양귀비였다. 멕시코 서북부 시날로아 주의
시골에서 나고 자란 구스만은 어릴 때부터 아버지의 아편 재배를
도왔다. 1960~1970년대에 적잖은 멕시코 농가가 아편과 마리화나
를 재배해 수익을 올리고 있었다. 구스만이 살던 마을도 그랬다. 아
버지는 아편을 팔아 돈이 생기는 족족 술을 마시고 노는 데 흥청망
청 써 버렸다. 구스만에게는 동생이 여섯 명 있었지만, 아버지의 방
탕한 생활로 생계를 유지하는 것도 힘들었다. 아버지가 싫고 가난
도 견딜 수 없었다. 구스만은 마약 거래에 뛰어들었다.

　구스만은 의뢰인과의 신뢰를 최우선으로 여겼고 폭력을 앞세웠
다. 무슨 수를 쓰더라도 주문받은 마약은 제시간에 배송되도록 했

다. 살인도 마다하지 않았다. 마약 생산자와 운반책, 중개업자 모두 그의 잔혹성에 벌벌 떨었다. 차곡차곡 악명을 쌓아가던 중 1989년 기회가 찾아왔다. 멕시코 최대 마약조직인 과달라하라 카르텔의 보스가 경찰에 체포되면서 업계에 대혼란이 벌어졌다. 구스만은 이때 독자적인 시날로아 카르텔을 만들어 태평양 연안의 거래망을 접수했다. 다른 조직들과 피비린내 나는 다툼 끝에 얻어낸 승리였다.[25] 구스만은 멕시코 마약업계의 거물로 급성장했다. 키가 168cm인 그에게 꼬맹이 '엘차포'란 별명이 붙었지만, 실제로 업계에선 그를 거인처럼 떠받들었다.

멕시코 마약산업의 발달

시골 마약상 아들 구스만의 얘기는 멕시코 마약산업 실태를 압축적으로 보여준다. 공권력이 미치지 않는 외진 곳에서 제대로 교육을 받을 기회도 없이 자란 많은 가난한 청소년이 자의 반 타의 반으로 마약 세계에 발을 들였다. 1970년대까지 멕시코에서는 마약이 그리 심각한 사회문제는 아니었다. 마리화나와 아편 등 거래량도 아직 정부가 강력한 단속에 나서야 할 정도에 미치지 않고 있었다. 마약을 생산하고 유통하는 조직은 지역 권력자에 빌붙어야 생존이 가능할 정도였다. 마약조직은 정치에 관여하지 않고 정부를 거스르지 않는다는 암묵적 규율도 지켜졌다.

멕시코 마약업계는 1980년대 들어 세력을 크게 확장했다. 전 세계에 불어 닥친 신자유주의 바람이 한몫 했다. 국가 개입을 억제하고 시장 자유를 중시하는 신자유주의가 만들어내는 시대에, 사회안전망은 느슨해지고 빈부 격차는 심해졌다. 멕시코 인구 약 40%가 빈곤층, 그 절반은 극빈층으로 전락했다. 시골과 외곽 지역은 국가 지원이 닿지 않아 교육과 보건, 전기 등 생활의 기본 조건조차 해결되지 않는 곳이 많았다. 일자리도 턱없이 부족했다. 생계유지를 위해 불법적인 일에 손대는 사람이 늘었고, 마약 재배와 거래도 그런 일자리 중의 하나였다. 10대와 20대 청소년 수백만 명이 구스만처럼 학교에 가지 않고 직업도 없었다. 일자리를 찾아 미국으로 밀입국하거나 범죄조직의 문을 두드린 이가 많았다.[26] 마약조직은 자신들이 활동하는 지역 내에서 나름의 방법으로 질서를 유지했다. 주민들에게는 불법적이긴 하지만 마약 재배와 거래 등 일자리도 창출했다. 공권력이 미치지 못하는 이들 지역에선 마약조직이 곧 법이요, 정부였다.

전통적으로 국제 마약시장을 주름잡은 것은 콜롬비아와 페루, 에콰도르 등 남미국가였다. 이들 나라에서 생산된 마약은 카리브 해와 플로리다 해안을 통해 세계 최대의 시장 미국으로 몰래 반입됐다. 1980년대 미국 내 마약 소비와 관련 범죄가 급증하면서 심각한 사회문제가 됐다. 대책 마련에 나선 미국 정부는 콜롬비아가 마약을 독점 공급해오다시피 한 카리브 해를 봉쇄하고 단속했다. 공급망이 끊기게 된 남미 마약조직들은 비상이 걸렸다. 이때 대안으로 떠오른 것이 멕시코 조직이었다. 미국과는 3천 킬로미터가 넘는 국경을 맞대고 있는 데다 상호이동 통제마저 느슨하다는 점이 매력이었다. 그때까지 마약 내수시장에 의존했던 변방의 멕시코가, 갑자기 세계 최대의 마약 생산지 남미와 세계 최대의 마약시장 미국을 잇는 중개 역할을 맡게 된 것이다. 멕시코를 통한 마약 유통은 대성공이었다. 멕시코 마약 경로가 활기를 띠자 전통의 콜롬비아 카르텔은 쇠락하고 멕시코가 큰판의 주인공으로 떠올랐다. 멕시코에 국제적인 마약 카르텔이 본격 탄생한 것도 이때였다.

북미자유무역협정 나프타는 멕시코 마약산업에 일대 도약의 기회를 가져왔다. 미국과 멕시코 무역 거래를 크게 증가시켰고, 양국 간 국경 통과 물량도 급증했다. 국경선 너머 농·축산물과 수출입품을 싣고 쉴 새 없이 달리는 대형 트레일러는 카르텔에겐 훌륭한 마약 운송수단이었다. 일부 카르텔은 아예 국경지역을 오가는 물류회사를 인수해 직접 운영하며 수출품 속에 마약을 정교하게 숨겨 보냈다. 자기가 운반하는 짐 속에 마약이 들어 있는지도 모른 채 국경을 넘나드는 트레일러 운전사도 많았다. 일자리를 잃게 된 중남미 마약상까지 멕시코 카르텔로 몰려들었다. 거대시장 미국에 이웃한 멕시코에선 마약산업이 붐을 일으켰다.

미국-멕시코 국경 지대가 마약 거래의 주무대가 되자 마약조직 간 경쟁도 치열해졌다. 미국으로 들어가는 마약을 수출하기 위한 최적의 운반경로를 서로 차지하려고 사활을 걸고 싸웠다. 마약산업은 눈덩이처럼 규모가 커졌고, 수많은 멕시코인이 마약업계에 투신했다. 이 가운데는 농민도 적지 않았다. 나프타로 값싼 미국산 농산물이 밀려오자 2백만 명이 넘는 농민이 농사를 포기했고, 이들 상당수가 일자리가 풍부한 국경지대로 이주했다.[27] 마침 일손이 부족했던 마약업계가 이들 가운데 적잖은 사람을 흡수했다.

2001년 미국에서 발생한 9·11테러도 멕시코 카르텔에겐 기회였다. 9·11테러 이후 미국 전역의 공항과 해안에 대한 경비가 전례 없는 수준으로 강화되면서, 미국-멕시코 국경이 미국 마약시장에 진입하는 거의 유일한 경로로 남았다. 이제 멕시코 카르텔은 국제 마약시장의 명실상부한 주인공이었다. 2000년대 중반 마약 밀매로 멕시코 카르텔이 벌어들인 수입은 연간 300억~500억 달러 수준으로, 멕시코가 석유 수출로 버는 외화 수입과 맞먹는 규모에 이르렀다.[28] 미국 시장도 점점 커져 미국 내 마약 사용자는 2천만 명을 넘고 12세 이상 인구 열 명에 한 명꼴로 마약에 손을 대는 것으로 추정됐다. 2010년 전 세계에서 생산된 코카인의 약 36%가 미국에서 소비돼 중서부 유럽 전체 소비량보다 더 많았다. 그런 미국에서 소비되는 코카인의 90%, 헤로인의 70%를 공급한 멕시코 마약산업은 호황을 누릴 수밖에 없었다.

마약과의 전쟁을 시작하다

멕시코 카르텔이 국제 마약시장에서 주인공으로 부상할 동안 멕시코 공권력은 무기력하게 대응했다. 경찰은 더더욱 그랬다. 국경지역 경찰 상당수는 마약조직을 단속하기는커녕 오히려 카르텔에 빌

붙어 돈을 챙겼다. 국경도시의 경찰 열 명 중 한두 명은 마약조직과 결탁하고 있다는 의혹까지 받을 정도였다. 카르텔은 오랜 공생관계를 유지해온 정치권엔 머리를 조아리고 상납했다. 권력과 경찰의 비호 속에 마약조직은 세력을 더욱 확장했다. 마약뿐만 아니라 매춘과 도박, 무기거래, 자금세탁, 운수 등 사업도 다각화했다. 주지사 경호를 맡는 마약조직까지 생겨났다. 엄청난 자금과 조직력을 갖추고 권력과 유착한 카르텔은 멕시코 최대 사회문제로 부상했다.

멕시코 마약문제가 곪을 대로 곪은 시점에 정계에 지각 변동이 일어났다. 멕시코 혁명 이후 71년 동안 집권해온 제도혁명당이 2000년 대선에서 패하고 총선에서도 과반 당선에 실패하며 권력을 넘겨줬다. 제도혁명당이 장기집권하는 동안 마약 카르텔이 뇌물을 써가며 오랜 공생관계를 유지해왔던 정치인이 줄줄이 물러났다. 정치권과의 연결고리 곳곳이 끊어지자 카르텔은 정치권 간섭마저 벗어났다. 마약산업은 통제 불능 상태로 치달았다. 무서울 게 없어진 카르텔은 이권 다툼을 일삼고, 시민과 공권력을 상대로 한 폭력도 서슴지 않았다. 부패하고 무능한 경찰의 힘만으로는 이들을 막을 수 없었다. 양대 카르텔인 시날로아와 후라에스 간 영역 전쟁은 이 시기에 정점에 달했다. 양대 조직의 치열한 싸움은 8년 가까이 이어지면서 조직원과 시민 희생자가 5만 명이 넘었다.

멕시코 정부는 특단의 조치가 필요했다. 2006년 취임한 펠리페 칼데론 대통령은 마약과의 전쟁을 선포했다. 시민들의 마약 사용과 카르텔 범죄가 도를 넘어 국가 공권력에 도전해 더 이상 묵과할 수 없다는 게 표면적인 이유였다. 하지만 정치 상황도 이런 결정을 내리는 데 작용했다. 득표율 0.5%의 근소한 차이로 당선된 칼데론은 부정선거 의혹에 시달렸다. 반정부 시위까지 곳곳에서 벌어지는 등, 취임 초부터 정국이 혼란에 빠져 정치적 입지가 공고하지 못했다. 국면 전환이 절실한 상황에서 칼데론은 '마약과의 전쟁' 카드를 빼 들었다. 군대까지 동원한 마약과의 전쟁은 정적을 억압하려는 수단으로 악용됐다는 의혹까지 나왔다. 이유야 어찌 됐든 카르텔 소탕전이 본격 시작됐다.

마약문제로 골머리를 앓던 미국도 멕시코에서 벌어지는 마약과의 전쟁에 힘을 보탰다. 나프타 회원국을 상대로 한 테러 등 위협에 공동 대응한다며 멕시코에 군사장비 등 15억 달러 규모의 지원을 아끼지 않았다. 마약과의 전쟁에 투입된 멕시코 군경에 첨단 장비를 제공하고 교육까지 해줬다. 멕시코 연방 수사관 등 마약 단속 관련자 6만여 명이 미국이 제공한 훈련과 교육에 참석했다. 미 정보당국이 가진 마약범죄 첩보도 공유됐다.[29] 미국까지 팔을 걷어붙이고 도와주면서 칼데론의 마약범죄 소탕 작전은 궤도에 올랐다.

믿었던 군대의 배신

군대까지 투입된 마약과의 전쟁은 말 그대로 전쟁이었다. 초기부터 멕시코 전체 병력의 4분의 1이 동원됐고, 그 수가 점차 늘면서 투입 병력이 9만여 명에 달했다. 성과도 적지 않았다. 소탕전 개시 5년 만에 마약범죄 연루 혐의자 5만 명이 체포됐다. 마약조직이 사용한 총기와 차량 수만 개를 압수하고 마약 제조시설 수백 곳이 파괴됐다. 소탕전은 국경 인근 카르텔이 점령한 도시는 물론, 외곽의 주택가 은신처와 도주로까지 때와 장소를 가리지 않고 벌어졌다. 이 과정에서 무고한 시민이 폭력사태에 무방비로 노출되기도 했다. 이 때문에 군경과 시민, 범죄조직원 등 2만5천 명이 숨지고 7천 명이 실종됐다. 군인들이 불법 행위도 마다하지 않았기 때문에 결국 군인 170여 명이 무고한 민간인 살상 혐의로 재판을 받아야 했다. 민간인 희생이 너무 컸다. 마약과의 전쟁에서 인권 침해가 크게 늘면서 멕시코 군대는 대표적인 인권 침해 단체로 꼽힐 정도였다. 마약범죄 소탕 작전에 군대를 투입한 것은 양날의 검이었다.

군대는 마약과의 전쟁에서 상당한 성과를 거뒀지만, 국민의 기대를 저버리는 데는 긴 시간이 걸리지 않았다. 그들 상당수가 국민을 배신하고 마약조직에 투신한 것이었다. 막강 화력으로 무장한 군대 투입에 위기감을 느낀 마약조직이 군인들을 회유했다. 열악한 처우를 받는 군인들에게 국가가 주는 봉급보다 몇 배나 많은 보수와 각종 보험, 유사시 성대한 장례비, 유가족 보상금 등 다양한 복지를 미끼로 내걸고 유혹했다. 군 출신을 조직원으로 모집한다는 광고를 군대가 작전을 벌이는 거리 곳곳에 내걸었다. 솔깃한 군인이 하나둘 탈영해 카르텔 문을 두드렸다. 전투력이 뛰어난 특수부대원들은 특별대우를 받고 영입됐다.

변절한 일부 특수부대원들은 아예 자신들이 직접 마약조직을 결성해 시민들을 경악하게 했다. 국경지대를 거점으로 활동하는 걸프 카르텔이 특수부대원 출신들을 따로 모아 세타스라는 전문 전투 조직을 만들었다. 세타스는 경호와 암살, 정부군과의 전투 등에서 눈부시게 활약했다. 그런데 이들이 아예 독자적인 개별 카르텔을 만들어 독립해 버렸다. 이들은 군대 봉급 10배를 내걸고 동료 군인을 조직원으로 끌어모았다. 강력한 전투력을 바탕으로 한 세타스는 급성장해 금세 마약시장을 장악했다. 다른 카르텔도 저격수와 생존 전문가 등을 모집하고 군의 탱크와 장갑차에 맞설 중화기까지 도입하는 등 전력 강화에 박차를 가했다. 이제 카르텔들은 정규군과 싸워도 밀리지 않을 조직력과 화력으로 무장했다. 마약 카르텔은 더 무서운 괴물이 되어가고 있었다.

군대까지 투입해도 마약 카르텔을 와해할 수 없는 상황이 되자 멕시코 정부의 고민은 깊어만 갔다. 이제 카르텔은 범죄조직이라기보다 기업같이 움직였다. 군대와의 싸움이 벌어져도 꼭 이기려고 하지 않았다. 어떻게든 살아남아 조직과 사업을 유지하는 게 중요했다. 두목이 잡히거나 제거되면 바로 다른 사람으로 대체됐다. 누가 보스가 되느냐는 그리 중요하진 않았다.[30] 머리가 없어진 조직은 두세 개 조직으로 빠르게 분열했다. 더 많은 조직이 생겨나고 더 넓은 지역이 카르텔의 활동무대가 돼 버렸다. 마약과의 전쟁이 진행될수록 카르텔들은 더욱 생존력이 강해졌다.

이기지 못한 전쟁

멕시코 정부는 결국 이 전쟁에서 승리하지 못했다. 마약과의 전쟁 10여 년 동안 숨진 사람은 20만 명이 넘는 것으로 추정된다. 카르텔 간 분쟁으로 인한 사망자가 12만 명에 달하고, 군인과 경찰, 시민 희생자가 8만 명으로 추산된다. 2017년 한 해에만 마약범죄 관련 사망자가 2만2천5백 명이었다.[31] 카르텔은 무너지지도, 마약 생산량이 줄지도 않았다. 미국으로 유입되는 마약의 양도 감소하지 않았다.

마약과의 전쟁이 실패한 원인으로 근본 접근법이 잘못됐다는 지적이 많다. 최대 마약 소비국인 미국의 수요는 그대로 둔 채 멕시코의 생산과 유통만 억제하려다 보니 한계가 있을 수밖에 없다는 것이다. 마약 소비자가 2천만 명이 넘는 미국의 정부가 국내 마약 소비시장은 손대지 못하고 공급 측만 변화를 유도한 것은, 결국 책임을 멕시코에 전가하는 셈이었다. 더욱이 수요는 그대로인데 공급의 목을 조르니 마약 가격만 더 치솟는 부작용이 나타났다. 마약 제조상들은 적은 양으로 같은 효과를 낼 더 강력한 마약도 제조했다. 멕시코 카르텔은 같은 양의 마약을 이전보다 5배에서 10배 너 비싸게 미국 소비자에게 팔 수 있게 됐다. 카르텔이 미국에 마약을 팔아 벌어들이는 수익은 연간 약 50조 원에 이르는 것으로 추정된다. 돈세탁을 통해 대부분 현금으로 유입되기 때문에 미국 정부와 은행이 걸러내기도 쉽지 않다.

마약과의 전쟁은 2018년 공식적으로 막을 내렸다. 군대가 동원돼 12년 이상 전쟁을 벌였음에도 카르텔이 건재하자 오브라도르 대통령이 종전을 선언했다. 대신 발상을 전환해 마약을 재배하는 농가를 지원했다. 이들이 생계를 유지하도록 도움으로써 가난한 농민들이 스스로 마약산업의 굴레에서 빠져나오도록 하겠다는 것이었다. 이와 함께 미국으로부터 받던 마약과의 전쟁 지원금도 거부했다. 수요는 둔 채 공급에만 책임을 묻는 미국 중심의 접근법에 선을 긋겠다는 의지의 표시였다. 더욱이 국내 치안 사항인 마약범죄 소탕에 군대를 동원하는 건 위헌이라는 법원 판결까지 나온 터였다. 멕시코 정부의 새로운 마약 대책이 어떤 효과를 낳을지는 더 지켜볼 일이다. 미국 수요를 억제하고 멕시코 내 빈곤과 실업이 어느 정도 선결돼야 마약문제도 해결의 실마리를 찾을 수 있다는 게 대체로 공유되는 시각이다. 마약과의 전쟁에서도 '신은 너무 멀고 미국은 너무 가까이' 있는 셈이다.

'꼬맹이' 마약왕 구스만은 어떻게 됐을까. 1980년대 자신이 만든 시날로아를 전국 최대 조직으로 키운 구스만은 1993년 경찰에 체포됐다. 연방 교도소에 갇혔지만 오래도록 정부와 정치권에 뇌물을 상납한 덕에 각종 편의가 제공됐다. 심지어 수감 중에도 조직원의 사업 보고를 받는 등 카르텔 운영에 계속 관여했고, 2001년 탈옥해 현업에 복귀했다. 이후 탈옥과 체포를 반복하다 2016년 마지막 체포돼 미국 연방 교도소에 수감됐다. 체포 직전 구스만은 전용기와 호화요트, 동물원까지 소유한 갑부였으며 그의 재산은 15조 원에 달하는 것으로 평가됐다. 미국 경제지 포브스가 선정한 세계 억만장자 명단에 여러 차례 이름을 올릴 정도였다. 미국 연방법원은 이 억만장자 마약 사범에게 마약 밀매와 납치, 살인 교사 등의 혐의로 종신형을 선고했다.

탈출

죽음의 열차를 타다

———

"지금 어디 있어요?"

"잘 모르겠어요. 그런데… 더는 못 버틸 것 같아요…."

드문드문 허리 높이 관목 가지들이 바람에 흔들리고 있었다. 흙먼지가 뽀얗게 덮인 휴대전화 화면에 다행히도 안테나 그림이 떴다. 사방에 인적이라곤 찾아볼 수 없었지만 전화는 걸 수 있게 됐다. 곤살레스는 미국 내 긴급전화 번호 911을 눌렀다. 전화를 받은 교환원 에스피노자는 침착하게 위치를 물었지만, 곤살레스는 자신이 있는 곳이 어딘지 몰랐다.

32살 멕시코인 곤살레스는 미국 휴스턴에서 일하던 불법 체류자였다. 같은 멕시코 출신의 27살 아름다운 여성과 약혼했고, 둘 사이엔 3개월 된 예쁜 딸이 있었다. 단란한 가정을 꾸리고 살던 중 뜻하지 않은 일로 얼마 전 곤살레스가 이민국에 걸려 멕시코로 추방됐다. 다시 가족을 돌보려고 미국으로 밀입국을 시도하던 중이었다.

며칠 전 다른 밀입국자들과 함께 텍사스의 한 산악지역 국경을 넘었는데, 그만 국경순찰대에 발각돼 뿔뿔이 흩어져 도망치다 길을 잃었다. 물과 음식도 없이 며칠을 헤맸다. 이젠 차라리 순찰대에 발각돼 목숨만이라도 건졌으면 하는 바람이었다. 휴대전화 배터리가 아직 남았을 때 구조 요청 전화를 걸었고 다행히 연결됐다.[32]

죽음의 열차에 몸을 싣는 사람들

미국과 멕시코를 연결하는 국경선은 3144km이다. 미국으로 몰래 들어가려는 불법 입국자들이 매일 세계 곳곳에서 몰려든다. 과테말라와 온두라스, 엘살바도르 등 중남미는 물론, 한국과 중국, 인도와 같은 아시아까지 출신국이 다양하다. 멕시코 북부 국경은 미국에 불법 입국하려는 사람들의 관문이 돼 버렸다. 미국의 동쪽과 서쪽은 대서양과 태평양으로 막혀 있고, 북쪽은 미국만큼 입국 심사가 엄격한 캐나다와 국경을 맞대고 있다. 반면 남쪽에 접경한 멕시코는 입국 절차가 덜 까다로운 편이다. 게다가 멕시코와 접경지역은 사막과 강, 험준한 산 등이 많아 미국 국경수비대의 순찰과 통제가 제대로 이뤄지지 않는 곳이 많다. 일단 멕시코에 입국만 하면 어떻게 해서든 이 척박한 국경지역을 통해 미국으로 몰래 들어갈 기회를 엿볼 수 있기 때문에 밀입국 시도자들이 멕시코 국경으로 몰려든다.

출신국 별로 보면 미국 밀입국자 가운데 가장 많은 것은 멕시코인이고, 그다음은 온두라스와 에콰도르, 과테말라 등 중남미 국가 국민이다. 밀입국을 시도하는 이들에게 가장 핵심적인 문제는 어떻게 미국 접경지역까지 도달하느냐이다. 도보나 차량, 열차 등 다양한 방법을 이용하지만, 남미 등 장거리를 이동하는 많은 사람은 멕시코 종단 화물열차에 의존한다. 미국으로 수출하는 자동차와 기계류, 화학제품, 시멘트, 채소 등 다양한 제품과 원자재를 싣고 달리는 화물열차는 멕시코 남쪽 과테말라에서 북쪽 미국까지 연결돼 있다. 멕시코 서부와 중부, 동부 등 세 개 노선을 통해 각각 미국 서부 캘리포니아, 애리조나와 텍사스, 뉴멕시코, 리오그란데 강 쪽으로 이어진다. 매년 이들 화물열차에 몸을 싣고 미국 국경으로 향하는 사람은 약 50만 명으로 추정된다.[33]

물류 핵심 지역을 연결하는 종단열차는 멕시코 경제에 동맥 같은 존재이지만 현지에선 '짐승' 또는 '죽음의 열차'라고도 불린다. 열차 안팎에서 너무나 비인간적인 일들이 벌어지고 그로 인해 죽고 다치는 사람도 너무 많기 때문에 생긴 별명이다. 아메리칸 드림을 꿈꾸며 새로운 삶을 찾아 나선 이들의 여정은 역설적이게도 이 죽음의 열차, 짐승 열차에 올라타면서 시작된다.

열차가 멕시코 남쪽에서 출발하면 먼저 과테말라와 온두라스 등 중미 출신 밀입국자들이 오르고 북쪽을 향해 계속 달리는 동안 중간중간 멕시코인들이 탑승한다. 주로 급회전 길을 돌기 위해 열차가 속력을 줄일 때 기차에 뛰어오른다. 무임승차이기 때문에 화물칸이나, 열차와 열차 사이, 지붕 등에 앉아 아슬아슬하게 여행해야 한다. 열차에 올라타는 것은 다가올 수천 킬로미터 대장정의 시작일 뿐이다. 화물을 내리고 싣느라 기착지에 들르기 때문에 여정은 며칠 동안 이어질 수밖에 없다. 앞으로 열차 위에서 무슨 일이 벌어질지 아무도 알 수 없다.

짐승 열차가 지나는 곳은 밀입국자를 뜯어먹으려는 범죄자가 들끓는다. 미국으로 가려는 사람은 누구나 몸 어딘가에 현금을 지니고 있다는 걸 알기 때문이다. 미국행 주요 밀입국 경로는 범죄조직이 장악하고 있으며, 상당수는 마약 카르텔과도 연계돼 있다. 이들 범죄조직은 서로 구역을 나눠 관리하며 밀입국자들을 상대로 범행을 저지른다. 짐승 열차가 범죄조직과 카르텔이 장악한 구간을 통과할 때면 뇌물과 보호비를 내야 한다. 조직원들은 열차에 올라타 통행료를 받고 밀입국자들의 돈과 귀중품을 갈취하기도 한다. 돈이 없다고 버티면 여지없이 주먹이 날아들고, 부녀자는 성폭행당하기 일쑤다. 반항하거나 힘으로 맞서는 밀입국자는 그대로 열차 밖으로 떠밀어 버린다. 달리는 열차에서 떨어지면 바퀴에 팔다리가 끼어 중상을 입거나 그 자리에서 숨지기도 한다.[34] 목숨이 붙어 있다 하더라도 반경 수십 킬로미터 내에 인적도 없는 사막지역에 떨어져 죽은 목숨이나 마찬가지다.

달리는 열차 위에 당연히 경찰 등 치안을 유지하는 사람은 찾아볼 수 없다. 무임승차에다 불법 입국을 시도하는 이들을 공권력이 보호해주리라는 것은 기대하기 힘들다. 범죄조직이 만든 규칙을 따르는 게 질서라면 질서일 뿐, 말 그대로 무법천지다. 심지어 철도회사 직원들마저 가세해 밀입국자의 등골을 뽑아먹는다. 노약자를 동반한 밀입국자에게 접근해 미리 탑승시켜주고 자리도 마련해 주겠다며 뒷돈을 챙기고, 이미 열차에 올라탄 밀입국자는 경찰에 신고하겠다고 협박해 돈을 뜯는다. 벗어날 데 없는 열차 위에선 강도와 폭행, 성폭력, 납치, 인신매매에 살인까지 수많은 범죄가 이뤄진다. 멕시코 인권위원회는 2010년 한 해에만 밀입국 시도자 1만1천 명이 납치돼 사라졌다고 밝혔다.

이빨 드러내는 '코요테'

짐승 열차 위에서 벌어진 모든 시련을 이기고 마침내 국경까지 도달했다 해도 미국으로 밀입국하는 것은 별개 문제다. 화물열차를 탄 채 그대로 미국 국경을 통과하는 건 불가능하다. 미국 세관과 이민국이 화물열차 안팎을 꼼꼼히 검사하기 때문이다. 밀입국 과정에서 짐승 열차의 역할은 여기까지다. 밀입국자들은 모두 국경에 도착하기에 앞서 열차에서 내려 걸어가거나 다른 교통수단을 이용해야 한다. 하지만 3천 킬로미터가 넘는 국경선 가운데 차량이나 도보로 넘어갈 수 있는 구간은 극히 제한적이다. 그나마 사람이나 차량이 다닐만한 곳은 2만 명에 달하는 미국 국경순찰대가 요소요소 배치돼 길목을 지키고 있다. 전체 순찰대원의 약 80~90%가 멕시코와의 국경에 집중돼 있다. 실제 밀입국이 이뤄지는 주요 경로는 국경장벽과 검문소가 없고 순찰도 비교적 느슨한 지역에 있다. 대표적인 곳이 동쪽 리오그란데 강과 서부 사막지대다. 사막지대가 많은 애리조나주 국경지역은 척박한 자연환경 때문에 국경순찰대 활동도 비교적 적다. 그 때문에 밀입국자들은 이 지역으로 몰려든다.[35]

대신 국경 사막지대는 사람은커녕 식물조차도 제대로 살 수 없을 정도로 혹독한 환경이다. 반경 수십 킬로미터 이내에 인가도 하나 없는 모래밭을 며칠 동안 걸어야 할 수도 있다. 차량을 이용하면 편하겠지만 그렇게 하면 순찰대와 레이더 등 첨단 탐지 장비에 쉽게 적발된다. 미국 정부가 그동안 대부분의 사막지역에 물리적 장벽을 세우지 않은 것도 이 때문이다. 대표적인 밀입국 경로인 소노라 사막의 경우 여름철 한낮 온도가 섭씨 49도까지 올라간다. 겨울에는 밤 기온이 섭씨 0도까지 떨어진다. 홀로 생명을 유지하기 힘든 곳이다. 1994년 이후 소노라 사막을 불법적으로 건너려다 숨진 사람은 적어도 5천 명에 달하는 것으로 추산된다. 2009년까지 해마다 약 3백~5백 명이 목숨을 잃었다.[36] 사막을 피해 동부 리오그란데 강을 선택한 경우는 익사 위험을 감수해야 한다. 수위가 낮아진 건기를 이용해 밀입국을 시도하지만 위험하긴 마찬가지이다.

척박하고 위험한 국경을 무사히 넘기 위해 현지 지형과 상황을 잘 아는 브로커, 일명 '코요테'의 도움을 받는다. 코요테는 짐승 열차에서 내린 밀입국자를 이끌고 지옥과도 같은 국경 사막지대를 같이 통과한다. 한 번에 수십 명씩 무리를 지어 데리고 가기도 한다. 그 대가로 한 명 당 2천~3천 달러를 받는데 지형의 난이도나 위험도에 따라 1만 달러까지 받기도 한다. 여기에는 국경 검문과 밀입국 단속에 관계된 경찰과 공무원에게 주는 뇌물 비용, 열차와 트럭 등 이들을 태워주는 운송수단에 대한 운임, 국경을 장악한 카르텔에 내야 하는 통행료 등이 포함된다. 코요테 조직은 국경을 사이에 두고 미국과 멕시코 양쪽에서 활동한다. 조직이 은밀하게 운영되기 때문에 코요테들조차 자신을 고용한 사람이 정확히 누구인지도 모른 채 돈만 받고 일하는 경우가 대부분이다.[37] 그런데 코요테의 욕심은 끝이 없다. 밀입국자들을 사막 한가운데까지 데려간 뒤 웃돈을 요구하고 거부하면 폭행하거나 그대로 내버려 두고 간다. 심지어 그 자리에서 목숨을 빼앗는 경우도 있다. 목격자도, 제지하는 사람도 없어 밀입국자들은 사실상 전적으로 코요테 손에 목숨을 맡기는 셈이다.

천신만고 끝에 미국 국경선을 넘었다 해도 아직 끝이 아니다. 낯설고 광활한 미국 땅에서 어디로 가야 할지 갈피를 잡을 수가 없다. 미국에 가족이나 친지, 친구 등 아는 사람이 있다면 마중이라도 나와 데려가겠지만, 그렇지 못한 경우가 대부분이다. 이런 이들은 또다시 코요테의 신세를 져야 한다. 이 경우 미국 쪽에서 활동하는 코요테가 이들을 인계받는다. 국경순찰대나 이민국의 단속을 피해 일정 시간 숨어 지낼 수 있는 은신처, 소위 '드롭하우스'라 불리는 곳으로 데려간다. 좁은 방에 수십 명이 같이 지내야 하는 등 주거 환경이나 처우는 형편없지만 불법체류자 신분인 만큼 감수하고 지내야 한다. 일부는 밀입국자를 은신처에 감금하고 미국

내 연고가 있는 천지나 친구 연락처를 알아내 연락한 뒤 추가 몸값을 요구한다. 이 역시 거부하면 폭력과 살해 위협이 뒤따른다.[38] 결국 국경지대에 득시글거리는 범죄조직에게 밀입국자 한명 한명은 모두 돈이요, 상품일 뿐이다. 더 뜯어낼 돈이 없어 상품가치를 잃게 되면 아메리칸 드림은 한번 펼쳐보기도 전에 허망하게 생을 마감할 수 있다.

불법 이민자가 미국으로 가는 길은 이처럼 위험하고 불확실하다. 중도에 발각되고 숨지는 사람이 다 셀 수 없을 정도이지만 불법 이민 행렬은 좀처럼 줄지 않았다. 미국 국경순찰대 통계에 따르면 1980년대에는 미국으로 불법 입국하려다 체포된 사람이 연평균 1백만 명이 넘었다. 90% 이상이 멕시코와의 국경에서 붙잡혔다. 1993년에는 126만 명에 달했다. 이는 중도에 적발된 사람 숫자로, 밀입국에 성공한 경우까지 합하면 그 규모는 훨씬 커진다.

죽음의 통로

밀입국 문제가 심각하다고 판단한 미국 정부가 국경 통제를 강화했다. 그동안 자국 내 이미 들어온 밀입국자를 색출해 추방하는 데 힘을 썼지만, 빌 클린턴 대통령 정부 들어 사전 억제로 정책방향을 틀었다. 국경선을 넘어 들어오는 단계에서 미리 차단하도록 한 것이었다. 이전까지 5천 명 수준이던 국경순찰대 인원을 1천 명 가까이 충원했다. 멕시코에서 미국으로 연결된 도로를 차단해 검문소를 세우고 장애물과 국경장벽도 곳곳에 설치했다. 비교적 순탄하게 미국으로 접근할 수 있었던 길목은 모두 차단해 버렸다.

2001년 발생한 9·11테러는 미국의 국경 통제를 전례 없는 수준으로 끌어올리는 계기가 됐다. 당장 국경순찰대 인력을 1만 명으로 증원하고 이후에도 매년 늘려 2만 명 수준까지 다다랐다. 기존에 장벽이 없던 구간에 새로 설치돼 전체 국경의 3분의 1인 1천2백 킬로미터 구간에 장벽이 들어섰다. 멕시코와 연결되는 주요 도로와 길목엔 차량 통행을 막는 장애물이 만들어졌다. 국경 감시에 레이더와 동작감지기 등 첨단기술 장비가 대거 투입됐다. 이제 밀입국자들에게 남겨진 것은 더 뜨거운 사막과 더 깊은 강, 더 험준한 산악지대뿐이었다. 한 번 들어가면 살아나오기 힘들다고 해서 '죽음의 통로'라고 불리는 지역을 거쳐야만 미국으로 들어갈 수 있게 된 것이다.

국경과 관련된 산업들은 호황을 맞았다. 장벽을 세우는 지역이 늘어나면서 건설사업에 참여하는 업체가 많아졌다. 국경 감시에 첨단장비가 동원되면서 관련 기술 업체들이 적극적으로 나섰다. 항공기 제조업체인 보잉과 같은 거대기업도 여기에 뛰어들었다. 애리조나 등 밀입국 주요 경유지에는 소위 '국경산업' 단지가 들어설 정도다. 국경수비대와 이민국에 적발돼 구금되는 밀입국자가 늘면서 기존 수용시설이 부족해지자, 민간 자본이 참여한 억류 센터가 곳곳에 생겨났다. 2009년 미국 전역에 수용시설 3백 곳에 수용된 밀입국자는 3만2천 명에 달했다. 이들은 일정한 구류기간이 지나면 본국으로 송환된다. 밀입국자들은 수감시설 내에서는 비인

간적인 대우를 받기가 십상이지만 치안도 경제도 엉망인 본국보다는 형편이 낫다며 안도한다. 이 때문에 자기 나라로 보내지면 대부분 다시 밀입국을 시도한다. 멕시코 밀입국 시도자를 상대로 한 조사 결과, 한번 밀입국을 시도한 사람은 두 번이고 세 번 계속 시도해, 도중에 숨지는 경우를 제외하면 결국엔 90% 이상이 성공한 것으로 나타났다.[39]

미국 정부의 국경 통제강화 정책이 눈에 띄는 효과를 나타내기까지는 상당한 시간이 걸렸다. 1990년대 초 약 1백만 명대였던 밀입국 체포자 수는 1990년대 후반 150만 명대를 유지하다 2000년 들어 170만 명에 육박했다. 9·11테러 이후 1백만 명 아래로 잠시 떨어졌지만 2000년대 중반까지 내내 1백만 명 수준을 유지했다. 2007년 이후 그 수가 87만 명으로 떨어지고 이후 30만~50만 명대를 기록하고 있다. 이전보다는 절반 수준으로 줄어들었지만, 여전히 수십만 명에 달하는 사람이 미국 국경을 몰래 넘기 위해 몰려든다.

국경 통제에 내려진 강화 조치로 인해 더 척박한 환경에 더 오래 노출돼야 하는 밀입국자들은 이런 험난한 과정을 견디기 힘들어졌다. 국경지역은 많은 사람의 목숨을 앗아가는 죽음의 땅으로 변해 갔다. 국경 통제가 심하지 않았던 1990년대 이전에는 멕시코에서 미국 국경을 건너다 숨지는 사람이 많지 않지만 1995년 이후 밀입국 도중 목숨을 잃는 사람 수가 크게 늘었다.[40] 연간 250명 수준이던 사망자 수가 350명으로 증가하더니 10년 만에 5백 명에 육박했다. 2000년 이후에만 숨진 사람이 6천여 명에 달했다. 연평균 약 4

백 명이 목숨을 잃어 거의 매일 미국 국경선 어디에선가 밀입국자가 한 명 이상 죽는 셈이다. 하지만 국경지역 주민들 사이에서는 밀입국자 다섯 명이 숨지면 그중 한 명의 시신만 발견된다는 말이 나올 정도여서 실제 사망자 수는 몇 배 이상 많을 것으로 추정된다. 실제로 멕시코 국경지대에서 순찰대에 의해 발견되는 시신 상당수는 심각하게 훼손돼 팔다리와 몸통이 분리되고 백골 일부만 남은 경우도 허다하다. 사망원인은 대부분 열사병과 저체온증 등이지만, 유골의 골절상태 등을 볼 때 범죄조직에 의해 살해되거나 방치된 경우도 많은 것으로 보인다.

국경 일대가 점점 죽음의 땅으로 변해가자 주변 지역의 시민단체와 주민들이 팔을 걷어붙이고 나섰다. 캘리포니아와 애리조나, 텍사스 등 지역 종교단체와 시민단체는 밀입국 경로 곳곳에 대형 식수통과 응급의료품 등을 마련해 놓는다. 길 잃은 밀입국자를 안전한 곳으로 유도하기 위한 이정표를 여기저기 세워두기도 한다. 하지만 밀입국자에게 거부 반응을 보이는 사람들은 이런 호의가 자칫 밀입국을 부추길 수 있다며, 수시로 순찰을 돌며 식수통과 이정표 등을 제거한다. 이 때문에 양측이 서로 갈등을 벌이는 일도 있다.

범죄자들의 땅

미국 정부의 국경 통제가 강화될수록 웃는 것은 코요테들이다. 밀입국이 힘들어지면 더 많은 사람이 자신들에게 의존할 수밖에 없게 되고 그만큼 돈도 더 많이 벌 수 있기 때문이다. 국경 통제가 강화되기 전 밀입국자 다섯 명에 한 명꼴로 코요테에 의뢰했다면 최근엔 두 명에 한 명꼴로 코요테의 힘을 빌린다.[41] 비용은 지역과 밀입국 난이도에 따라 차이가 있지만 2008년 기준으로 1만4천 달러 수준에서 3만 달러 정도로, 2000년 초보다 3~10배 가까이 뛰었다. 돈 냄새를 맡은 코요테들이 곳곳에서 모여들어 그 수가 얼마나 되는지 정확한 규모도 파악되지 않는다. 다만 미국 정부가 2014년 6월 한 달 동안 텍사스 주 국경지대에서만 단속했을 때 검거된 밀입국 알선업자만 192명에 달했다.[42]

밀입국하려는 사람이 워낙 많다 보니 마약 카르텔도 이를 사업의 기회로 활용한다. 자신들이 개척한 국경 지대의 마약 밀수경로를 밀입국 알선 경로로 이용해 부가 이익을 얻는 것이다. 카르텔 조직이 코카인 1kg을 미국으로 밀반입해 벌어들이는 수입이 5천 달러라고 하면 마약을 운송하면서 밀입국자 한 명을 데리고 간다고 했을 때 수수료 3만 달러를 추가로 벌 수 있다. 열 명을 모아 간다면 수익은 그 열 배에 달하는 것이다.[43] 심지어 밀입국자를 직접 마약 운반책으로 활용하기도 한다. 마약을 미국까지 운반해주면 그 대가로 밀입국 비용 절반을 할인해주고 코요테까지 붙여줘, 확실하게 국경을 넘게 해주겠다고 꼬드긴다. 돈 없고 지친 밀입국자들은 이 솔깃한 제안을 받아들이는 경우가 적지 않다. 하지만 미국 국경수비대에 적발되면 마약 밀수 전과까지 생겨 차후에 미국에서 합법적으로 체류하는 것은 사실상 불가능해진다. 더욱이 경찰에 마약까지 압수당해 금전적으로 손해라도 입히면, 카르텔의 혹독한 보복 위협에 시달려야 한다. 그런데도 제안을 거절하기란 쉽지 않다. 국경을 주요지역을 장악한 카르텔이 요구하는 걸 들어주지 않으면, 밀입국 자체가 불가능할 뿐 아니라 죽임을 당할 수도 있기 때문이다.

미국-멕시코 국경지대에 넘쳐나는 '검은돈' 냄새를 맡은 국제 범죄조직들이 지역을 막론하고 몰려든다. 중남미계는 물론이고 중국인 등 아시아계 밀입국자가 늘면서 삼합회와 같은 중국 범죄조직도 가세했다. 특히 중국인 불법 이민자 수는 2013년 28만여 명에 달할 정도로 중남미 국가를 제외하고는 가장 많은 수준이어서, 중국 범죄조직들이 군침을 흘린다. 중국 출신 밀입국자가 멕시코 국경을 거쳐 미국으로 들어갈 때 드는 수수료는 한 명에 5만~7만 달러 수준으로 중남미계보다 훨씬 비싼 걸로 알려져 있다. 삼합회는 멕시코 카르텔과 손잡고 중국인 밀입국을 알선하고 그 김에 아시아산 마약까지 유통한다. 삼합회 조직은 아예 멕시코에 지부까지 두고 활동하는 것으로 전해진다.[44]

미국과 멕시코 사이 국경지대 상당 부분이 점점 범죄자들의 땅, 무법천지가 되어간다. 매년 수십만 명에 달하는 불법 입국자가 전 세계에서 모여들고 수많은 코요테가 이들에게 달라붙어 기생한다. 여기에 마약 카르텔까지 나서 밀입국과 마약 밀수사업을 벌이고 무장 강도도 판친다. 살인과 납치, 강도, 성폭행 등은 끊이지 않는다. 범죄조직끼리의 싸움, 카르텔과 군경과의 전쟁도 이어지고, 그

와중에 수많은 시민의 희생이 뒤따른다. 인간이 살 수 없는 이 죽음의 땅에는 언제 어디서 어떻게 들어왔는지도 알 수 없는 시체들이 부지기수로 널브러져 있다.

곤살레스도 그 험난한 여정 한가운데 길을 잃고 마지막 숨을 고르고 있었다. 미국 국경순찰대에 체포돼 멕시코에 돌려 보내지더라도 목숨만은 건지고 싶었다. 갓 100일이 된 딸과 약혼녀가 자신이 돌아오기를 손꼽아 기다리고 있었다. 그렇지만 상황은 좋지 않았다. 연락을 받은 구조대가 긴급하게 국경지역으로 출동했다. 저 드넓은 산골짜기 어딘가 있을 그가 혹시라도 들을 수 있도록 사이렌 소리를 최대한 크게 울리고 달렸다. 교환원 에스피노자는 통화를 이어가며 곤살레스의 위치를 파악하려 애를 썼다. 하지만 진척이 없었다.

──"사이렌 소리 들려요?"
"아니요."

이제는 더 버티기가 힘들었다. 배터리가 다 없어지기 전에 마지막을 준비해야 했다. 그는 에스피노자에게 약혼녀의 미국 연락처를 알려줬다. 몇 번을 확인했다. 그리고는 그녀에게 꼭 연락해 말을 전해달라고 부탁했다.

— "내가 국경을 넘는 데 성공하지 못했다고 전해주세요…. 사랑한다

　　고… 말해줘요…. 우리 아기를 잘 키워달라고…. 꼭…말해주세요.

　　그리고…."

　"그리고? 그리고 뭐요? 여보세요? 여보세요!"

　"……"

그의 시신은 발견되지 않았다.[45]

그후

장벽을 넘는 사람들

2015년 12월 어느 날. 미국 샌디에이고의 한 식당에서 저녁을 주문하고 있었다. 다음날 국경을 넘어 멕시코 티후아나를 취재할 계획이었다. 샌디에이고에서 티후아나는 약 10km 정도밖에 떨어져 있지 않았다. 단정하고 훤칠한 용모의 웨이터가 주문을 받고 있었다. 해산물 요리와 맥주를 주문하고 호기심에 말을 건넸다.

"내일 티후아나 가려는데, 요즘 어때요?"

웨이터의 대답은 뜻밖이었다.

"가지 마세요. 나라면 안 갈 거예요."

농담인 줄 알았다. 티후아나는 국경 관문 도시로 여행안내서에도 잘 소개된 관광도시인데, 가지 말라니.

"농담이에요? 관광지인데 왜?"

"너무 위험해요. 못 믿는 것 같은데, 그곳에서 온 동료가 있어요. 제가 불러줄 테니 직접 물어보세요."

잠시 뒤 맥주병을 들고 나타난 웨이터 뒤에 앞치마를 두른 청년이 따라왔다. 웨이터가 그를 소개했다.

"이 친구가 티후아나 출신이에요. 호세, 이 분이 내일 티후아나로 간대. 어떤지 얘기 좀 해줘."

"농담이죠? 가지 마세요. 너무 위험해요. 어쩔 수 없이 가야 하면 모르겠지만, 일부러 멕시코 국경을 넘어가지는 마세요. 절대로!"

멕시코 유명 관광지 가운데 한 곳으로, 매일 수많은 사람이 국경을 오가는데 왜 이렇게 말리는 걸까.

미국행 캐러밴 행렬

짐승 열차를 탈 수도, 코요테의 힘을 빌릴 수도 없는 밀입국자들은 걷는다. 무작정 미국을 향해 걷는다. 때때로 운이 좋아 화물 트럭이나 컨테이너, 승용차 짐칸을 얻어 타고 갈 수도 있다. 멕시코는 물론, 더 남쪽으로 내려가 과테말라와 엘살바도르, 온두라스 등에서도 미국 국경을 넘으려는 시도는 이어진다. 고향 땅에서는 높은 실업률과 사회적 빈곤이 만연한 데다 강도와 폭력, 살인 사건까지 끊이지 않는다. 그런데도 공권력은 제대로 보호를 해주지 못한다. 죽지 못해 사는 현실을 어떻게든 벗어나야겠다는 생각뿐이다. 변변한 차량은커녕 짐도 제대로 못 챙긴 채 고향을 등지고 떠난다. 젖먹이까지 유모차에 태우고 멀고 먼 길을 나서는 사람이 부지기수다.

언제 어디서 누가 이끄는지 모르지만, 이런 절박한 이들이 모여 행렬을 이뤘다. 서로 의지하며 함께 이동했다. 무리 지어 움직이면 멕시코 국경까지, 또 그 너머 최종목적지 미국까지 가는 과정에서 맞닥뜨려야 할 각종 위험과 범죄로부터 안전할 수 있다. 살인과 강도, 납치 등이 이들의 앞길에 만연해 있다. 또 행렬이 불어나 이목을 끌면 현지 경찰이나 시민단체의 지원을 받는 경우도 있었다. 사람들은 이들을, 과거 낙타를 타고 줄지어 이동하던 중동의 대상 무리에 빗대어 캐러밴이라고 불렀다.

중미 지역의 캐러밴 행렬은 2018년 봄 국제사회의 큰 관심을 받았다. 온두라스에서 출발한 난민들이 과테말라를 거쳐 멕시코를 지나던 길이었다. 중간중간 난민이 계속 합류하면서 규모가 수천 명으로 불었다. 이들은 멕시코-미국 국경을 향해 부지런히 발걸음을 옮겼다. 미국 언론이 "대규모 캐러밴이 미국으로 다가오고 있으며 멕시코 당국은 이들의 이동을 막지 못하고 있다"라고 전했다. 캐러밴 행렬은 계속 미국 국경 쪽으로 움직였다. 11월 미국 중간선거를 앞두고 캐러밴이 선거 쟁점으로 떠올랐다. 언론은 연일 이들의 행적을 중계하다시피 했다. 화제가 될수록 가담하는 사람이 늘어나면서 그 규모가 계속 커졌다.

10월이 되자 미국 서부 캘리포니아와 맞닿은 멕시코 국경도시 디후아나에 캐러밴 난민 수천 명이 도착했다. 당시 트럼프 미국 대통령은 이들을 침략자라 부르며 강경하게 대응할 것을 지시했다. 일부가 기습적으로 국경을 넘으려 시도하자, 미국 국경순찰대는 최루탄과 고무 총알 등을 쏘며 이들을 막았다. 국제사회 여론을 업고 미국으로 넘어가려던 난민은 난감해졌다. 캐러밴 행렬은 더 이상

미국으로 접근하지 못한 채 국경 인근에 멈춰서 텐트촌을 차려야
했다. 캐러밴 난민촌 생활은 말 그대로 풍찬노숙이었다. 세수와 용
변을 해결할 화장실이 모자라고 음식과 의복도 부족했다.[46] 바람이
불면 흙먼지를 뒤집어쓰고 비가 오면 속옷까지 젖었다. 비참한 난
민촌 생활이었지만, 그래도 본국보다는 형편이 낫다며 대부분 돌아
가길 거부했다.

난민에 대한 국제사회의 우호적인 여론과 압박에도 당시 트럼프
의 대응은 강경했다. 난민을 받아들일 수 없다는 것이었다. 사실 캐
러밴 행렬은 트럼프가 자초한 측면도 없지 않다. 취임 초기부터 노
골적으로 국경 통제를 강화했다. 히스패닉계 이민자, 특히 미국 내
멕시코인 불법 체류자를 범죄자 또는 성폭행범이라고 부르는가 하
면, 이들의 추가 유입을 막기 위해 멕시코와의 국경 전체에 장벽을
건설해야 한다고 주장하기도 했다. 3천 킬로미터가 넘는 국경선 가
운데 이미 설치된 약 1천 킬로미터 외에 나머지 2천여 킬로미터 구
간에도 모두 장벽을 세울 계획을 천명했다. 최대 250억 달러로 추
산된 엄청난 장벽 건설비용은 멕시코에 부담시키겠다고 했다. 다분
히 선거와 지지자를 겨냥한 발언들이었다. 멕시코 정부가 비용을
대지 않겠다고 하자 트럼프는 멕시코산 수입품에 대해 부과하는
관세를 높이는 등 방법으로 재원을 마련하겠다는 등 으름장까지
놓았다. 미국에서 전례 없던 초강력 국경 통제 움직임을 보이자, 수
많은 중미 지역의 난민은 마음이 급해졌다. 장벽이 더 세워지고 국
경 순찰이 강화되기 전에 서둘러 미국으로 넘어가려는 사람이 늘

어난 것이었다.

히스패닉의 반격은

───

미국 내에서 멕시코를 포함한 히스패닉계 이민자에 대한 경계심을 느끼는 것은 트럼프뿐만이 아니었다. 백인과 흑인이 이끌어온 미국 내 주류사회에도 이런 기류는 이미 상당히 퍼지고 있었다. 미국 내 히스패닉 인구와 그들의 영향력이 기존 사회 구조와 기득권 세력 구도에 상당한 변화를 초래할 만큼 빠르게 성장해왔기 때문이다.

우선 인구 면에서 히스패닉계는 소수인종 가운데 가장 빠른 증가세를 보여왔다. 1965년만 해도 미국 인구의 80% 이상이 백인이고 나머지 20%가 아프리카계와 아시아계, 히스패닉계 등 소수인종이었다. 그런데 히스패닉계 이민자가 갑자기 늘어나면서 1960년대 이후 전체 이민자 가운데 히스패닉계가 40%를 넘더니 최근엔 절반 가까이 기록하고 있다. 히스패닉계는 출산율도 높아 전체 미국 인구에서 차지하는 비중도 급증했다. 전통적으로 미국 내 최대 소수인종은 아프리카계였지만, 2010년부터는 히스패닉계가 전체 인구의 약 16%로 아프리카계를 누르고 제1의 소수인종 자리에 올랐다.[47] 이후 10년도 안 돼 히스패닉 인구 비율은 18%로 올라 60%대로 떨어진 백인을 뒤쫓게 됐다. 이미 인구 약 13%인 아프리카계와 약 6%인 아시아계를 훌쩍 넘어 미국 내 최대 소수인종의 위치를 차지하게 됐다. 멕시코 출신 인구만 해도 2015년 3690만 명으로 미국 전체 인구의 11%를 넘어섰다.

여기에 더해 불법 입국하는 히스패닉 인구도 많다. 미국 내 전체 불법 이민자 수는 약 1천2백만 명으로, 미국 전체 인구의 3%가 넘는 규모로 추산된다. 이 가운데 멕시코 출신은 약 5백만 명, 중남미 출신이 190만 명에 달한다. 나머지 3백여만 명이 아시아와 아프리카, 유럽 등 기타 지역 출신이다. 매년 미국에 들어오는 불법 이민자는 2000년대 초반 약 47만 명으로 절정에 달한 뒤, 미국 정부의 국경 통제와 이민정책이 강화되자 2010년 이후 7만 명 수준으로 떨어졌다. 어쨌든 이들 가운데 거의 절반은 멕시코 출신이다.[48]

합법이든 불법이든 늘어난 히스패닉계는 미국 사회에서 빠르게 세력을 확장했다. 특히 멕시코와 인접한 주에서는 히스패닉 주민의 영향력이 상당하다. 지역별로 히스패닉 주민 규모를 보면 캘리포니아가 약 1천3백만 명으로 가장 많고 텍사스가 860만 명으로 전체 주 인구의 약 4분의 1에 달한다. 플로리다도 380만 명 정도 거주한다. 히스패닉계는 접경지대뿐 아니라 주요 대도시에도 두루 분포돼 있다. 마이애미 시는 인구의 약 절반이 히스패닉이고 로스앤젤레스는 약 40%, 동부 지역의 뉴욕 시도 약 30%이다. 지금의 인구 증가 속도라면 향후 30년 뒤 미국 인구 중 백인 비중은 전체의 절반 아래로 떨어질 거란 전망도 나온다.[49]

인구 증가는 곧 유권자 증가로 이어지고, 이는 필연적으로 정치적 영향력 발언권 확대를 의미한다. 히스패닉 유권자 수는 약 2천9

백만여 명으로 총 유권자의 13%에 육박한다. 히스패닉계 가운데는 어린 인구가 많아 이들이 선거연령인 18세가 될 때면 유권자 수는 더욱 늘어날 전망이다. 2014년 이후 매년 1백만 명꼴로 히스패닉 유권자가 증가했다. 주별로는 뉴멕시코 주는 전체 유권자의 40%, 캘리포니아와 텍사스가 30%, 애리조나와 플로리다가 약 20%가 히스패닉 유권자다.[50]

히스패닉계 출신 유력 정치인과 고위 관리도 대거 등장 히스패닉의 권익과 이해를 대변하게 됐다. 부시 행정부에서 곤살레스 법무부 장관과 쿠티에레스 상무장관 등이 고위 관직에 올랐고, 마르코 루비오 플로리다주 상원의원은 2016년 대통령선거 경선 때 당시 트럼프 후보와 경쟁하기도 했다. 미국 정부에는 트럼프 행정부를 제외하곤 1988년 이래 약 20년 동안, 히스패닉계가 내각에 포함되지 않은 경우가 한 번도 없을 정도다.

전통적으로 백인과 아프리카계가 주류였던 미국 사회에서 히스패닉의 급부상은 위협적이고 견제의 대상으로 보는 게 어쩌면 자연스럽다. 더욱이 히스패닉 이민자는 이전에 유럽과 아시아에서 왔던 이민자들과는 좀 다른 양상을 보여왔다. 예전엔 이민자들이 국적과 출신을 불문하고 미국 주류국경 산업문화에 동화돼 용광로처럼 하나가 됐지만, 히스패닉계는 자신들만의 정체성을 버리지 않고 간직하는 경향이 두드러진다. 전체 국민의 20%에 육박하는 인구가 '그들만의 세계'를 구축하자 불안감이 커졌다. 이미 1980년대부터 주요 언론이 이들에 대해 '침입자'이니, '범죄자'이니 표현을 써가며 경계심을 자극했다. 몇 년 전부터는 히스패닉계가 그들만의 나라를 세울 수 있다는 극단적인 전망까지 나왔다. 미국 남서부에 정착한 히스패닉계가 문화적, 인종적 유대가 깊은 멕시코 북부와 연합해 새로운 나라를 만들 수 있다는 것이다.[51]

《문명의 충돌》로 유명한 미국 정치학자 새뮤얼 헌팅턴은 멕시코 이민자들이 지리적, 사회적, 문화적으로 미국 남서부를 재정복하는 중이라고 분석했다. 그러면서 멕시코인이 많이 사는 지역은 자치적이고 독립적인 구역이 되어, 궁극적으로 미국 내에서 사실상 또 다른 국가를 형성하게 될 것이라고 경고했다.[52]

히스패닉 없으면 패닉 올까

이민자에 대한 미국 사회의 감정이 악화할 때마다 멕시코와의 국경 통제가 강화돼왔다. 그러나 장벽을 세우고 이민 규제를 강화하는 게 쉬운 일만은 아니다. 브라세로와 마킬라도라, 나프타 등을 통해 반세기 이상 경제 협력을 해온 두 나라는 경제가 너무 밀접하게 상호 연관돼 국경 이동이 어려워지면 교류 협력이 타격을 받을 수밖에 없기 때문이다. 미국은 인건비가 자국민의 10분의 1 수준으로 싸고 풍부한 멕시코 근로자와 자원 등이 필요하고, 대외무역의 90%를 미국에 의존하는 멕시코는 미국 시장 없이는 경제가 지탱하기 힘들 지경이다. 더욱이 멕시코로서는 미국에 사는 교포는 중요한 외화 소득원이기도 하다. 해외 거주 멕시코인이 본국에 보내는 돈은 연간 247억 달러에 달하는데 이 중 95%가 미국 내 멕시코 인이 보내는 것이다. 이는 멕시코가 석유를 수출해 벌어들이는 돈 185억 달러보다 더 많다.[53]

매일 국경을 넘어 미국으로 들어오는 멕시코인은 약 46만 명에 달한다. 멕시코는 캐나다와 중국에 이어 미국의 3대 교역국으로, 연간 양국 무역 규모는 약 7천억 달러다. 특히 두 나라 사이 수출입 물량 가운데 4천억 달러 치는 트럭으로, 8백억 달러 치는 기차로 운 송된다. 이 때문에 국경을 닫으면 하루 13억 달러 상품 교역에 차질 이 불가피하게 된다.[54] 멕시코에서 생산된 첨단 컴퓨터 부품과 전 기기계, 자동차 부품과 소재는 차량으로, 멕시코산 광물과 플라스 틱 원료 등은 철도로 운송되기 때문에 공급이 끊기면 미국 내 관련 산업은 비상이 걸릴 수밖에 없다. 미국으로서는 멕시코가 옥수수와 콩 등 미국산 농산물의 3대 수입 시장 가운데 하나이고, 미국산 낙 농 제품과 고기, 가금류 수출 물량의 4분의 1을 멕시코에서 소비해 준다. 약 6만 개의 미국 기업이 멕시코에 수출하고 관련 일자리만 120만 개에 이른다. 멕시코로 수출되는 미국 상품은 2430억 달러 규모이다. 두 나라 사이 국경에 빗장이 잠긴다면 무역의 흐름이 막 혀 미국 내에서만 1백만 개의 일자리가 타격을 받고 매일 3억5천 만 달러, 연간 1천3백억 달러의 손실을 줄 것으로 추산된다.[55]

2018년 이후 시작된 캐러밴 행렬에 놀란 트럼프는 멕시코가 난 민 행렬을 막지 않으면 국경을 일부 또는 전부 폐쇄할 수도 있다고 으름장을 놨지만, 이런 이유로 양국 간 국경 폐쇄는 함부로 꺼내들 수 있는 카드는 아니다. 트럼프는 이민 규제 강화로 캐러밴에 대응했다. 캐러밴에 포함된 과테말라와 온두라스, 엘살바도르 등 남미 난민들은 경유지인 멕시코 등 다른 나라에 먼저 일차적으로 망명 신청을 해야 한다. 첫 번째 망명 신청에서 거부당해야 비로소 미국에 망명 신청을 할 수 있게 했다. 이들의 미국행이 말 그대로 자기 나라의 위험한 상황에서 벗어나려는 의도에서 하는 것이라면, 굳이 미국에 난민 신청을 고집할 필요는 없다는 논리다. 궁극적으로는 중미지역 난민들이 멕시코와의 국경을 통해 무작정 들어오는 것을 막겠다는 의지를 밝힌 셈이다.

미국 정부가 이렇게 강경하게 버티자 캐러밴 난민촌의 북적이던 모습은 이제 찾아보기 힘들게 됐다. 미국의 압박을 받은 멕시코 정부도 군대까지 동원해 이들을 해산시켰다. 난민들을 본국으로 돌아가게 하고 거부하는 사람은 수용소에 보냈다. 이 때문에 2천 명에 달하는 중미, 쿠바, 아프리카계 이주민이 수용소 생활을 한다. 이후에도 과테말라 등에서 새로운 캐러밴 행렬이 만들어졌지만, 미국 국경에 가까이 접근하기도 전에 봉쇄돼 뿔뿔이 흩어졌다. 캐러밴에 관한 관심이 잦아들자 다시 이들은 범죄조직의 먹잇감으로 전락했다. 비상금은 빼앗기고 부녀자는 성폭행당하고 어린아이들은 납치됐다. 멕시코 공권력의 보호도 제대로 받기 힘들게 되면서, 일부는 미국의 국경장벽을 넘어 일부러 체포되는 사람도 생겼다. 불안한 난민촌에서 지내기보다는, 차라리 붙잡혀 미국 수용소에 구금된 뒤 난민 신청을 하려는 것이다.

미국으로 몰려드는 히스패닉 인구가 많아질수록 미국 사회에서는 이들을 불안과 위협의 요소로 느끼는 시각도 많아지고 있다. 하지만 미국 인구는 감소하는 추세이다. 미국 내 히스패닉계의 역할이 커지고 미국 사회 곳곳에서 이들에 대한 의존도도 높아지면서 히스패닉이 없으면 패닉Panic, 즉 공황이 올 거라는 말까지 나온다. 2021년 취임한 조 바이든 대통령은 트럼프가 추진한 멕시코 국경 장벽 건설 작업을 중단시키는 행정명령을 내리고 의회에 통지했다.

멕시코 입장에서 오늘날의 양국 관계를 보면 어떨까. 스페인에서 독립한 멕시코가 미국에 빼앗긴 땅은 현재의 캘리포니아주와 애리조나 주, 뉴멕시코 주, 텍사스 주, 네바다 주, 유타 주 전부와 콜라라도 주, 와이오밍 주, 캔자스 주, 오클라호마 주 일부에 걸쳐 있다. 현재 멕시코 전체 인구가 1억2천만 명 수준인데, 이 빼앗긴 지역에 사는 사람이 7천만 명이 넘는다. 그뿐만 아니라 이들 지역의 역내 총생산량은 멕시코 국내총생산의 4~5배 규모다. 시간은 흘러가고 역사는 되돌릴 수 없지만, 이 넓고 풍족한 조상들의 땅이 번성하는 모습을 지켜보는 멕시코인의 심경은 복잡할 수밖에 없다.

남북한 사이 군사분계선은 '가장 폐쇄적인 장벽'이란 평가를 받는다. 인류 역사 상 수많은 장벽이 세워졌지만 이렇게 완벽하게 양측의 이동을 통제한 장벽은 찾아보기 힘들다. 비무장지대는 원래 군사적 긴장을 완화하겠다며 만들어졌는 데, 역설적으로 전 세계에서 군사 긴장도가 가장 높은 곳으로 꼽힌다. 분단의 장벽이 세워진 지 어느 덧 70년. 이제 장벽이 사라지길 소망하지만 그렇게 되 더라도 우리에겐 풀기 힘든 또 다른 숙제가 남는다.

4장

가장 폐쇄적인 장벽

DMZ

사건

그 전쟁의 시작

———

1950년 6월 25일 비가 갠 서울 하늘은 맑았다. 일요일 아침, 미국 워싱턴은 토요일 저녁이었다. 오전 10시 거리에 군용 지프가 다급하게 나타났다. 차에 탄 헌병들이 "장병들은 당장 복귀하라!"라며 소리쳤다. 하루 전날인 24일 그동안 군에 내려졌던 비상경계령이 해제돼 장병들이 대거 휴가와 외박을 나간 상태였다. 군용트럭들은 병사를 잔뜩 실은 채 북쪽으로 계속 올라갔다. 시민들은 불안한 표정으로 이를 지켜보고 있었다. 38선에서 또 무슨 일이 벌어진 건가? 북한은 그동안 옹진 반도에 포사격을 하는 등, 38선 주변에서 몇 차례 도발을 해왔던 터였다. 서울의 신문사들은 시내 곳곳에서 호외를 뿌렸다. 북한군이 새벽에 38선을 넘어와 교전이 벌어졌다는 소식이었다. 한국전쟁이 발발했다.

　점심때쯤 라디오 방송을 통해서도 전황이 전해졌다. 국군이 인민군 전차 7대를 격파하고 일개 대대를 섬멸해 대포 등 무기까지 대거 노획했다고 했다. 그런데 이튿날부터 의정부 등 북쪽에서 피란민들이 줄지어 내려오기 시작했다. 붕대로 싸매고 전신 곳곳에 핏자국인 부상병들이 후송됐다. 그간 정부는 전쟁이 터지면 당장 평양을 점령하고 통일할 것처럼 큰소리를 치며 호언장담을 했지만, 국군은 밀리고 있었다. 서울 상공엔 인민군 표식을 단 비행기들이 날아다니며 폭탄을 떨어뜨렸고, 대통령 거처인 경무대까지 폭격을 맞았다. 이승만 대통령은 6월 27일 새벽. 전쟁이 일어난 지 50시간도 채 안 돼 전용열차를 타고 서울을 떠났다.

그날 밤 라디오에서는 정부와 국회가 임시로 수원으로 옮기게 됐다는 소식이 전해졌다. 서울 시민들은 큰일이 터졌음을 직감하고 너도나도 피란길에 올랐다. 그날 서울을 떠난 피란민이 40만 명에 달했다. 이승만이 서울을 떠난 지 하루도 채 안 된 6월 28일 새벽, 서울에서 한강을 건너 남쪽으로 통하는 유일한 통로 한강 다리가 폭파됐다. 북한 인민군과 전차가 더는 남하할 수 없게 하려는 것이었다. 하지만 너무 서둘러 다리를 폭파해버리는 바람에 국군과 피란민들이 대피할 시간조차 충분하지 않았다. 북한군은 다리를 폭파한 뒤 10시간 뒤 한강에 다다랐다.[1] 전쟁이 벌어진 지 사흘만이었다. 북한군은 어떻게 이처럼 순식간에 서울을 함락할 수 있었던 것일까.

김일성의 꿈

김일성에게 스탈린은 우상이었다. 김일성은 만주에서 게릴라 지휘관으로 항일 독립운동을 하다 소련군에 입대했다. 대대장으로 소련군 지휘관 자리까지 오른 김일성은 소련의 도움을 받아 일본으로부터 독립을 쟁취하려고 생각했다. 소련을 장래 독립국 조선의 모델로까지 추종했다. 제2차 세계대전이 끝나자 한반도는 해방과 함께 분할됐다. 38선을 경계로 이남은 미국이, 이북은 소련이 각각 나눠 점령했다. 소련 공산당 서기장 스탈린은 38선 이북의 지도자로 김일성을 세우고 소련군과 함께 평양에 보냈다.[2] 자신을 지도자로 발탁해준 김일성에게, 스탈린의 말은 곧 법과 같았다.

김일성에게는 야욕이 있었다. 한반도의 북쪽 반만 통치하는 것에 만족할 수 없었다. 소련제 장비로 무장한 군대를 이끌고 남한으로 쳐들어가 분단된 조선을 하나로 만들고 싶었다. 하지만 남한을 침공하려면 먼저 스탈린의 허락을 받아야 했다. 1949년 3월 4일 김일성은 부수상 겸 외무장관 박헌영과 함께 모스크바를 방문해 남침을 제안했다. 소련이 무기와 장비 등 지원을 해준다면 한반도를 해방할 수 있다며 설득했다. 하지만 스탈린은 미국이 두려웠다. 남한에는 미군이 주둔하고 있었고, 북한이 소련 지원 아래 전쟁을 일으키면 곧 미국과 소련의 대결로 확대될 것을 우려했다. 당시 북한 인민군 전력은 남한 군대보다 결코 압도적이지 않았다. 그는 "미국이 개입하지 않고 전쟁을 단기간에 끝낼 수 있다는 보장이 있어야 남침을 허용할 수 있다"며 김일성의 제안을 거부했다.

김일성은 바로 중국과 접촉했다. 중국 공산당도 남한에 대한 선제공격, 즉 남침에 대해서는 회의적인 반응이었다. 단, 꼭 필요하면 중공군 조선인 사단을 지원해줄 수 있다며 여운을 남겼다. 김일성의 남침 계획은 사실상 소련과 중국 모두에게 퇴짜를 맞은 셈이었다.

1949년 말 한반도 주변 정세가 급변했다. 중국 공산당이 21년 동안 이어진 국민당과의 내전에서 승리하고 중화인민공화국이 탄생했다. 광대한 중국 본토가 공산당 손에 들어가고 미국의 막대한 지원에도 패퇴한 국민당은 대만 섬으로 들어가 갇힌 신세가 됐다. 1949년 6월에는 한반도에 주둔하던 미군이 일방적으로 철수해버렸다. 한때 7만 명에 달하던 미군은 이제 5백 명도 채 안 되는 군사 고문단만 남기고 모두 한반도를 떠났다. 1950년 1월 12일 미국 애치슨 국무장관은 미국의 극동방위선을 일본과 필리핀까지 설정한다고 발표했다. 한반도와 대만은 여기서 제외됐다. 공산주의 확산에 맞선 미국의 대아시아 정책에 선을 그은 것이었다.

애치슨 선언이 발표되고 한 달도 안 돼 스탈린은 "김일성을 도울 준비가 돼 있다"고 밝혔다. 1950년 김일성은 다시 모스크바를 방문해 스탈린을 세 번 만났고, 마침내 남한을 공격해도 좋다는 허가를 받아냈다. 1년 전부터 스탈린에게 매달려 48차례나 남침 승인을 요청한 끝에 얻어낸 승낙이었다.[3] 스탈린은 김일성에게 공격 방침까지 알려줬다. 우선 38선 근처에 북한군을 집결시켜 공격 준비를 한다. 그런 다음 남한에 먼저 통일 방안을 세안한다. 남한이 이를 거절하면 옹진 반도를 점령하고 남한이 반격하면 전선을 확대해 싸운다. 스탈린은 소련군이 전쟁에 직접 참여하지는 않을 것이며, 북한이 군사 행동을 하기 전에 마오쩌둥의 허락을 먼저 받아올 것을 주문했다.[4]

마오쩌둥은 김일성을 지원할 것을 약속했다. 미국이 개입하면 중국이 나서 북한을 도와주겠다고 했다. 애초 중국의 계획은 국민당이 도망친 대만을 먼저 해방한 다음 북한을 지원하려는 것이었다. 하지만 스탈린이 한반도를 먼저 해방하기로 한 만큼, 미군이 한반도에 투입된다면 북한을 돕기로 했다. 대신 자신들이 군 병력을 투입하면 소련이 공군 등 지원을 해줄 것을 바랐다. 마오쩌둥은 미국이 참전해 한반도에서 승리한다면 곧이어 중국 본토를 위협할 것이라며 공산당 지도부를 설득했다. 마오쩌둥은 김일성에게 전쟁을 승인하고 원조까지 약속했다.

김일성은 소련과 중국으로부터 허락이 떨어지자 남침 준비에 박차를 가했다. 소련이 약속한 무기와 장비가 속속 북한으로 들어왔다. 소련으로부터 1억3천 루블 상당의 무기와 장비를 원조받고 그 대가로 금과 은을 50톤 가까이 지급했다. 이 장비로 보병 3개 사단을 무장시켰다. 당시 북한의 인민군 규모는 한국군의 두 배에 가까웠다. 한국군이 약 10만4천 명인데 반해 북한군은 18만9천 명에 달했다. 게다가 북한군은 소련제 전투기 84대에 T-3전차 242대, 야포 560여 문 등으로 무장했다.[5] 준비가 계획대로 진행되자 김일성은 전쟁 결과를 낙관했다.

파죽지세의 인민군

막상 전쟁이 터지자 한국군은 생각보다 더 취약한 것으로 드러났다. 북한군은 남침 사흘째인 27일 서울을 점령했다. 개전 당일 유엔 안전보장이사회는 북한의 도발을 침략 행위로 규정하고 38선 이북 으로 물러갈 것을 요구했지만, 북한은 듣지 않았다. 유엔 안보리는 이틀 뒤 유엔군 파병안 결의안을 채택했다. 한반도의 위기를 실감 한 미국도 발 빠르게 움직였다. 개전 72시간 만에 전쟁에 개입하기 로 했다. 트루먼 대통령은 한국을 돕기 위해 참전하고 대만해협에 는 제7함대를 파견할 것이라고 밝혔다.

북한군의 남진은 거침이 없었다. 한반도에서 철수했던 미군이 다시 돌아와 전선에 투입됐지만, 미군도 제대로 준비가 안 되긴 마 찬가지였다. 제2차 세계대전에서 승리한 미군은 자만했다. 제대로 손도 쓰지 못한 채 북한군에 속절없이 밀렸다. 철저히 준비된 인민 군은 미군 앞에서도 진격을 거듭했다. 서울을 접수한 북한군은 한 국군과 미군의 방어선을 하나둘 거침없이 깨부수며 대전을 거쳐 추풍령을 돌파했다. 김천과 진주, 안동 등 요지를 잇달아 점령하고 낙동강 북쪽에 다다랐다. 전쟁이 시작되고 단 두 달이 지날 무렵, 북한군은 남한 영토의 90%를 점령했다. 마지막 남은 것은 경상도 일대뿐이었다. 남한은 풍전등화와 같은 상황에 처했고 한반도는 곧 공산화될 것 같았다.

유엔군은 낙동강 전선을 최후의 보루로 삼아 북한군 남하를 필 사적으로 저지하고 있었다. 낙동강 전선은 남북으로 약 160km, 동 서로 약 80km에 걸쳐 전개돼 있었다. 그 뒤로는 부산과 대구, 포항, 경주 등 도시가 마지막으로 위태롭게 버티고 있었고, 전국에서 온

낙동강 방어선(1950년 8월 상황)

피란민들은 대구와 부산으로 몰려들었다. 8월 말 북한군이 부산 진격을 준비할 무렵 미군 증원군이 속속 도착하고, 유엔군으로 참전한 다른 나라 군대도 계속 합류했다. 이 무렵 유엔군 병력은 북한군의 두 배 수준에 달했다. 유엔군의 공군 전력도 순식간에 북한을 압도하기 시작했다.

파죽지세로 내려오던 북한군도 낙동강 전선에서 더 이상 전진하지 못했다. 두 달 동안의 총공세로 북한군은 약 6만 명의 병력이 전투력을 상실했다. 빠르게 남하하면서 후방 병참선은 갈수록 길게 늘어졌고 보급품 운송에도 어려움을 겪어야 했다. 유엔군 전투기는 수백 킬로미터에 걸쳐 펼쳐진 북한군 병참선에 계속 폭격을 가했다. 유엔군은 북한 후방은 물론, 평양과 원산, 흥남 등 38선 이북 공업 도시까지 맹렬하게 폭격을 가해 인민군 군수품 생산에도 차질을 빚기 시작했다. 미군의 대전차 무기들도 속속 전장에 투입돼 위력을 발휘하면서 북한군 전차는 두 달 만에 3분의 1 수준으로 급감했다. 개전 이후 줄곧 후퇴만 하던 남한군과 유엔군은 낙동강 전선에서 전열을 가다듬어 북한군 공격을 저지하고 있었다. 낙동강 전선에서 양측 간 치열한 공방이 이어지며 전쟁도 교착 상태에 빠졌다. 2주 내, 길어도 두 달 안에 전쟁을 끝내고 한반도를 통일할 수 있다고 장담했던 김일성은 서서히 꿈에서 깨어나야 했다.

가장 실패할 것 같은 작전

한국전쟁이 3개월째 접어들 때쯤 미군이 대대적으로 한반도에 상륙할 것이란 소문이 돌았다. 일본에서는 이미 미군 부대가 상륙 훈련을 하고 있었으며, 미국을 비롯해 유엔 참전국들이 보낸 선박이 항구마다 가득했다. 1950년 9월 15일 새벽 두 시, 진짜 미군의 상륙직진 명령이 떨어졌다. 작전지역은 최악의 상륙 지점으로 평가된 인천이었다. 최대 9m에 달하는 세계 최고수준의 조수간만 차이와 썰물 때 발이 푹푹 빠지는 개펄이 최대 4km까지 펼쳐져 상륙하는 군인들의 발목을 잡는 지형이었다. 진격속도가 느리면 그만큼 상대방의 공격에 노출될 확률은 높아질 수밖에 없었다. 더욱이 해안 가운데는 월미도라는 섬이 자리하고 있어 해안수비대가 주둔하며 상륙을 저지하기에도 좋은 입지였다. 하지만 맥아더는 이런 곳이야말로 침투를 예상하지 못하는 곳으로, 적의 허를 찌르기에 적격이라고 판단했다. 제대로 공략할 수만 있다면 북한군의 전방을 고립시킬 최적지라는 것이었다. 이미 두 달 전부터 그는 인천을 상륙 거점으로 거론한 상황이었다.

기함 매킨리 호 함교에 앉은 맥아더는 망원경 렌즈를 통해 저 멀리 어두운 인천 해안을 바라보며 상륙작전을 지휘했다. 순양함 4척과 구축함 8척의 함포가 불을 뿜었다. 한 시간도 안 돼 2845발의 포탄이 북한군 수비대가 있는 월미도와 인천항 일대에 떨어졌다. 인천항 부근을 지키던 북한군 병력 약 1천 명은 폭탄 세례 속에서 저항해봤지만 역부족이었다. 미 해병대와 공병대가 속속 상륙했다. 공군은 인천으로 연결되는 도로에도 폭탄을 퍼부어 북한군 지원부대를 차단했다. 미군은 인천항과 인천 시내를 빠르게 점령했다. 당일에만 해병대 병력 1만8천 명과 보급품, 전차 등이 인천에 상륙했고, 이후 나흘 동안 유엔군 병사 약 5만 명이 인천으로 들어왔다.[6] 적의 허를 완벽하게 찌른 인천상륙작전은 대성공이었다.

인천상륙작전의 성공으로 전쟁 3개월 만에 전세가 180도 역전되는 기적 같은 상황이 연출됐다. 교두보를 마련한 유엔군은 주요 보급선을 차단하며 북한군 허리를 끊어버렸다. 낙동강 전선을 뚫으려고 병력을 경상도에 집중했던 인민군은 보급로가 단절되면서 맥없이 무너지기 시작했다. 전세가 밀리자 전선을 이탈하고 도망가는 인민군 병사가 속출했다. 전세를 뒤집은 유엔군은 남한에서 거침없이 인민군 진영을 무너뜨리고 북한 쪽으로 치고 올라갔다. 다시 서울을 수복한 한국군은 북진을 원했다. 전쟁이 시작된 이래 두 달 동안 연전연패하며 국민적 비난에 시달려온 한국 정부와 군대는, 압록강까지 단숨에 치고 올라가 실추된 명예를 회복하고 싶었다. 맥아더가 이끄는 유엔군은 38선 너머로 진격했다. 10월 초 맥아더는 김일성에게 적대 활동을 그만두고 무조건 항복하라는 최후통첩을 날릴 정도였다.

항복 권고 성명까지 접한 김일성은 다급했다. 소련에 보병을 지원해달라고 요청했지만, 스탈린은 응하지 않았다. 대신 중국에 도움을 청하라는 답변이 돌아왔다. 스탈린은 여전히 미국과의 직접 대결은 꺼렸다. 김일성은 중국에 긴급 서신을 보내 인민해방군을 파병해줄 것, 그리고 만일의 사태가 발생하면 중국 내에 북한 임시정부를 세우도록 허용해 달라고 부탁했다. 그런데 중공군도 즉각 군사개입을 망설였다.[7] 그러는 동안 유엔군은 인민군의 저항을 연이어 물리치며 한반도 북쪽 끝까지 밀고 올라가 중국과 접경지역에 이르렀다.

중공군의 개입

중국 공산당 지도부는 파죽지세로 밀고 올라오는 미군을 보며 머리가 복잡해졌다. 중국 입장에서 한국전쟁은 쉽게 뛰어들 전쟁은 아니었다. 국공내전을 치르느라 국내 정치상황은 아직 불안했고, 국민당이 점령한 대만 문제도 해결해야 했다. 신생국으로 아직 입지가 불안정한 상태에서 미국과의 정면충돌은 피하고 싶었다. 마오쩌둥의 머리는 복잡했지만, 결정을 내려야 할 시간이 다가오고 있었다.

이즈음 미국 대통령 트루먼도 고심 중이었다. 중국과 소련이 한반도 전장에 뛰어들면 전쟁 양상은 복잡하게 진행될 것이었다. 미국 중앙정보국 CIA는 "중국도, 소련도 한국전에 전면 개입할 가능성은 없다"고 트루먼에게 보고했다. 도쿄 지부 등 극동 정보원들이 북한 국경 주변에 중공군 30만 명이 집결하고 이들이 북한으로 진격할 수 있다고 보고했지만, 트루먼에게 전달되지 않았다. 한국전쟁을 총지휘해온 맥아더는 오히려 이런 정보를 보고한 요원을 체포하라는 명령까지 내렸다.[8] 트루먼에게는 한반도 전황이 정확하게 전해지지 않고 있었다.

트루먼은 한반도 상황을 명확하게 파악하려고 태평양의 웨이크 섬으로 날아가 직접 맥아더를 만났다. 트루먼이 중국과 소련의 개입 가능성을 묻자, 맥아더는 그럴 가능성이 거의 없다고 답했다. 만주지역에 있는 중공군이 섣불리 한국전에는 참전하지 않으리라고 내다봤다. 더욱이 이때는 이미 미군이 남한에 공군기지 건설까지 마친 상태였다. 육군 중심인 중공군이 개입했다가는 미국 공군에 초토화될 수 있으므로 모험을 감행하진 않을 것이라고 자신했다.

하지만 명백한 오판이었다. CIA와 맥아더의 이런 판세 분석은 미군을 압록강까지 강하게 밀어붙이도록 만들었고, 이는 곧 중공군의 개입을 초래했다. 한국전쟁의 흐름을 바꿀 또 한 번의 결정적인 장면이었다.

결국 중국 공산당은 미국에 대항해 조선을 돕는다는 항미원조抗
美援朝를 명분으로 참전을 결정했다. 한반도와 대만, 베트남 등 세 방면에서 압박해오는 미국을 견제하지 않을 수 없었다. 마오쩌둥은 한반도에서 미군과 맞설 수만 있다면 국내는 물론, 대외적으로도 자신의 입지를 다질 수 있을 것으로 생각했다. 그는 당 중앙정치국 회의에서 "우리는 한반도에서 미국과 싸울 것이다. 미국이 원자폭탄을 사용하든 말든 우리는 끝까지 싸울 수밖에 없다"며 참전을 독려했다.[9] 미국과의 대결을 꺼려 소극적이던 소련의 태도도 바뀌었다. 중국 국경 바로 근처까지 다다른 미군을 더 이상 지켜볼 수만은 없다는 판단이었다. 중국이 북한에 육군 병력을 지원하고, 소련은 미군보다 상대적으로 열세인 공군을 파견하는 데 합의했다. 중국은 10월 15일 참전하기로 하고 펑더화이를 사령관으로 임명했다.

중국은 북한에 파병하는 군대를 '인민지원군'이라고 이름 붙였다. 중공군 병사들에게 북한 인민군 군복을 입히고 인민군 깃발을 앞세우게 했다. 주요 지휘관까지 북한 이름을 사용하도록 했다. 신생국으로 유엔군과 전쟁을 벌이는 모습으로 비치는 것을 꺼렸기 때문이다. 중국이 수십만 명의 지원군을 보내기로 하면서 지휘권 문제를 놓고 갈등이 생겼다. 중국은 자신들이 직접 인민지원군을 지휘해야 한다는 의견이었지만, 김일성은 주권 문제가 걸려 있다며 이를 받아들려 하지 않았다. 이에 소련이 개입해 교통정리에 나섰다.[10] 북한군과 중공군에 통합지휘부를 조직하도록 압박해 결국 조중연합사령부를 창설했다. 북한 인민군과 중국 인민지원군 모두 연합사령관의 지휘를 받게 됐다.

1950년 10월 19일 중공군이 압록강을 건넜다. 사실상 괴멸 직전이던 북한 인민군을 대신해 중공군이 전면에 나서게 된 것이었다. 이제부터 한반도에서 벌어지는 전쟁의 주인공은 마오쩌둥과 그의 군대였다.

확전할 것인가, 멈출 것인가

소위 인해전술을 앞세운 중공군은 강력했다. 북한 압록강까지 밀고 올라왔던 미군을 곳곳에서 격파하며 불과 두 달도 안 돼 전선을 다시 38선 부근까지 끌어내렸다. 중공군 개입 이후 전세는 어느 한쪽도 승리를 장담할 수 없는 상황으로 진행됐다. 맥아더는 워싱턴에 중국 해안을 봉쇄하고 추가 파병을 해달라고 요청하는 등 확전을 주장했다. 그는 처음부터 한국전쟁을 확대해 중국 공산당까지 깨부수고 싶어 했다. 하지만 중국·소련과의 전면전 확대를 우려한 워싱턴은 이를 받아들이지 않았다. 트루먼 정부는 이미 국제전이 돼버린 한국전쟁을 어느 정도까지 끌고 갈 것인지를 결정해야 했다. 일단 낙동강까지 밀리던 유엔군이 다시 38선을 회복하면서 체면치레는 한 셈이었고, 미군 희생이 더 커지기 전 적당한 시기에 발을 뺄 생각이었다. 중국 측에 정전 의사를 타진할 방법까지 모색하기 시작했다.

하지만 맥아더는 막무가내였다. 트루먼은 중공군이 참전하지 않을 것이라는 오판을 내린 것도 부족해 확전을 주장하는 70대 늙은 장군 맥아더에게, 더는 유엔군 사령관직을 맡길 수 없었다. 더욱이 맥아더는 군 최고통수권자인 트루먼의 명령을 여러 차례 불복하고 안하무인으로 행동하는 등, 두 사람은 좋은 관계를 이어가기 힘들었다. 트루먼은 전쟁 발발 10개월 만에 맥아더를 최고사령관 직위에서 해임하고 그 자리에 리지웨이 중장을 앉혔다.

중공군 개입 이후 유엔군의 북진 공세는 한풀 꺾이고 어느 쪽도 승기를 잡지 못한 채 일진일퇴의 공방이 이어졌다. 지루한 소모전이었다. 전선도 일 년 전 전쟁이 발발했을 당시와 비슷하게 형성돼 도로 제자리였다. 미국은 한반도 주변에 전체 육군의 3분의 1, 공군의 5분의 1, 해군의 절반을 집중적으로 투입했다. 총병력은 전쟁 초기 42만 명에서 70만 명까지 증가했고 1년 동안 약 10만 명의 미국 청년이 희생됐다. 전쟁비용만 해도 이미 미국이 제2차 세계대전 첫해에 쓴 것보다 더 많았다. 그런데도 중공군을 제압하기란 쉽지 않았다. 설상가상으로 영국과 프랑스 등 유엔 동맹국들은 군사를 추가 지원하기 힘들다고 난색을 보였다. 만약 소련까지 참전한다면 이제 전쟁은 어떻게 전개될지 알 수 없었다. 이 정도 희생과 대가를 치르고 한반도의 통일을 달성하는 게 미국의 국익과 어떻게 연결되는 건지 판단조차 흐려졌다.

힘든 것은 중국도 마찬가지였다. 현대적인 장비와 최신 무기로 무장한 미군을 상대로 인해전술로 싸우는 것은, 말 그대로 소모적이고 큰 희생이 뒤따랐다. 이미 70만 명이 넘는 병력이 투입돼 있는데, 대만과 티베트 등 내부 문제도 해결되지 않은 상태였다. 김일성을 위한 한반도 적화통일은 중국 공산당의 최우선 목표가 될 수 없었다.

미국 정부는 휴전할 의사를 중국 측에 전달할 중개인으로 유엔 주재 소련대사를 찍고 물밑 접촉을 벌였다. 미국의 의중을 알게 된 소련대사는 이를 중국에 전했고, 마오쩌둥과 김일성도 이를 받아들였다. 전쟁이 벌어진 지 1년 만인 1951년 6월 23일 소련대사가 휴전을 제의했다. 휴전 회담은 1951년 7월 8일부터 개성의 고급 요릿집 내봉장에서 열렸다.

전선에서 여전히 전투가 이어지는 동안 다른 한쪽에선 협상 테이블이 차려졌다. 휴전 회담은 순조롭지 않았다. 휴전선을 어떻게 정할지를 놓고 양측의 입장이 갈렸다. 미국은 현재 양측이 점령하고 있는 지역을 기준으로 하자고 했지만, 북한과 중국은 다시 38선으로 할 것을 주장했다. 38선을 경계로 휴전하면 개성은 남한에 포함돼야 했다. 하지만 북한과 중국은 개성만은 북측에 포함돼야 한다고 주장하는 등 양측은 휴전선 확정을 놓고 이견을 좁히지 못했다.[11] 좀처럼 진척을 보이지 않던 휴전 회담은 11월이 끝나갈 무렵, 유엔군 측이 주장한 '현재 점령선' 원칙을 북측이 받아들이면서 물꼬가 트이는 것 같았다. 하지만 개성이 여전히 발목을 잡아 결국 회담은 해를 넘겼다.

오판과 착오의 비극

——

미국 정부는 한국 대통령 이승만을 제거할 계획을 세웠다. 이승만이 북한 인민군의 공세에 밀려 임시 수도로 정한 부산에 머물고 있을 때였다. 우선 그를 서울이나 다른 도시로 유인해낸 뒤, 참모와 정부 요인들을 모두 체포하려는 것이었다. 서울과 의정부, 춘천, 원주 등에 미군을 포함한 병력도 배치할 작정이었다. 그런 다음 한국 육군참모총장 명의로 계엄령을 선포하도록 하고 군정을 실시하자는 계획이었다.[12] 이승만을 감금한 뒤 군정을 실시한다는 아이젠하워 대통령 정부의 에버래디 계획Plan Everready 이었다. 미국은 왜 이승만을 제거하려 했던 것일까.

대통령의 고집

|

먼저 도발을 시작했던 김일성도 정전협정이 체결되길 바랐다. 미군의 대대적이고 지속적인 폭격으로 철도와 도로, 다리, 산업설비 등 북한의 기간시설이 잿더미로 변해가고 있었다. 하루하루 지나갈수록 북한 경제와 산업엔 손실이 막대했다. 이내로라면 북한의 존립이 위협받을 지경이었다. 중국도 휴전에 호의적이었다. 막대한 병력을 지원했음에도 전쟁은 일 년 이상 진척이 없었고 공산당 지도부도 소득 없는 소모전에 지쳐갔다. 마오쩌둥은 스탈린에게 친서를 보내 휴전 협상이 성과를 낼 수 있도록 교섭을 서두를 것을 제안했다.

하지만 스탈린은 생각이 달랐다. 미군 핵심전력 일부를 한반도에 계속 묶어둬야 미국이 또 다른 세계대전을 준비하지 못할 것으로 생각했다. 중국에게는 미군을 한반도에서 몰아내야 대만을 탈환할 수 있다고 강조했다. 스탈린은 불리한 조건으로 휴전 협상이 이뤄지는 것을 바라지 않았다. 그럴 바에야 차라리 미국과 끝까지 싸울 것을 주장했다. 김일성과 마오쩌둥, 스탈린의 입장은 전쟁이 시작될 때와는 반대 양상으로 전개되고 있었다. 그런데 1953년 3월 5일 스탈린이 갑자기 숨졌다. 강력한 카리스마가 사라지자 소련 공산당 지도부는 한반도에 정신을 쏟아부을 수 없었다. 소련은 스탈린이 죽고 2주 만에 중국과 북한에 편지를 보내, 한국전쟁을 끝낼 의사를 밝혔다. 정전 협상은 급물살을 탔다.

휴전 협상 과정에서 남한은 주도적인 역할을 못 했다. 아니 거의 배제됐다는 표현이 더 정확했다. 미국은 휴전 협상을 진행하며, 입장이 다른 한국 의견은 무시하다시피했다. 밀고 밀리는 지루한 공방전에 지친 미군 등 유엔 참전국들은 휴전을 원했지만, 이승만 대통령은 이에 반대했기 때문이었다. 북한에 김일성이 있다면 남한엔 이승만이 있었다. 김일성이 소련의 힘을 빌려 한반도를 통일하려 했다면, 이승만은 미국의 도움으로 북한에 쳐들어가 통일을 하고 싶어 했다. 이승만은 두 번 다시 한반도가 분단되는 것을 받아들일 수 없다는 입장이었다. 전쟁으로 한반도가 이미 폐허가 된 상태에서 또다시 북한과 대치하는 것은, 남한을 사지로 밀어 넣는 것과 마찬가지라고 생각했다. 이승만 정부가 휴전 협상에서 외톨이 찬밥 신세가 되면서, 한국은 한반도의 운명을 결정하는 데 제 역할을 못하는 상황이 전개되고 있었다.

인천상륙작전으로 전세를 단번에 역전시킨 맥아더도 이승만과 생각이 비슷했다. 북진 통일을 할 수 있다고 믿었다. 그런데 맥아더는 해임돼 이미 본국으로 송환됐고, 미국 정부는 휴전을 밀어붙였다. 미국과 맥아더를 믿었던 이승만은 이런 상황을 견딜 수 없었다. 한반도를 다시 분단하는 어떤 휴전안도 받아들이지 않았다. 남한 국민도 연일 휴전을 반대하는 시위를 벌였다. 이승만은 한국이 풍전등화에 놓여 있다는 걸 잘 알았다. 아무리 반대한들 미국의 휴전 협상을 막을 수 없겠지만, 그렇다고 손 놓고 있을 수만도 없었다. 이승만은 전략을 수정했다. 휴전이 피할 수 없는 길이라면, 한국 정부로서도 그 전에 얻어낼 수 있는 것은 최대한 얻어내야 했다. 이승만은 미국 정부에 휴전의 선결 조건을 내걸었다. 우선 미국이 남한에 대한 안전을 보장하고 중공군이 한반도에서 철수할 것, 그리고 북한의 무장을 해제할 것 등이었다.[13] 하지만 이런 조건을 미국이 다 받아들일 수는 없었다. 이승만은 적어도 미국으로부터 체제 안정과 안보 우산은 보장받아야 한다며 고집을 꺾지 않았다. 한국과 미국이 어느 나라든 외부로부터 공격을 받으면 자동으로 개입해 도와주는 상호방위조약을 체결하자고 요구했다.

미국의 반응은 시큰둥했다. 트루먼을 이은 아이젠하워 대통령은 대선 유세 중이던 1952년 전쟁이 진행되고 있는 한국을 방문해 전쟁을 명예롭게 종식하겠다고 약속했다. 이승만은 마뜩잖았다. 이듬해 아이젠하워가 대통령에 당선돼 다시 방한했을 때도, 이승만은 여전히 휴전 반대와 북진 통일을 외쳤다. 아이젠하워는 자신의 공약에 반하는 이승만의 주장을 받아들이지 않고, 휴전 회담을 밀어붙였다.

반공포로를 석방해버리다

이승만은 아이젠하워와 미국을 압박해 움직일 카드를 생각해냈다. 유엔군과의 협력 중단이었다. 미국 정부가 휴전 협상을 계속 진행하면 남한 군대가 유엔군을 배제한 채 단독으로 북진하겠다고 으름장을 놨다. 한국군 전력만으로 중공군이 버티는 북한을 홀로 치고 올라간다는 것은 승산이 없는 게임이요, 사실상 자살 행위였다. 하지만 휴전 협상을 중단시키기에는 효과적인 협박 수단이었다. 유엔군 사령부는 이승만이 실제로 이 무모한 결정을 실행에 옮길까 우려했다.

이승만이 가진 또 하나의 카드는 전쟁포로였다. 휴전 회담에서 전쟁포로 문제는 양측 간 이견이 좀처럼 좁혀지지 않는 주요 쟁점이었다. 북한은 남한에 있는 포로를 전원 송환하라고 주장했다. 국제 포로송환협정에 따라 귀향을 원하는 포로는 모두 돌려보내는 게 맞다는 것이었다. 전쟁 폭격으로 산업 설비와 기간 시설이 대거 파괴된 북한은 당장 노동력이 부족했고, 포로들까지 재건 현장에 투입하려고 했다.

문제는 반공 포로들이었다. 북한군은 전쟁 중에 남한 사람을 끌고 간 뒤 이들 상당수를 강제로 다시 인민군에 포함해 전장에 내보냈다. 중공군도 마찬가지였다. 중국의 인민지원군에 포함된 병력 일부는 대만에서 공산군과 싸우다 포로로 잡힌 대만 사람들이었는데, 이들 역시 중국이나 북한으로 갈 수 없다고 버티고 있었다. 전쟁 중 유엔군에 붙잡힌 포로들은 부산과 논산, 마산 등 남한 내 수용소 8곳에 분산돼 수감 중이었다. 그 수가 3만5천 명이 넘었는데 이들 대부분은 북한으로 송환되기를 거부했다. 우리 정부는 이런 반공 포로들은 돌려보낼 수 없다는 입장이었다.

하지만 미국은 이를 무시했다. 휴전 협상 상대인 중국과 북한이 이를 받아들이지 않아 협상이 진행되지 않았기 때문이었다. 이승만 정부의 반대에도 1953년 4월 10일 휴전 협상 대표들은 제네바 협약에 따라 부상 포로 교환에 합의했다. 유엔군은 휴전하면 이들을 북한에 돌려보내겠다고 했다. 이 소식이 전해지자 남한 포로수용소에서 휴전 반대시위가 벌어졌다. 서울과 부산, 대구, 마산 등 주요 도시에서도 반대집회가 이어졌다. 국회까지 나서 북진 통일을 주장하는 이승만을 지지하는 결의안을 가결했다. 5월 27일 한국 정부는 포로 교환 합의에 항의하는 뜻으로 휴전 협상에서 완전히 빠지겠다고 미국에 통보했다. 이런 움직임에도 6월 6일 포로송환협정이 조인되면서 실질적으로 휴전 성립을 예고했다. 남한 전역에서 휴전 반대시위가 들불처럼 번졌다.

이승만은 휴전 움직임을 막으려면 보다 강력한 조치가 필요하다고 생각했다. 1953년 6월 18일 새벽, 반공포로를 전격 석방했다. 전국 수용소에 있던 반공포로 3만5천여 명 가운데 2만7천여 명이 풀려났다. 북한군과 중공군 출신 포로는 각자의 선택에 따라 남한이나 대만에 머물 수 있도록 허용했다. 한국군은 전쟁 발발 이후 전시 작전권을 미군에 넘겼기 때문에 전쟁포로 석방 등의 처리도 한국 대통령이 마음대로 할 수 있는 것이 아니었다.

클라크 유엔군 사령관이 펄쩍 뛰며 항의했지만 이승만은 물러서지 않았다. 오히려 전시작전권까지 한국이 도로 가져올 수 있다며 벼랑 끝으로 한 걸음 더 내디뎠다.[14] 내친김에 한국군마저 유엔군에서 빼내 단독으로 북진하겠다는 의지를 표명한 것이었다. 한국군은 한국전쟁에 참전한 유엔군 병력의 약 60%에 달했다. 만에 하나 한국군이 단독으로 북진한다면 한반도는 큰 혼란에 빠질 수밖에 없었다. 미국은 이승만이 이를 실행으로 옮길 가능성은 크지 않을 것으로 생각했지만, 알 수 없는 일이었다. 그는 이미 반공포로도 마음대로 석방한 사람이었다.

반공포로 석방에 국제사회는 충격에 휩싸였다. 미국은 이승만의 독단적인 행동에 배신감을 감추지 못했고 다른 유엔 참전국도 당혹스러워했다. 휴전 협상을 진행하던 공산 진영마저도, 협상 상대국인 미국이 남한의 이승만 정부를 통제할 능력이 있는 건지 의심할 정도였다. 미국 정부는 이승만이 실제로 휴전 협상에 훼방을 놓을 수 있겠다고 걱정했다. 이승만 제거작전인 에버래디 계획은 이런 상황에서 준비됐다.

당시 미국은 이승만의 휴전 방해 움직임을 막기 위한 방침으로 세 가지 선택지를 놓고 고민했다. 첫째는 이승만을 제거하고 군정을 세운다는 에버레디 계획이었다. 그다음으로 더 이상 한반도 전쟁에서 골치를 썩일 것 없이 휴전한 뒤 미군을 철수시켜 버린다는 계획도 가지고 있었다. 마지막으로 이승만의 요구대로 남한과 상호방위조약을 맺는 것을 고민했다. 미국은 이승만이 반공포로를 석방했을 때 에버래디 계획을 실행할 것인지 심각하게 고려했다.[15] 하지만 실행에 옮겨지는 않았다. 이승만을 제거할 수는 없었다.

미국은 남한에 반공적인 자유민주주의 정부를 유지하길 원했지만 한반도 문제에 너무 깊숙이 개입하는 것은 피하고 싶었다. 소련을 중심으로 한 공산주의 확산을 막아야겠기에 한국전쟁에는 참전했음에도 필요 이상으로 전쟁이 커지는 것을 원치 않았다. 이승만은 이런 전략과 같이 가기 힘든 인물이었다. 그런데도 그를 제거하는 애버래디 계획을 실행하긴 힘들었다. 한반도에 미국이 원하는 반공 친미정권을 세우기에 그만한 인물을 찾기가 쉽지 않았다. 또한 이승만이 주장한 북진 통일에 대한 남한 국민의 지지와 열망도 무시할 수 없었다.

연이은 오판이 만든 비극

결과적으로 이승만의 벼랑 끝 전술은 효과가 있었다. 아이젠하워 정부는 이승만을 제거하는 대신 한미상호방위조약 체결을 선택했다. 휴전 협상이 중단되고 이승만이 단독 북진을 감행하는 것은 받아들일 수 없었다. 한국군의 단독 북진은 두 가지 결과 가운데 하나를 가져올 것이 뻔했다. 한국군이 중공군에 패해 한반도가 공산화되거나 그 전에 미군이 개입해 전쟁이 다시 확대되는 것이었다. 결국 아이젠하워로서는 자신의 공약대로 한국전쟁의 명예로운 종식을 위해 미군을 계속 남한에 주둔시키고 상호방위조약을 체결하는 것이 차선이었다.[16]

북한의 김일성이 공산 진영의 대국 소련과 중국을 움직였다면 이승만은 자유 진영의 대국 미국을 움직였다. 남한은 전시작전권을 미군에 넘겨줬고 전쟁도 유엔군이 주도하고 있었다. 하지만 이승만은 마음만 먹으면 휴전 회담을 결렬시키는 것은 물론, 승패와 상관없이 단독으로 군대를 움직일 수 있다는 점을 분명히 보여줬다. 미국은 더 이상 이승만을 제거할 수도 무시할 수도 없었다. 미국 정부는 북한과 정전협정을 맺기에 앞서 한미 간에 상호방위조약을 체결할 것임을 먼저 발표했다.

정전협정 조인식은 1953년 7월 27일 오전 10시 판문점에서 열렸다. 북측에서는 남일 대장이, 남측에서는 윌리엄 해리슨 미군 중장이 참석했다. 1951년 7월 10일 개성에서 첫 휴전 회담이 시작됐을 때만 해도, 정전협정이 체결되기까지 이렇게 오래 걸릴 줄 몰랐다. 협상을 시작한 뒤 만 2년의 세월이 흘렀고 회담을 765번이나 열어야 했다. 국군을 포함한 유엔군은 전사자 17만5천 명 등 사상자가 77만 명이 넘었다. 북한군과 중공군 전사자는 52만 명에 전체 사상자가 103만 명에 달했다. 당시 남북한 인구가 약 3천만 명이었는데 약 10%인 3백만 명이 전쟁의 포화 속에 희생됐다.[17]

양측 간 휴전선, 즉 군사분계선은 넉 달 뒤인 11월 23일 확정됐다. 당시 유엔군과 북한군이 대치하고 있는 곳을 경계로 삼았다. 군사분계선을 중심으로 각각 2km씩 자기 진영 쪽으로 물러나 비무장지대 DMZ를 설정하기로 합의했다. 이렇게 만들어진 비무장지대는 서쪽은 임진강 하구, 동쪽은 강원도 고성으로 이어지며 한반도의 허리를 가로질렀다.

한국전쟁은 오판과 착오의 연속이었다. 미국이 동아시아지역 방어선에서 한반도를 빼면서 공산권의 오판을 이끌었다. 소련은 이를 미국이 한반도 문제에 깊숙이 개입하지 않으려는 신호라고 보고 김일성의 남침계획을 승인했다. 제2차 세계대전의 승전국 미국은 개전 초기 북한군 전력을 우스운 수준으로 평가 절하했다가 치욕적인 패퇴를 거듭했다. 맥아더는 인천상륙작전이라는 최고의 성공을 거둔 후에 중국이 참전하지 않을 거란 근거 없는 오판으로 압록강까지 북진했고, 결국 중공군을 끌어들였다. 마오쩌둥은 참전 초기 승리에 취해 다시 남쪽으로 과감한 진격을 계속하다 전쟁의 수렁에 빠져 엄청난 인명 피해를 감수해야 했다. 김일성은 자신이 38선을 넘어가도 미국이 절대 군대를 보내지 않을 거라고 오판하고 스탈린과 마오쩌둥을 꼬드겼다. 이승만도 끝끝내 미국의 도움만 있으면 북진 통일을 이룩할 수 있을 것으로 잘못 생각했다. 이런 여러 오판은 얽히고설켜 3년 동안 3백만 명이 희생되는 비극으로 이어졌다.

장벽

요새가 된 비무장지대

남한과 북한 사이에는 정전협정에 따라 동서로 248km에 걸쳐 군사분계선이 그어졌다. 군사분계선을 따라 약 200m 간격으로 흰색 말뚝 1292개를 박고 표지판을 설치했다. 남쪽 표지판에는 한글과 영어로, 북쪽은 한글과 한자로 '군사분계선'이라고 각각 표시했다. 군사분계선 표식은 남한과 북한이 구간을 나눠 관리하도록 하고 군사분계선을 중심으로 양측은 각 2km씩 후퇴해 비무장지대 DMZ를 설정했다. 군사분계선을 따라 한반도 허리를 가로질러 만들어진 비무장지대는 면적이 907km²에 달했다.

완충지대가 아니라 긴장 지대

이렇게 광범위한 지역에 비무장지대를 설치한 것은 완충지대를 만들어 상호 적대 행위를 초래할 우발적 사건이 발생하지 않도록 하자는 의도였다. 정전협정은 비무장지대 내에서는 물론 비무장지대

쪽을 향해서도 적대 행위나 무력 도발을 할 수 없도록 했다. 아예 비무장지대는 민사 업무와 긴급 구제작업 등 필요할 때만 출입할 수 있게 했다. 출입자 수는 남북한 양측이 각각 1천 명을 넘지 않기로 하고, 불가피한 경우 출입자는 무장할 수는 있지만 무기는 단발 사격만 가능한 반자동소총으로 제한했다. 비무장지대 내 만에 하나 우발적인 충돌이 발생하더라도 대규모 교전 또는 전면전으로 확대되는 걸 막으려는 조치였다.

비무장지대는 출입 자체가 매우 엄격히 통제돼 민간인은 물론 군인도 함부로 출입할 수 없었다. 반드시 군사정전위원회의 허가를 받아야만 들어갈 수 있도록 규정했다. 군사분계선 이남 비무장지대를 담당하는 것은 한국군이 아니라 유엔사령부로 했다. 정전협정 당사자가 유엔군이기 때문이었다. 비무장지대 남측은 물리적 관리를 한국군이 맡지만, 출입 인원과 병력 통제권은 유엔사가 가졌다. 이 때문에 누구라도 비무장지대를 출입하려면 유엔군 사령부의 허가를 받아야 하게 됐다.

비무장지대를 완충지대로 만들기 위한 엄격한 규제를 뒀지만 양측은 시간이 갈수록 조금씩 이를 어기기 시작했다. 원칙적으로 무장 군인은 비무장지대를 출입할 수 없게 돼 있었음에도 북한은 정전협정 체결 직후인 1950년대 후반부터 군인을 배치하고 무장도 시켰다. 남한도 마찬가지로 군인을 투입했다. 대신 군복이 아니라 민사와 행정을 담당하는 '민정경찰(북한은 민경대)' 복장을 한 채 들어가 근무하게 했다. 개인화기, 그것도 반자동소총만 반입할 수 있도록 한 제한도 지켜지지 않았다. 북한은 비무장지대 근무자에게 소련제 AK 자동소총을 지급했다. 남한은 상당기간 정전협정을 지켜 반자동 소총에 제한된 무장 규정을 지켰지만 1960년대부터 M16 자동소총을 보급했다. 군사시설물 설치나 군사 장비 반입도 허가되지 않았음에도 북한은 비무장지대 내에 감시초소 GP를 설치했다. 남한도 북한에 맞서 방어 진지 GP를 구축했다. 비무장지대는 정전협정 당시 바람과 달리 서서히 무장지대로 바뀌고 있었다.

휴전 이후 한반도 주변 정세에는 적잖은 변화가 일었다. 휴전 5년 만인 1958년 중공군이 북한에서 철수했다. 어느 정도 남북한 간 휴전 체제가 안정기로 접어들고 있다는 의미였다. 북한 측 비무장지대 관리 책임은 북한군이 홀로 맡게 됐다. 남측은 유엔사 관할 아래 그대로 남았다. 미국은 1969년 7월 베트남 등 아시아 국가에 대한 군사적 개입을 자제하겠다는 닉슨 독트린을 발표하고, 소련과 중국을 상대로 긴장 완화에 나섰다. 닉슨은 현직 미국 대통령으로는 처음 중국을 방문하며 화해 분위기를 조성했고, 곧이어 중국은 유엔에 가입했다. 미국은 불개입 정책에 따라 서서히 아시아에서 발을 뺄 움직임을 보였다.

스스로 휴전선을 지키게 된 북한은 비무장지대 요새화에 박차를 가했다. GP에 병력을 상주시키고 이들을 개인화기로 무장시킨 데 이어 중화기까지 속속 배치했다. 북한은 비무장지대에 진지를 2백 개 이상 구축하고 박격포와 로켓포, 야포 등으로 무장했다. 비무장지대 투입된 병력만 수천 명에 달했다. 남한도 가만히 있지 않았다.

비무장지대에 배치된 병력을 무장하고 전략 요충지에 GP 100여 곳을 설치했다. 1970년대에는 우리 측 GP에도 기관포, 박격포 등 중화기가 들어갔다.

GP가 건설되고 무장 군인과 중화기가 배치되면서 비무장지대는 완충지대는커녕 오히려 긴장 지대로 변해갔다. 양측 GP는 시간이 갈수록 요새로 탈바꿈했다. 남측 GP는 대북 경계 및 감시라는 목적에 맞춰 대부분 주변에서 가장 높은 고지나 봉우리에 설치됐다. 3중 철조망에 설치된 대형 콘크리트 요새와 같은 모습은 1980년대 현대화 작업과 함께 틀이 잡혔다. 현재의 GP는 최대 1m 두께의 콘크리트 방어 진지로 둘러싸여 있고 내부에는 상황실과 침실, 식당 등 필요 시설이 갖춰져 있다. 지형과 상황에 따라 지하시설이 마련된 곳도 있다.

북한도 지속해서 GP 강화 작업을 했다. 하지만 남한 GP와는 구조와 역할이 조금 차이가 난다. 경계 시야가 좋은 봉우리나 언덕 위에 자리잡고 있다는 점은 비슷하지만 겉모습은 남한과 비교하면 좀 왜소한 편이다. 2~5명 정도 들어갈 수 있는 초소 건물만 땅 위로 모습을 드러낸 경우가 대부분이다. 초소 아래 지하엔 견고한 공격 시설이 구축돼 있다. 숙소와 생활 시설은 물론, 무기고와 장비까지 다 지하에 숨겨놓았다. 보급품까지 상시 비축해 놓을 수 있는 규모로 GP를 구축해왔다. 유사시 비무장지대에서부터 병력을 무장하고 출동시키면 대규모 병력이 신속하게 군사분계선을 넘을 수 있다는 전략적 계산이 깔려 있다.[18]

땅 속에서는

북한은 더 나아가 비무장지대 일대를 입체적으로 요새화했다. 지상에는 GP를 건설해 무장하는 한편 지하에는 또 다른 시설물을 몰래 만들어 남한을 도발할 준비를 했다. 바로 지하터널, 땅굴이었다. 북한은 한국전쟁 당시부터 군사분계선 북측 광범위한 지역에 지하갱도와 땅굴을 복잡하게 연결해 진지를 구축했다. 미군 공습에 대비한 것이었다. 한국전쟁에서 미군의 혹독한 공습과 폭격에 시달린 경험이 있는 북한은 일찌감치 진지와 군사시설을 지하화하는 데 박차를 가했다. 또한 1950년대 말 미국이 남한의 주한 미군 부대에 핵무기를 배치한 것과도 관련이 있었다. 핵무기로 지상 군사시설이 초토화될 경우를 대비해 전방 전력을 지하화한 것이다.

땅굴 굴착에 일가견 있는 북한은 1970년대 비무장지대 일대에서 대남 도발용 땅굴까지 파기 시작했다. 김일성은 속전속결 기습전을 감행할 수 있도록 남침용 땅굴을 준비하라고 직접 지시했다. 북한이 정확하게 언제부터, 몇 개의 대남침투용 땅굴을 뚫었는지 알 수 없지만, 가장 먼저 우리 군에 의해 적발된 것은 1974년 11월 15일이었다.

그날 경기도 연천 비무장지대를 순찰하던 육군 모 부대 수색대 대원들은 추운 날씨에 땅 밑에서 수증기가 올라오는 것을 발견했다. 마침 수색대를 이끌었던 선임은 베트남전에 참전했던 베테랑이었다. 베트남에서 땅굴을 파고 게릴라전을 벌인 베트콩과 수없이 교전한 경험이 있었던 그는 직감적으로 수상함을 느끼고, 부대원들에게 땅을 파 보도록 지시했다. 한참을 파 내려가던 중이었다. 갑자기 지상에 있는 군사분계선 북쪽 GP에서 총알이 날아왔다. 그대로 기습을 받은 아군 수색대는 바로 응사하며 교전을 벌였지만, 병사 3명이 숨지고 5명이 다쳤다.

교전이 끝난 뒤 추가 굴착 작업을 통해 땅굴의 전모가 드러났다. 지하 2~4m 아래 지점에 폭 1m, 높이 1.2m 규모로 콘크리트와 슬라브 등을 이용해 건설돼 있었다. 바닥에는 레일이 깔리고 천장에는 전등까지 설치돼 있었다. 북에서 시작된 땅굴은 군사분계선 남쪽으로 약 1.2km까지 진행된 상태였고, 총 길이는 3.5km 이상으로 추정됐다. 이 정도 규모면 유사시 한 시간에 1천5백 명에서 2천 명 가량의 무장 병력과 중화기를 운반할 수 있을 것으로 평가됐다. 유엔군 사령부가 즉각 북한에 정전협정 위반임을 지적하고 공동조사를 제의했지만 북한은 거절했다. 대신 한국군과 미군이 공동조사를 벌였는데, 이 과정에서도 북한이 매설한 폭발물 때문에 2명이 더 숨지고 6명이 다쳤다. 북한의 은밀하고 치밀한 도발 계획에 국민은 아연실색했다. 그런데 이것이 끝이 아니었다. 북한의 제2, 제3 땅굴이 연거푸 발견됐다.

첫 땅굴이 발견된 뒤 추가 탐지 작업에 나선 우리 군은 철원 인근 비무장지대에서 두 번째 땅굴을 적발해냈다. 제1땅굴이 발견된 지 4개월 만이었다. 제2땅굴의 규모와 길이 등은 연천 제1땅굴과 비슷했고 군사분계선을 넘어 남쪽으로 약 1km 내려온 상태였다.

북한은 해외에서 들여온 굴착 장비를 이용해 지하 45m 이하의 더 단단한 화강암 지대까지 뚫고 내려가 땅굴을 만들었다. 규모가 더 크지만 더 은밀하고 튼튼했다. 남쪽에 여러 개의 출구를 만들어 동시다발로 침투할 수 있도록 했다. 한 시간에 병력 1만 명을 침투시킬 수 있을 것으로 추정됐다. 심지어 땅굴 속 곳곳에 병력이 모여서 대기할 수 있는 공간도 마련돼 있었다.

제3땅굴은 판문점에서 4km 떨어진 곳에서 발굴됐다. 폭 2m 높이 2m의 아치형 땅굴은 군사분계선 남쪽으로 약 1.6km 내려와 있었다. 한 시간에 병력 3만 명과 야포 등 중화기도 내려보낼 수 있을 정도로 큰 규모였다. 특히 제3땅굴은 서울에서 40km밖에 떨어져 있지 않아 국민이 받은 충격은 더 컸다. 1990년 강원도 양구 북동쪽에서 발견된 제4땅굴을 마지막으로 더 이상 드러난 땅굴은 없었다.[19] 이후에도 귀순자나 우리 군 자체 정보를 이용해 남침용 땅굴 탐사 작업은 계속해왔지만 추가로 발견되지 않았다.

땅굴과 함께 비무장지대 지하에 매설된 지뢰는 눈에 띄지 않는 또 다른 위협이 돼왔다. 지뢰는 상대방 침입을 저지한다는 방어 목적으로 매설됐지만 동시에 공격적이기도 했다. 뇌관을 밟거나 건드리면 적군과 아군을 구분하지 않고 무차별로 터졌다. 북한은 한국전쟁을 전후해 휴전선 일대에 지뢰를 뿌리다시피 했다. 언제, 어느 곳에, 어떤 지뢰를 매설했는지 정확하게 알 수도 없었다. 지금까지 비무장지대 일대에 매설된 지뢰는, 확인된 것만 1백만 발 수준이다.

남한도 사정은 크게 다르지 않았다. 한국전쟁 과정에서, 또 그 이후에 전방은 물론 후방에도 많은 지뢰를 매설했다. 그나마 다행이라면 북한군 지뢰와 달리 매설에 대한 기록이 상당 부분 남아 있어, 이들에 대해서는 추적·관리가 가능하다는 것이다. 남한에는 전국에 매설지가 1천3백 곳이 넘으며 약 83만 발의 지뢰가 묻혀 있다. 비무장지대와 민간인통제선 이북 1천2백여 개 지역에 약 77만 발이 집중돼 있다. 비무장지대 내 미확인 지뢰 지대만 해도 여의도 면적의 30배가 넘는 97km²에 달하는 것으로 알려져 있다.[20] 비무장지대 전체 면적의 10분의 1이 넘는 지역이 지뢰밭인 셈이다.

지뢰는 비무장지대 안에서만 터지는 게 아니고 군인만 공격하는 것도 아니다. 민간인이 지뢰를 건드려 죽고 다치는 경우가 끊이지 않고 있다. 민간인 지뢰 사고는 경기도와 강원도 등 접경지 주변에서 많이 발생했다. 발목지뢰라고 불리는 M14 대인지뢰 피해자가 137명으로 가장 많고, M16 대인지뢰와 대전차지뢰, 목함지뢰 등도 민간인 희생자를 내고 있다. 휴전협정 이후 지뢰로 희생된 민간인은 462명에 달한다. 이 가운데 158명이 숨지고 304명이 다쳤다.[21] 최근 10년 동안에만 지뢰 사고가 34건이 발생해 6명이 숨지고 30명이 다쳤다. 적군과 아군, 군인과 민간인을 구분하지 않고 공격하는 지뢰는 오랜 기간 비무장지대의 최고 골칫거리로 남을 가능성이 농후하다.

휴전선 콘크리트 장벽

휴전선 하면 쉽게 떠오르는 전형적인 이미지는 철책선이지만 비무장지대에는 독일의 베를린 장벽과 같은 콘크리트 장벽도 세워져 있다. 남북한 간 경계 표시는 처음에는 군사분계선을 따라 일정한 간격으로 박아놓은 말뚝이었다. 이후 주요 구간에 철조망을 연결해 넘어가기 힘들게 만들었고, 1960년대 남방한계선을 따라 3m 높이 목책 철조망이 추가됐다. 1960년대 말 이후 현재 모양의 철책이 세워지고, 맨 윗부분까지 철조망을 두른 높이 2m 철책이 이중으로 세워졌다.

여기에 콘크리트 장벽이 더해졌다. 남한은 1974년부터 중부와 서부 전선 주요 접근로에 단단한 콘크리트로 대전차 장애물 장벽을 세웠다. 높이가 5m에 달하고 두께는 윗부분이 1m, 아랫부분이 7~8m나 돼 전차가 넘기 힘든 구조로 만들었다. 정확히는 비무장지대가 아니라 남방한계선 남쪽으로 20~30m 더 내려온 후방에 설치됐다. 북한군의 침입이 예상되는 경로를 가로막는 게 목적이었기 때문에 필요한 지역에만 세웠다. 지역별로 설치된 구간과 길이도 달라 짧게는 500m에서 길게는 3km에 이르렀다. 비무장지대 주변에 이런 장벽 구간은 10여 곳이 있으며 총 연장은 23km에 달하는 것으로 전해진다.

남한이 이처럼 튼튼한 콘크리트 장벽을 세운 건 한국전쟁의 악몽 때문이다. 당시 북한군이 소련으로부터 지원받은 T-34전차 90

여 대가 순식간에 휴전선을 넘어왔고 국군의 저항선은 속수무책 무너졌다. 전차를 앞세운 인민군에 3일 만에 서울을 빼앗긴 기억 때문에 대전차 장애물을 곳곳에 설치했다. 미군 공습에 시달린 북한이 지하 요새와 땅굴에 집착했다면, 전쟁 초기 북한 전차에 유린당한 남한은 대전차 대비부터 철저하게 하고자 했다. 콘크리트 장벽과 장애물은 접경지역 주요 도로뿐만 아니라 하천까지 곳곳에 기둥처럼 만들어 세워졌다.

남한의 대전차 장벽은 냉전시대 말기 국제사회에서 상당한 쟁점이 됐다. 대전차 장애물 일부가 남방한계선에서 약간 북쪽으로 올라가 비무장지대 안에 만들어졌기 때문이었다. 정전협정 위반이었다. 냉전 막바지 미·소 정상회담에서 의제로 다뤄질 정도였다. 1990년 2월 모스크바에서 미국과 소련 외무장관 회담이 열렸는데 세바르드나제 소련 외무장관은 "동독의 베를린 장벽을 갖고 시비를 걸지 마라. 남한도 비슷한 것을 세웠다"며 문제 삼았다. 김일성도 남한 전차 장애물을 "분단의 원흉인 콘크리트 장벽"이라며 남북의 자유 왕래가 가능하게 하려면 당장 이 장벽부터 허물어져야 한다고 선전전을 벌였다.[22] 사실 북한도 비슷한 대전차 장벽을 쌓았다. 시기만 좀 늦었을 뿐 구조와 모양이 우리와 비슷하고 숫자는 오히려 더 많았다. 우리는 주요 전차 이동로에만 장벽을 쌓았지만 북한은 전차 이동 위협이 없는 곳에까지 콘크리트와 돌, 흙더미 등으로 장애물을 설치했다. 더 나아가 대전차 장애물 장벽을 비무장지대 내에까지 대놓고 설치했다.

무장한 GP와 땅굴, 지뢰, 콘크리트 장벽 등 비무장지대 군사설비 가운데 사라진 것은 하나도 없다. 북한은 여전히 비무장지대에 중화기 진지를 구축하고 무장 병력도 배치하고 있다. 최근까지 박격포 진지 28개소와 대공포진지 25개소, 대전차포진지 9개소 등 적어도 진지 66개소를 운영하고 있다. GP는 160개 정도 있고 주둔 병력이 약 4천 명 수준인 것으로 우리 군은 파악하고 있다. GP가 비무장지대의 약 1.5km 지점마다 한 개씩 있는 셈이다. 군부대도 비무장지대 주변에 집중적으로 배치해왔다. 남한도 사정이 크게 다르지 않다. 비무장지대 내 우리 군 GP는 약 60개로, 북한군의 3분의 1 수준이다. 우리 측 GP에는 병력 2천 명 정도가 주둔하고 있다. 남북한 GP 간 가장 거리가 가까운 것은 580m밖에 떨어져 있지 않다.[23] 이 때문에 비무장지대는 세계에서 가장 긴장도가 높은 휴전지역으로 꼽힌다.

냉전과 열전 사이

해 질 녘 연평도 마을. 82세 박연수 할아버지가 다 쓰러져가는 집 안 구석구석을 뒤지고 있었다. 널브러진 시멘트 조각과 녹슨 골조 틈새에 혹시 남아 있을 가족의 흔적을 찾는 중이었다. 6개월 전 2010년 11월 23일 북한의 연평도 포격 도발 때 앞마당에 포탄이 떨어지면서 할아버지 집이 부서졌다. 지붕이 날아가고 담벼락은 무너졌다. 당시 박 할아버지는 이웃집에 있어서 화를 면했다. 할아버지는 혼자 살아 집에는 아무도 없었다. 할머니와 몇 해 전 사별했고 자식들은 모두 인천과 김포 등 객지에 살고 있었다. 지축을 흔드는 포탄 소리에 황급히 대피소로 피신하고 왔더니 집이 이렇게 돼 있었다. 망연자실했다. 55년 동안 살아온 정든 집이었다.

박 할아버지는 6·25 전란을 피해 아내, 딸과 함께 연평도로 피란을 내려왔다. 이 집에서 자식 넷을 더 낳고 길렀다. 낡은 집은 할아버지의 삶이요, 역사였다. 그런데 모든 게 무너졌다. 할머니와의 아련한 추억도, 자식들과의 사랑스러운 기억도 남김없이 날아갔다. 북한 황해도 옹진군 개머리 해안포 진지에서 날아온 170발의 포탄 때문이었다. 황해도 옹진은 그의 고향이었다.

"내가 6·25를 피해 내려왔는데 지난번 포격으로 전쟁을 또 겪었어. 내 평생에 전쟁을 두 번이나 치렀네."

연평도 포격은 할아버지에게 또 다른 6·25전쟁이었다.[24] 연평도 포격 도발은 북한이 휴전 이후 처음으로 남한 민간인을 상대로 직접 포격을 가한 공격이었다.

끝나지 않은 도발

정전협정을 맺고 비무장지대까지 설치했지만 남북한 사이 충돌은 끝나지 않았다. 북진 통일의 꿈을 쉽게 버릴 수 없었던 이승만은 휴전 이듬해 미국을 방문해서도 북진 통일을 외쳤다. 미군이 해군력과 공군력만 지원하면 북한과 통일을 이루겠다고 여전히 큰소리를 쳤다. 북한은 간첩 등을 남파해 후방을 교란하며 남한 체제를 위협했다. 심대한 도발은 아니더라도 간간이 충돌이 벌어졌다. 휴전 이후 1959년까지 북한의 정전협정 위반 건수는 10건이었다. 연평균 1.5건이 채 안 되는 수준이었다. 당장은 남북한 모두 파괴된 국내를 재건하는 게 급선무였다. 남북한이 전후 복구사업으로 바쁜 가운데 정전협정 체제도 어느 정도 자리를 잡는 모습이었다.

그러다 1960년대 들면서 남북한 간 충돌이 잦아졌다. 북한의 대남 도발 건수가 급증했다. 이즈음 한국과 미국은 모두 베트남전이라는 깊은 수렁에 발을 담그고 있었다. 1964년 9월 한국이 베트남에 전투부대를 파병한 뒤 북한의 과감한 도발이 이어졌다. 1966년 10월 31일 존슨 미국 대통령이 베트남에 파병해준 박정희 대통령에게 감사하려고 방한했다. 그런데 북한군이 군사분계선에서 미군을 공격하는 일이 벌어졌다. 닷새 전 비무장지대에서 발생한 남북군인 사이 무력 충돌로 북한군 사상자가 다수 발생한 데 대한 보복이었다. 주한미군엔 한때 비상이 걸리기도 했지만, 다행히 더 이상사태가 확대되진 않았다. 이후에도 충돌은 계속됐다. 이전까지 한해 30~40건이던 남북 간 비무장지대 충돌은 한국의 베트남전 파병 이후 10배 이상 늘어나 연간 4백~5백여 회에 달했다.[25]

남한은 아직 휴전선 방어를 중심으로 전력이 배치돼 있었다. 5만 명에 달하는 최정예 병력을 베트남에 파병한 상태였다. 게릴라전과 간첩 침투 등 비정규전에 대응할 조직 체계가 아직 잡히지 않았다.

이런 허점을 노린 북한은 대남 정보 수집과 남한 사회에 선동을 부추기려고 계속해서 간첩을 내려보냈다. 1968년 1월 21일 북한 정찰국 소속 무장공비 31명이 비무장지대의 철조망을 끊고 비밀리에 서울로 침투했다. 청와대를 공격하기 위해서였다. 이들은 청와대에서 멀지 않은 세검정까지 진입했다가 불심검문에 걸리자 총기를 난사하며 저항했다. 양측 간에 교전이 벌어져 무장공비 28명이 사살되고 2명은 달아났다. 공비 가운데 김신조 단 한 명만 체포됐다.

청와대 습격사건이 발생한 지 불과 며칠 지나지 않아 북한은 또 도발을 벌였다. 원산항 앞 공해상에서 미국 해군 정보수집함 푸에블로 호를 납치한 것이다. 북한은 초계정과 미그기를 출동시켜 푸에블로 호와 승선한 인원 83명을 나포해 데려갔다. 북한의 대담한 도발에 대응하기 위해 미군은 항공모함을 파견해 원산항을 폭격하는 방안까지 마련했다. 하지만 베트남에 발이 묶인 상태에서 한반도까지 두 개의 전쟁을 동시에 벌이기엔 위험 부담이 컸다. 푸에블로 호 선원 석방을 위해 소련까지 개입했다. 오랜 협상 끝에 미군은 북한 영해 침범을 인정하고 이를 사과하는 문서에 서명한 뒤 승무원을 돌려받을 수 있었다.

그해 말에는 울진 삼척에 북한 무장공비 120명이 침투해 무고한 시민을 학살했다. 3차례에 걸쳐 남한에 침투한 이들은 주민과 직접 접촉해 북한 체제를 찬양하는 선전전을 벌이는 등 과감하게 활동했다. 공비를 소탕하는 데는 한 달 이상 시간이 걸렸으며 이 과정에서 민간인 등 모두 18명이 희생됐다. 1960년대는 북한의 무력 도발이 가장 많았던 시기였다. 침투가 1천여 회, 국지도발이 327회 일어났다. 이 기간 북한은 사흘에 한번 꼴로 어떤 형태로든 남한을 상대로 도발을 시도한 셈이었다.

무지막지한 테러들

1970년대 들어서는 냉전시대의 긴장 완화 분위기가 찾아왔다. 미국과 소련 사이에는 전략무기제한협정 SALT 교섭이 이뤄지고, 이어 1972년 닉슨이 모스크바와 베이징을 잇달아 방문하며 화해가 무르익었다. 1973년엔 동독과 서독이 유엔에 동시 가입했다. 국제사회 분위기가 냉전에서 화해로 옮겨가면서 남북한 관계도 변화의 조짐을 보였다. 양측이 분단 이후 최초로 1972년 '자주, 평화, 민족대단결'의 내용을 담은 7·4남북공동성명을 발표하는 등 대화 분위기가 만들어졌다. 1970년대 초 북한의 도발은 이전의 3분의 1 수준으로 줄었다.

도발 횟수는 감소했지만 도발 강도는 더욱 강화됐다. 1974년 8월 15일 박정희 대통령 저격 미수 사건과 1976년 8월 18일 판문점 도끼만행 사건과 같은 충격적인 사건이 연이어 터졌다. 북한군은 판문점 비무장 중립지대에서 미루나무에 가지치기를 하던 미군과 한국군을 공격했다. 남측이 유엔군 관측소 시야를 막고 있던 15m 높이의 미루나무를 다듬으려 하자 북한군 장교가 이를 막으며 시비가 벌어졌다. 북한군이 도끼를 마구 휘둘러 미군 장교 2명이 숨지고 한국군과 미군 병사 등 모두 9명이 다쳤다. 미국은 충격에 빠졌다. 백악관 긴급 비상 회의가 열리고 전쟁을 포함해 선택 가능한 모든 수단이 검토됐다. 미군은 문제가 된 미루나무를 다시 베어버리도록 하고, 북한이 또다시 도발하면 본격 전투로 맞서기로 했다. 전군에는 비상이 걸린 상태였다. 하지만 이번엔 북한군의 움직임이 없었다. 김일성이 앞서 벌어진 도끼 공격 사건에 유감까지 표명하면서 사태는 그대로 마무리됐다.

1970년대에는 대남 침투용 땅굴도 잇따라 발견됐다. 대규모 병력과 장비를 순식간에 군사분계선을 넘어 투입할 수 있도록 치밀하게 준비해온 것이었다. 이런 일련의 행태는 북한이 대화를 진행하는 척하면서도 기회만 있으면 대남 도발을 감행하려는 화전 양면 전술을 구사하고 있음을 명백하게 보여줬다.

북한은 군사적 도발뿐만 아니라 민간을 상대로 한 공격과 테러도 서슴지 않았다. 때때로 우리 국민을 납치하기도 했다. 북한은 이미 한국전쟁 때부터 국회의원과 공직자, 교수, 예술가, 기술자 등 인재들을 납치해 끌고 갔다. 당시 납북된 사람만 8만 명이 넘었다. 휴전 이후에도 북한의 납치는 이어졌다. 1978년에는 북한 공작원이 홍콩에서 영화배우 최은희를 납치했고 6개월 뒤 아내를 찾으러 홍콩으로 간 영화감독 신상옥마저 납치해 충격을 줬다. 이들 부부는 북한에서 활동하다 5년 만에 오스트리아 빈의 미국 대사관으로 들어가 극적으로 탈출했다. 휴전 이후 피랍된 사람은 3천8백 명이 넘는다. 대부분은 어부로, 어선 133척이 나포돼 어부 3천7백여 명

이 피랍됐다. 이들 가운데 494명은 아직도 돌아오지 못하고 있는 상태다.[26]

대한민국은 1980년대 이후 산업화로 경제가 빠르게 발전했다. 남북한 경제 격차는 급격하게 벌어졌고, 재래식 군비 경쟁에서도 남북 간 격차가 커졌다. 재래식 무기에 열세를 보이자 북한은 잠수함과 장거리 미사일, 핵무기와 같은 비대칭 전력 증강에 열을 올렸다.

1980년대 북한의 도발 건수는 1970년대의 절반 수준으로 떨어져 227건을 기록했다. 국지적 도발도 60건대로 최저 수순을 기록했지만, 남한을 상대로 한 테러 활동이 두드러졌다. 1983년 발생한 미얀마 폭탄 테러는 남한 정부 요인을 직접 겨냥했다. 미얀마를 방문한 전두환 대통령과 수행원들이 아웅산 국립묘지를 참배할 때 폭탄을 터뜨려 부총리와 장관 등 정부 요인 17명이 숨졌다. 1987년 11월 28일 북한 공작원 김현희가 이라크 바그다드를 출발한 대한항공 858기를 폭파한 사건은 명백한 민항기 테러로 전 세계가 경악했다. 중동에서 돌아오던 한국인 근로자 등 승객 93명과 승무원 등 모두 115명이 숨졌다. 앞서 1983년과 1985년에 북한은 부산 다대포와 청사포 앞바다에 남파 간첩을 태우고 침투한 잠수정과 잠수함을 잇달아 침투시켰지만 우리 군이 이를 적발해 침몰시켰다.

안심할 수 없는 바다

1989년 11월 독일의 베를린 장벽이 무너지고 동서 냉전도 막을 내렸다. 1991년 12월 소비에트 연방이 해체되고, 중국에도 변화의 조짐이 나타났다. 중국 공산당은 경제개혁의 목표를 사회주의 시장경제 건설이라고 선언하는 등 개혁과 개방의 바람이 불었다. 남북한 체제 경쟁에서도 남한이 승리를 굳혀갔다. 북한은 1994년 김일성까지 사망하면서 국내외적으로 난관에 부딪혔다. 북한내 경제 사정이 급속히 나빠진 데다 국제적으로도 고립 상황에 처했다. 김정일이 권력을 세습했지만 경제난은 나아지지 않았고 여기에 더해 태풍, 가뭄과 같은 자연재해까지 겹치면서 극심한 식량난이 닥쳤다. 주민의 인내와 희생을 통한 소위 '고난의 행군'을 강조하며 내부 결속을 다져야 하는 시기였다.

내부의 불만을 외부로 돌리려 한 이유인지, 줄어들던 대남 도발도 1990년대 들어 다시 증가했다. 해상 도발을 중심으로 한 국지적 도발이 이전의 3배 수준으로 많아졌다. 1998년 속초 인근 해상에서 북한 잠수함이 어망에 걸려 표류했는데, 남한 해군의 추격을 받던 중 승조원 9명 전원이 자살했다. 1999년에는 북한 잠수정이 강화도와 여수 앞바다까지 잇따라 침투했지만, 역시 우리 해군에 의해 모두 격침됐다. 1999년 6월 양측 해군 간 교전도 벌어졌다. 북한 경비정이 옹진 반도 남단에서 조업하는 꽃게잡이 어선을 보호한다며 북방한계선 NLL을 침범해 내려오면서 남한 해군과 충돌, 제1차 서해교전이 벌어졌다. 양측이 14분간 쫓고 쫓기는 공방을 벌인 끝에 북한 어뢰정 1척이 침몰당하고 30여 명이 숨졌다. 우리 측은 장병 9명이 부상했다.

2000년대 들어 북한은 해상 도발에 집중했다. 휴전 이후 이뤄진 해상 도발은 모두 559건인데 이 중 절반이 넘은 383건이 2000년 이후 발생했다. 제2차 서해교전은 2002년 한일월드컵 축구대회가 한창이던 6월 29일 벌어졌다. 북한 경비정 2척이 우리 측 북방한계선을 넘어와 이를 제지하는 남한 고속정에 기습 공격을 퍼부었다. 이번엔 남한 해군 6명이 숨지는 등 피해가 적지 않았다. 2009년에 제3차 서해교전이 벌어졌다. 해군 함정이 직접 선박을 추돌하는 방식으로 적극적으로 대응해 북한 경비정 1척이 반파되는 등 피해를 입고 물러갔다. 천안함 폭침도 이듬해 발생했다. 2010년 3월 26일 북한 잠수함이 서해로 침투해 백령도 인근에서 작전 중이던 천안함을 어뢰로 공격했다. 천안함은 어뢰 폭발 충격으로 두 동강이 나 침몰하고 탑승했던 해군 장병 46명이 숨지거나 실종됐다. 아무런 흔적도 없이 침투한 북한군 잠수함은 공격 후 유유히 빠져나가 잠수함의 위력을 새삼 실감하게 했다.

정전협정 이후 지금까지 북한은 3천1백 회 이상 도발해왔다. 1960년대가 북한의 대남침투와 국지도발이 가장 많은 시기였고, 1970~1980년대 이후 비무장지대 경계 태세 강화 등으로 대남 침투는 크게 줄었다. 북한은 1990년대까지 무장공비와 간첩 등 요원을 6천 명 이상 남파했는데, 이 가운데 1644명이 사살되고 3천1백여 명이 생포됐다. 도주해 붙잡지 못한 공작원도 적지 않았다. 마찬가지로 남한도 1972년까지 7천7백여 명을 북한에 보내 작전을 수행하도록 했다. 침투하던 중 또는 작전을 수행하던 중 북한군에 적발돼 숨진 요원이 약 3백 명이고, 부상 또는 체포된 사람이 약 1천5백 명, 나머지 생사를 알 수 없는 경우가 4천8백 명이 넘는다.[27] 북한의 국지 도발은 1990년대 156건, 2000년대 225건, 2010년 이후에도 200건 이상이 발생해 여전히 도발 행각을 멈추지 않는 상태다.

2010년 벌어진 북한의 연평도 포격 도발은 한반도가 아직 휴전 중임을 상기시켜줬다. 북한은 11월 23일 옹진군 무도 해안포 기지에서 연평도를 향해 작심하고 포격을 가했다. 연평도 해안 K-9 자주포 부대는 물론, 민간인 지역에도 무차별로 포탄이 떨어졌다. 우리 군도 중간에 대응 포격을 가했고, 북한 측은 육지에 있는 개머리 해안포 기지까지 가세해 포격을 퍼부었다. 양측이 포격을 주고받으면서 연평도 곳곳에선 폭발음이 들리고 검은 연기가 하늘 높이 피어올랐다. 양측 포격전은 50여 분 동안 이어졌고, 오후 3시 41분쯤 잦아들었다.

연평도 포격 도발로 민간인 2명과 군인 2명이 숨지고 60명이 다쳤다. 주택과 상가 등 건물 46동이 전파됐다. 포격 도발 당시 불과 12km 떨어진 북한 땅에선 해안포 수십 문이 우리를 겨눴는데 우리 측 대응전력은 K-9 자주포 6문이 전부였다. 그나마 3문은 제대로 포탄을 날리지도 못했다. 북한군은 민간인에게까지 무차별 폭격을 가했지만, 우리 군은 교전수칙에 얽매였다. 공격 후 4분 만에 출격했다던 F-15K 전투기에는 북한 해안포기지를 공격할 공대지 미사일이 없었던 것으로 밝혀졌다. 우리 서해안 부대 대비태세가 민낯을 드러냈고, 이후 대대적으로 전력을 강화했다. 연평도 포격 도발은 휴전 이후 민간에 대해 직접 포 사격을 가한 첫 사례였고, 섬 하늘을 뒤덮은 시커먼 연기는 한국전쟁 이후 가장 충격적인 장면을 연출했다. 북한은 우리와 가까운 곳에 있었고 언제든 도발을 할 준비도 돼 있었다. 그리고 그들은 군인과 민간인을 가리지 않고 공격할 수 있다는 것도 분명히 깨닫게 해주었다.

그후

휴전선은 어떻게 남을까

경기도 연천 비무장지대 철책선 앞에 군용 지프 한 대가 다가왔다. 육군 모 사단 대대장 윤 모 중령이 운전병, 무전병과 함께 타고 있었다. 차가 멈춰 서자 윤 중령이 갑자기 권총을 꺼내 병사들을 겨눴다. 지휘관의 돌발행동에 놀란 병사들은 어쩔 줄을 몰랐다. 윤 준령은 무전병을 차에서 내리도록 해 자신과 함께 걷게 하고 운전병은 차를 몰아 돌아가게 시켰다. 무전병을 권총으로 위협한 상태로 함께 인근 연곡천으로 내려갔다. 그리고는 북쪽을 향해 걸었다. 비무장지대 곳곳에 지뢰가 매설돼 있었지만 윤 중령은 작전구역 내 지뢰 매설지점을 꿰고 있었다. 두 사람은 지뢰가 거의 없는 연곡천을 따라 군사분계선까지 무사히 넘어갔다. 육군 현역 중령이 부하 사병을 데리고 월북한 것이었다.[28]

1977년 10월 20일 발생한 현역 장교의 월북 사건, 그것도 사병까지 인질로 끌고 간 월북은 충격이었다. 군은 처음엔 이 사건을 덮으려 했다. 그러나 북한이 가만히 있지 않았다. 월북한 유 중령이 북한 여성과 함께 있는 사진을 전단에 담아 전방에 뿌렸다. 우리 군은 뒤늦게 윤 중령 월북 사건을 공개할 수밖에 없었다. 전방 대대장 월북 사건의 후폭풍은 대단했다. 해당 군단장과 사단장 등은 보직 해임되고 윤 중령 소속 사단은 비무장지대 경계 작전에서 배제됐다.[29] 우린 군의 경계 작전 지침도 일부 수정이 불가피했다. 월북 동기는 정확히 밝혀지지 않았다.

총격 월북부터 판문점 귀순까지

군사분계선을 통해 남과 북으로 넘어가고 넘어오는 건 대부분 윤 중령과 같이 현지 상황을 잘 아는 군인이었다. 민간인이 비무장지대 철책선을 뚫고 군사분계선까지 넘어가기란 사실상 불가능하기 때문이다. 비무장지대는 남측이나 북측 모두 다중 경계시설로 구성돼 있다. 철조망과 지뢰, 감시 카메라 등이 설치돼 있어 장벽에 접근하는 것 자체가 어려울뿐더러 자칫 잘못하면 목숨을 잃을 수도 있다. 무장한 한국군과 북한군이 상시 경계를 서고 있으며 이상 징후가 보이면 언제든 방아쇠를 당길 준비가 돼 있다. 더욱이 북한 측 비무장지대에는 최고 1만 볼트의 고압 전류가 흐르는 철조망까지 설치돼 있다. 1986년 김정일의 지시로 만들어진 고압 전류 철조망은 비무장지대 거의 전 구간에 깔려 있다.[30] 고압선은 남한으로부터의 침투를 막기도 하지만 북한 군인과 주민 이탈을 방지하는 역할도 한다.

이 때문에 군사분계선을 넘는 사람은 남이든 북이든 거의 그 주변에서 경계 근무를 담당한 현역 군인이 대부분이었다. 남에서 북으로 넘어가면 상대적으로 후한 대접을 받는 것으로 알려져 있다. 북한이 체제 우월성을 선전하는데 이용할 수 있기 때문이다. 1984년 월북한 조준희 일병도 그 가운데 하나였다. 강원도 고성의 까치봉 비무장지대에서 근무하던 그는 GP 동료들에게 소총을 난사하고 수류탄을 던져 15명을 잔인하게 살해한 뒤 북한으로 넘어갔다. 같은 부대 수색대원이 월북하는 조 일병을 추격했지만 지뢰를 밟아 3명이 숨졌을 뿐 끝내 잡지 못했다. 조 일병은 동료를 학살한 범죄자였지만 북한에 넘어가서 영웅 대접을 받았다. 훈장까지 받은 것으로 전해졌다. 휴전 이후 군사분계선을 넘어 북한으로 넘어간 남한 군인은 450명이 넘는데, 대부분은 휴전 직후부터 1960년대 사이에 월북했다. 이 기간 미군 월북자도 6명이 있었다.[31] 1970년대 이후 월북 군인 수는 모두 합쳐 수십 명대에 그친다.

북한에서 군사분계선을 넘어 남한으로 건너온 귀순자 수는 정확히 알려지지 않고 있지만, 그 가운데 몇 차례는 우리 기억 속에 뚜렷이 남아 있다. 1983년 북한 미그19 전투기 한 대가 서해 북방한계선을 넘어왔다. 한국 공군 F5 전투기가 즉각 대응 출격을 했고, 미그기가 날개를 흔들며 귀순 의사를 밝힘에 따라 그대로 수원비행장에 착륙시켰다. 미그기를 몰고 온 것은 북한 공군대위 이웅평이었다. 당시 수도권 일대에는 공습경보 사이렌이 울리는 등 한바탕 소란이 벌어졌다. 2012년에는 북한군 병사가 강원도 고성군에서 군사분계선을 넘어 남한 경비초소 문을 두드리고 귀순한 일이 벌어졌다. 부대 음식을 훔쳐 먹다 상관에게 들킨 이 병사는 처벌이 두려워 남쪽으로 넘어왔다. 소위 '노크 귀순' 사건이라고 불리는 이 일로 북한 병사 한 명이 자유를 찾았지만, 남한의 전방 경계태세에 심각한 문제가 노출돼 관련자들이 줄줄이 문책당했다.

최근에 해외에서까지 큰 관심을 끌었던 탈북 사례는 2017년 판문점 공동경비구역을 통해 탈출한 북한 병사 오청성이었다. 그의 귀순 과정은 판문점에 설치된 폐쇄회로 TV에 그대로 녹화돼 탈북의 위험성을 보여줬다. 그가 차를 몰고 마지막 북한 검문소를 통과하는 장면과 판문점 군사분계선 바로 앞에서 차가 고장 나 도랑에 걸린 모습, 차를 버리고 군사분계선 남쪽을 향해 다급하게 내달리는 장면, 이를 본 북한 무장 군인들이 달려와 총격을 가하는 상황, 총탄에 맞아 쓰러진 오청성을 우리 군인들이 포복으로 끌어오는 순간 등 전 과정이 생생하게 공개됐다. 오청성의 긴박한 탈북 장면은 한반도 군사분계선이 아직도 얼마나 위험한 것인지, 또 북한 병사가 목숨까지 걸고 찾으려 했던 자유가 얼마나 소중한 것인지 전 세계인이 다시 한번 느끼게 해주었다.

이런 현실적 위험성 때문에 북한을 탈출하는 주민 대부분은 폭 4km 비무장지대 대신 북쪽 중국과의 국경선을 통해 수백에서 수천 킬로미터를 돌고 돌아 남한으로 들어온다. 아니면 동해와 서해를 이용해야 한다. 국경에 대한 통제와 주민 상호 간의 감시가 극심하게 유지됐던 1990년대 초반까지만 해도 탈북자는 한 해 10명

안팎에 불과했다. 1990년대 중반 '고난의 행군' 시기에 북한의 식량 사정이 악화하고 굶어 죽는 사람이 속출하면서 견디다 못한 주민들의 탈출 시도가 늘어났다. 연간 40명에서 80명으로 꾸준히 증가하다 1999년이 돼서 처음 1백 명을 넘어섰다. 이때까지 누적 탈북자 수는 모두 947명으로 휴전 이후 반세기가 다 되도록 1천 명이 채 안 됐다.

그러다 2000년대 들어 탈북자가 급증했다. 2001년 한 해에만 1043명이 들어와 처음으로 연간 탈북자 수가 1천 명을 돌파했다. 이후 2006년 2천 명을 넘기고 2007년에는 남한 내 누적 탈북자 수가 1만 명을 넘어섰다. 이후에도 꾸준히 증가해 2009년 3천 명에 육박했고, 이듬해 국내 정착한 탈북자 규모가 2만 명대를 기록했다. 이후 2012년 김정일이 사망하고 권력을 이어받은 김정은이 국경 통제를 강화해 탈북자 수가 한해 1100~1400명 수준으로 증가세가 둔화했다. 그런데도 여전히 해마다 1천 명이 넘는 북한 주민이 한국에 들어오는 상황이고, 국내 정착 탈북자가 3만 명이 넘는 시대를 맞았다.

휴전선 너머 잡은 손

비무장지대 장벽이 굳건히 버티고 있지만 남북 간 상호 왕래와 교역이 전혀 없었던 건 아니다. 남과 북은 서로의 필요 때문에 경제 협력 사업을 조금씩 추진해왔다. 남북 교역이 시작된 것은 1988년

이었다. 주로 홍콩 등 제3국을 경유한 간접교역 방식으로 이뤄졌으며 그 규모도 2천만 달러 수준이었다. 한번 물꼬를 트자 남북 경협은 빠르게 증가했다. 북한 대외무역에서 남한과의 교역이 차지하는 비중은 1990년 1%에도 미치지 못했는데, 이후 1998년 13%, 2005년 26%로 20배 이상 늘어났다. 2000년에는 남북한 간 개성공단 사업이 시작됐다. 북한이 땅과 노동력을 공급하고 남한이 자본과 기술, 설비를 제공한 경제 협력이었다. 남북 교역량은 5년 만에 10억 달러를 돌파했다.[32] 개성공단 가동 15년 만에 공단 입주 기업은 120개에 북한 근로자 수가 5만5천 명 수준을 기록했다. 개성공단에서 일하는 남한 근로자 수는 약 8백 명 선을 유지해왔다. 그동안 남북 교역량은 거의 세 배 가까이 증가해 27억 달러를 넘기면서 개성공단 남북 경협은 북한 대외무역의 30% 이상을 차지하게 됐다.[33]

남북 경협은 북한 경제의 남한 의존도를 일부 키웠다. 그런데도 북한을 개혁 개방의 길로 유도할 정도로 눈에 띄는 성과는 내지 못했다. 2016년 북한이 제4차 핵실험을 강행하고 장거리 로켓 발사 등에 성공하자 국제사회는 대북제재를 가했고 개성공단 가동도 전면 중단됐다. 남북 경협이 사실상 멈춘 것이다. 하지만 북한에는 든든한 '뒷배' 중국이 있었다. 북한은 이후 무역을 중국에 집중하며 2019년 무역의 중국 의존도가 95%를 넘었다. 결국 한국과의 경제 협력이 끊어지더라도 중국에 손을 뻗음으로써 한국에 대한 의존성을 어렵잖게 벗어날 수 있었던 것이다.

경제 협력과 별개로 남북한이 비무장지대를 평화적으로 활용하려는 시도도 없지 않았다. 1982년 한국 정부는 민족화합 시범 실천 사업을 제안했다. 과거 남북을 연결했지만 지금은 단절된 경의선 도로를 다시 잇고 비무장지대 안에 공동으로 사용할 수 있는 운동 경기장을 건설하는 것 등 계획이 제안됐다. 이산가족 면회소와 남북 연합기구를 두는 '평화도시'와 비무장지대 내 세계평화공원 조성 사업도 제시됐다.[34] 남북한 간의 협력 사업을 통해 비무장지대를 상호신뢰의 구축 공간으로 만들자는 구상들이었다. 하지만 이후 구체적으로 진행된 사업은 찾아보기 힘든 게 현실이다. 핵실험과 장거리 미사일 발사, 포격 도발, 해상 도발, 사이버 공격 등 잊을 만하면 터지는 북한의 도발과 상호신뢰 부족으로 대부분 사업은 첫 삽을 뜨기도 전에 중단되기 일쑤였다. 결국 비무장지대는 여전히 금단의 지대로 남아 한반도의 허리를 끊어놓고 있다.

휴전선은 어떻게 남을까

여전히 접근이 힘든 비무장지대는 장래엔 한민족에게 뜻밖의 선물이 될 수도 있다. 군사분계선을 따라 남과 북으로 폭 4km, 길이 248km에 걸쳐 펼쳐진 비무장지대는 70년 가까이 출입이 통제돼 생태가 거의 원형 그대로 보존돼 있다. 한반도 전체 면적의 약 0.5%에 달하는 땅이 청정지역으로 고스란히 남아 있는 것이다. 더욱이 비무장지대는 서에서 동으로 다양한 지형과 생태가 구성돼 있다. 물과 평야가 많은 서쪽은 전쟁 전에는 농경지로 이용되던 곳이 많았는데 그동안 인간의 손길마저 끊기면서 대부분 습지와 평원으로 변했다. 동쪽 깊은 산지는 이제 천연림으로 뒤덮여 동식물의 천국이 되고 있다. 삼림도 많고 강과 하천도 풍부한 중부 지역은 이런 서부와 동부를 연결하는 생태통로 역할을 하며 다양한 생태계의 모습을 그대로 간직하고 있다.

실제로 국립생태원이 조사한 바에 따르면 비무장지대는 멸종위기 동식물의 보금자리이다. 이 지역에 서식하는 동식물의 다양성과 개체 수는 한반도를 통틀어 가장 풍부하다. 반달가슴곰과 산양, 사향노루, 수달 등이 살고 있다. 식물도 금강소나무를 비롯해 2500종이 넘게 서식하는데, 이는 국내 전체 식물 종 4425종의 절반이 넘는다.[35] 비무장지대는 이처럼 다양한 생태를 그대로 유지해 국제적인 생태 보고로 평가를 받을 정도다.

동시에 이 아름답고 귀중한 비무장지대는 남북한이 화해하고 통일이 된다고 하더라도 한민족에게 또 다른 상처로 오랜 기간 남을 가능성이 크다. 다름 아닌 지뢰 때문이다. 비무장지대와 민간인통제선 이북에만 1천2백여 지역에 77만 발가량의 지뢰가 집중적으로 매설돼 있다. 우리 군은 지뢰제거 작업을 계속해오고 있지만 진행 속도는 더디다. 1998년 이후 거의 20년 동안 작업했음에도 제거된 지뢰는 5만8천 여 발에 그친다. 산술적으로 따지면 비무장지대 지뢰를 모두 없애는 데는 2백 년이 더 걸릴 수 있다는 분석도 나온다. 더욱이 한국전쟁 당시 격전지 일대에 마구 뿌리다시피 매설한 지뢰는 정확한 위치조차 파악되지 않는 상태다. 지뢰가 제거되지 않

는 한 비무장지대는 여전히 출입할 수 없는 지역으로 남을 공산이
크다.

　역사상 이렇게 폐쇄적인 장벽이 또 있었을까. 지구상에 수많은
장벽이 만들어져왔지만 남북한 사이 만들어진 군사분계선 비무장
지대와 같이 양쪽을 철저하게 단절한 장벽은 유례를 찾아보기 힘
들다. 장벽을 세운 주체가 어떤 이유에서든 이를 통해 접촉과 이동
을 차단하려고 한 것은 맞지만, 비무장지대처럼 완벽하게 그 목적
을 달성한 사례는 드물다. 동독이 세운 베를린 장벽이나 이스라엘
의 분리장벽, 미국이 세우고 있는 멕시코 국경장벽 등도 마찬가지
다. 모두 정치 상황이나 경제적인 이유, 또는 구조적인 결함 등으
로 인해 인력과 물자가 장벽을 넘나드는 것을 완벽하게 차단하지
는 못했다. 하지만 한반도 허리를 자른 비무장지대는 다르다. 함부
로 건너는 사람은 총알을 맞거나 지뢰를 밟거나 고압선에 감전될
수밖에 없어 거의 완벽하게 그 기능을 수행하고 있다. 《장벽:인간의
또 다른 역사》의 저자인 클로드 케텔은 휴전선을 가리켜 "세계에서
가장 길고 폐쇄적인 국경"이라고 불렀다.

　그런데도 인류 역사상 영속하는 장벽은 존재하지 않았다. 세상
이 바뀌고 상황이 변하면 언젠가는 구멍이 뚫리고 허물어지기 마
련이다. 남북한 사이 아름다운 땅에 만들어진 이 가장 폐쇄적인 장
벽이 무너져 내리길 소망한다. 그 누구도 예상하지 못할 때 갑자기,
그것도 가까운 미래에. 베를린 장벽이 그랬던 것처럼.

장벽이라는 것이 꼭 물리적인 실체를 가지고 있는 것만은 아니었다. 눈에 보이지도 않고 만질 수 없는 장벽도 많았고, 이런 장벽을 넘어가는 것은 콘크리트와 강철로 만든 그 어떤 장벽을 넘는 것보다 더 힘든 예도 있었다. 보이지 않는 장벽의 위력은 대단했으며, 여기에 갇히고 막힌 자들이 받아야 하는 고통과 괴로움은 물리적 장벽이 주는 것에 결코 모자라지 않았다. 과학과 문명의 발달로 인간과 물류의 이동 속도와 편이성은 혁신적으로 개선됐지만, 보이지 않는 장벽은 더 많이 생겨나고 이를 넘어가기는 더 까다로워지고 있다.

5장

다시 갇히고 막힌 것들

보이지 않는 장벽

모든 것은 경제다

―

돈 때문이었다. 천 년 가까이 이어져 온 유럽의 봉건 체제가 16세기에서 18세기를 거치며 급변하고 있었다. 봉건시대 영주와 귀족들은 자신들의 영지와 지역에서 독자적으로 권력을 누리고 있었다. 국왕과 이들의 관계는 수직적이었지만 그 지배력은 강력하지 않았다. 포르투갈과 스페인을 필두로 신대륙 발견이 진행되고 식민지가 속속 생겨났다. 이들 식민지를 상대로 한 무역까지 활발하게 이뤄지면서 유럽에서는 상업혁명이 진행됐다. 유럽의 해양 강국이 개척한 신세계를 연결하는 전례 없던 규모의 무역과 상거래로 재력을 쌓은 상인과 지주 등 신흥 유산계급 부르주아가 등장했다. 이들은 봉건영주와 귀족보다는 강력한 국왕을 지지했다. 부르주아는 국왕에 돈을 갖다 바치며 세금 감면 등 각종 혜택을 누렸고, 이들의 지원을 받은 국왕은 군소 영주와는 비교할 수 없을 정도로 넉넉한 돈과 힘을 얻게 됐다. 국왕은 강력한 군대와 행정 조직을 갖추게 되면서 절대왕조로 변모했다.[1]

영국과 프랑스에서 잇따라 절대왕정이 등장했다. 절대왕정 시대 국가 재정 규모는 이전 봉건영주 때와는 차원이 달랐다. 군대와 외교, 행정, 내치 등에 막대한 재정이 투입되면서 왕정을 유지하려면 국가와 왕조가 막대한 부를 축적해야 했다. 금이나 은과 같은 귀금속을 모으고 부를 증대시키는 게 무엇보다 중요했다.[2] 그러기 위해서는 무역이 필요했다. 싸고 좋은 제품을 만들고 수입보다 수출을 더 많이 해 대규모 흑자를 내야 했다. 절대왕정은 해외 시장을 개척해 다른 나라와 교역을 활성화하는 동시에 자국 산업을 보호할 장치도 마련해야 했다. 소위 중상주의가 지배적이었다. 외부에서 유입하는 적의 침입을 막기 위해 성채와 성벽을 만들듯, 국내산업을 보호하기 위해 보이지 않는 장벽 즉, 무역장벽을 쌓아 올렸다. 해외에서 들어오는 물품에 관세를 부과해 수입을 제한하고 국내 상품과 상인들을 보호했다. 이런 중상주의 정책은 식민지 없이 유지하기는 쉽지 않았다.

중상주의와 식민지

절대왕정 시대는 식민지 개척을 위해 너도나도 다른 대륙으로 진출한 유럽의 팽창기이기도 했다. 유럽 대륙에서 떨어져 있는 섬나라 영국은 16세기만 해도 유럽의 변방에 있는 농업국이었다. 스페인과 포르투갈, 네덜란드 같은 강대국이 대항해시대를 통해 아프리카와 아메리카, 아시아 등 해외에 식민지를 개척하며 막대한 부를 축적하는 동안 여전히 목가적인 모습으로 남아 있었고 이들 나라와 비교해 국력도 위력적이지 않았다.

그런데 엘리자베스 1세 여왕이 왕위를 물려받으면서 영국은 탈바꿈했다. 절대왕권을 강화하고 사회를 안정시켰다. 열강들을 상대하려면 강력한 해군이 필요하다는 생각에 해적까지 끌어모아 군함에 투입했다. 그 결과 해군력이 급속도로 증강돼 당시 무적함대라고 불리던 스페인 함대를 무너뜨리는 등 유럽의 새로운 강자로 부상했다. 17세기 해상 무역을 주름잡은 네덜란드까지 깨부수며 제해권을 장악한 영국은 중소 무역회사를 통합하고 국가가 관리하는 동인도회사를 설립해 본격 식민지 개척에 뛰어들었다. 영국은 금세 아프리카와 북아메리카 등으로 세력을 확장했다.

식민지 없이 절대왕정을 유지하는 것은 상상하기 힘든 일이었다. 문제는 식민지 경쟁과 보호무역을 하는 국가들 사이에는 이익 충돌이 불가피하다는 것이었다. 다른 나라에 대한 배타적인 시장과 자원 공급처가 된 식민지는 극단적인 보호무역의 방편이었다.

18세기 프랑스도 절대왕정의 시기였다. 그런데 여타 유럽 국가에서 볼 수 없었던 새로운 상황이 전개됐다. 프랑스 왕 루이 16세는 멀리 아메리카 대륙에서 벌어지는 미국의 독립전쟁을 지원하느라 막대한 재정을 소비했다. 게다가 개인적으로 사치를 일삼아 국가 재정은 파탄 날 위기에 처했다. 1789년 프랑스 정부는 귀족 계급의 면세특권을 없애는 등 재정 위기를 타개하려고 다양하게 시도했다. 당시 프랑스 인구는 약 2천7백만 명이었는데, 50만 명도 안 되는 성직자와 귀족이 높은 관직을 독차지하고도 사실상 세금은 내지 않는 특권을 누렸다. 심지어 이들은 프랑스 전체 토지의 40%를 소유하기까지 했다. 이런 귀족들은 정부의 재정난을 타개하기 위한 정책에 반발하며 문제를 거국적으로 해결할 삼부회의를 소집했다. 그러나 성직자와 귀족, 평민 대표들이 참여하는 삼부회의는 각 계급이 한 표씩을 행사하기 때문에 평민에게 유리한 결정이 내려질리 없었다.

제한된 권리만 행사할 수 있던 절대다수의 평민은 불만이 가득했다. 상업활동으로 급성장한 유산계급과 시민계급은 봉건질서와 기득권층의 횡포를 더 이상 참지 않았다. 평민들은 귀족이 소집한 삼부회의를 거부하고 자신들만의 대표를 모아 국민의회를 만들었다. 국민의회에서는 기존 질서를 깨부수고 아예 새로운 국가를 설립하는 방안이 논의됐다. 루이 16세가 이들을 강제해산하려 하자 분노한 군중이 들고일어났다. 시민들은 무기를 탈취해 바스티유 감옥을 습격했고 파리는 대혼란에 빠졌다. 이렇게 시작된 시민 봉기는 순식간에 전국으로 퍼졌다. 프랑스 대혁명이었다. 1792년 왕정이 폐지되고 공화정이 선포됐다. 이듬해 외국의 도움을 받아 절대왕정으로 회귀하려던 루이 16세가 붙잡혀 반역죄로 처형됐다.[3] 프랑스에서 봉건제는 막을 내렸다.

대혁명은 프랑스에 새로운 국가체제를 탄생시켰다. 국왕이 아니라 국민의 대표기관인 의회가 국가 최고의 권력기관이 됐고, 국왕이 가졌던 절대적인 주권은 국민에게 넘어갔다. 고유한 영토에서 단일한 법과 정치체계를 가지며 역사와 문화를 공유한 시민들로 구성되는 국민국가Nation State 체제가 탄생한 것이다.

프랑스 왕이 공개처형당하고 새로운 정치 질서가 세워지는 걸 지켜본 유럽 각국의 왕조는, 시민혁명이 자기들 나라로 번질까 우려했다. 영국 주도로 대프랑스 동맹을 결성하고 프랑스를 포위하기도 했다. 하지만 결국엔 국민국가 체제가 새로운 국가질서로 정착하면서 유럽의 여러 나라로 서서히 퍼져 나갔다. 각국에서 진행된 경제 발전은 이미 봉건질서를 상당 부분 와해시키고 있었다. 여러 이익 집단이 만들어지고 사회는 이전에 없던 계약과 의무 관계로 얽히고설켰다. 절대적인 것으로 보였던 종교인의 권위와 위세가 크게 줄어 세속화 경향도 가속했다. 해외에서의 상품 교환이 확대되고 인쇄술과 통신수단이 발달하면서 서로 다른 나라에서 일어나는 일과 문화, 언어, 종교 등에 관한 관심도 커졌다.[4] 시민이 더 합리적으로 사고하게 되고 일부에게만 허용됐던 특권을 부인했다. 더욱 평등한 사회에 대한 갈망이 커지면서 봉건사회는 더 버티기 힘든 상황이었다.

전쟁의 일부가 된 무역

18세기에서 19세기에 걸쳐 유럽이 격변하는 상황 속에서 영국과 프랑스는 강국으로 부상해 각축을 벌였다. 영국은 바다의 패권을, 프랑스는 대륙의 패권을 각각 장악했다. 그런데 균형은 프랑스 대혁명 이후 무너지기 시작했다. 1804년 나폴레옹이 쿠데타를 일으켜 황제의 자리에 올랐다. 오스트리아를 시작으로 이웃나라를 하나둘 점령하며 대륙을 정복했다. 프랑스는 함대를 꾸려 영국 정벌에도 나섰다. 하지만 트라팔가르 해전에서 참패를 당하고 말았다. 넬슨 제독이 이끄는 영국 함대는 위력적이었다.

바다에서의 싸움이 여의치 않자 나폴레옹은 전략을 바꿨다. 대륙을 봉쇄해 영국 상선이 유럽으로 들어오는 것을 막는 작전을 세웠다. 무역을 전쟁에 끌어들인 것이었다. 한편으론 대륙 시장에서 영국 제품을 몰아내 재정에 타격을 주고, 다른 한편으로는 해외에서 영국으로 들어가는 물자를 차단함으로써 고립시키려는 계획이었다. 섬나라 영국은 석탄과 같은 에너지원은 물론 철강, 목재 등 원재료까지 수입했다. 대륙과 무역을 못 하게 되면 영국 경제는 제대로 돌아갈 수 없었다.

나폴레옹은 군대를 보내 프로이센을 격파한 뒤 베를린에서 칙령을 발표했다. 영국을 봉쇄하고 향후 무역은 물론, 왕래까지 금지한다는 내용이었다. 영국 경제에 타격을 가해 무력화시키는 동시에 프랑스 국내 상공업까지 보호할 수 있는 일거양득의 작전이었다. 실제로 대륙 봉쇄가 시작되고 오래지 않아 프랑스 제조업과 상업은 호황을 누렸다.

영국이 가만히 당하고 있을 리 없었다. 강력한 해군력을 동원해 식민지에서 유럽 국가들로 물자를 실어가는 수송선을 공격했다. 대륙으로 들어가는 물자를 막는 역봉쇄였다. 프랑스의 대륙 봉쇄에 영국의 역봉쇄까지 벌어지자 주변국들에 피해가 커졌다. 프로이센과 러시아 등 영국에 농산물을 공급하던 나라들은 수출길이 막히자 농민들 생계까지 막대한 지장이 생겼다. 영국의 역봉쇄로 인도와 아시아 등에서 수입해온 설탕과 후추 등 식품가격도 폭등했다. 원자재 조달에 어려움을 겪으면서 상공업 피해가 심각했다. 그러자 일부 유럽 국가들은 프랑스 몰래 밀무역을 하는 등 자구책을 마련했다.

농업국가였던 러시아는 특히 타격이 컸다. 농산물을 영국 등 해외에 수출하고 공산품을 수입해 국내산업과 경제를 꾸려왔는데 봉쇄가 길어지자 버티기 힘들었다. 러시아는 다시 영국에 문을 열고 공공연하게 영국과 통상을 재개했다. 프랑스의 대륙 봉쇄에 큰 구멍이 뚫린 것이었다. 나폴레옹은 1812년 병력 61만 명을 이끌고 선전포고도 없이 러시아를 침공했다. 하지만 광활한 땅에서 붙은 러시아와의 전쟁은, 넓은 바다에서 강력한 영국 해군과 벌인 싸움과 비슷했다. 프랑스군은 보급에 어려움을 겪었다. 전쟁이 길어지면서 혹독한 추위와도 싸워야 했다. 이길 수 없는 전쟁이었다. 치고 빠지는 방식의 러시아 게릴라 전술에 프랑스군은 속수무책 당했다. 러시아 원정길에 나섰던 그 많던 병력 가운데 약 3만 명만 돌아온 대참패였다. 나폴레옹의 무역 전쟁, 대륙 봉쇄는 그렇게 막을 내렸다.

영국과 프랑스의 봉쇄 전은 사실상 상대국의 무역로를 막는 무역전쟁이었다. 두 나라의 대결은 유럽 대륙 다른 나라에까지 큰 타격을 입혔다. 이전에도 각국은 나라별로 처한 국내외 상황에 따라 무역장벽을 쌓기도, 허물기도 했다. 때로는 다른 나라에 시장을 개방하라며 자유무역을 주장하면서도 자국의 산업을 보호해야 할 필요가 있을 때는 보호무역을 앞세웠다. 바다와 대륙을 가리지 않는 상거래가 활발해지면서 무역은 점차 국가의 이익을 관철하는 중요 수단 가운데 하나로 자리잡았다.

이미 영국은 식민지 개척시대 경쟁국인 네덜란드와 스페인을 물리치고 해상 패권을 손에 넣는 데 보호무역을 십분 활용했다. 17세기 자국 양모 산업을 지킨다며 무역장벽을 세우고 식민지산 양모와 인도산 면직물의 영국 판매를 금지했다.[5] 모직산업이 발달하기 시작한 18세기 중반 영국 정부는 다른 나라 모직 상품에 대해 관세를 부과하고 자국의 모직산업에는 보조금을 지급하며 경쟁력을 높였다. 국가적 보호를 받은 모직물은 곧 영국의 대표적인 수출품으로 자리잡았다. 영국은 국내 경제가 한창 성장하던 1720~1850년대에 가장 보호주의적인 나라 중 하나였다. 이후 산업혁명으로 영국의 모직산업이 다른 경쟁국들을 압도할 위치에 오르자 자유무역을 강력하게 주장했다.

비슷한 시기 대서양 건너 미국은 보호무역을 신봉했다. 1860년대 남북전쟁 당시까지만 해도 농업국가였던 미국은 영국의 자유무역 압력에 맞서야만 했다. 일찍이 미국 정치 지도자 가운데는 자국내 제조업이 국제 경쟁력을 기르기까지는 정부가 나서 주요 산업을 보호 육성해야 한다고 생각하는 이가 많았다. 링컨 대통령은 남북전쟁 때 관세를 최고 수준으로 끌어올린 보호무역주의자였고, 전쟁 후 당선된 그랜트 대통령도 보호무역을 통해 미국이 취할 수 있는 이득을 모두 취한 다음 자유무역을 해도 늦지 않다고 공공연하게 말했다.[6] 미국은 경제가 한창 도약하던 시기인 1830년대에서 1940년대 사이 거의 전 세계에서 가장 강력한 보호주의 정책을 고수했다.

산업혁명이 가져온 변화

18세기 후반 산업혁명은 인류의 경제와 무역에 혁명적 변화를 가져왔다. 가장 먼저 산업혁명에 성공한 영국은 생산력이 폭발적으로 증가했다. 동력으로 움직이는 방적기는 사람이 돌리는 물레의 수백 배가 넘는 직물을 생산하고 증기기관차 한 대는 수백 마리 말이 움직여야 할 짐을 옮겼다. 증기기관의 발달은 철도 건설로 이어져 상품과 원자재를 더 빨리, 더 멀리, 더 많이 운송할 길이 열렸다. 산업혁명 이후 영국의 산업 생산력은 기존의 인력이나 수력, 가축의 힘이 만들어내던 시대와는 차원이 달랐다. 기계화된 공장이 대량 생산으로 물건을 찍어내면서 공산품이 넘쳐났다. 그런데 생산력 향상과 늘어난 상품이 모두에게 풍족함과 만족을 가져다주는 것만은 아니었다.

산업혁명으로 공업이 발달하면서 농촌인구가 대거 도시로 이주하자 곡물 생산이 급감했다. 부족한 곡물을 수입해 해결해야 하는 상황이었지만 기득권 세력인 지주들은 외국산 곡물 수입을 반대했다. 이 때문에 식료품 가격이 급등하고 노동자들은 졸지에 빈곤층으로 전락할 위기에 처했다. 당시 영국은 농산물 수입을 규제하는 곡물법으로 자국 농업을 보호하고 있었기 때문에 유럽에서 보호무역 국가로 악명 높았다. 1820년 영국이 수입 공산품에 매긴 평균 관세율은 거의 50%로 매우 높은 수준이었다.[7] 산업화가 이루어지자 자본가들은 보호무역법을 폐지하고 자유무역을 해야 한다고 주장했다. 선진 공업국이 된 이상 공산품을 더 많이 수출하고 해외에서 값싼 농산물을 수입하는 것이 유리했다. 산업 경쟁력이 다른 나라가 범접할 수 없는 수준에 도달한 영국으로선 보호무역 조치를 통해 자국 산업을 보호할 필요도 없었다. 더욱이 영국의 국내시장은 제한적이었다. 마침 산업혁명을 통해 생산된 영국 제품은 해외에서 인기였다. 영국으로선 해외 시장이 절실했다.

하지만 다른 나라 시장을 열려면 먼저 자국의 보호무역 정책을 거둬들여야 했다. 영국은 국가 간 무역장벽을 없애고 자유롭게 거래하길 바랐다. 많은 나라와 호혜관세 협정을 맺고 관세를 서로 낮췄다. 영국도 1846년 자국 농업을 보호하던 곡물법을 폐지했다. 그런데 영국이 국가 간 협정과 상품 경쟁력에만 의지해 다른 나라를 상대로 자유무역을 추진한 건 아니었다. 자유무역을 거부하는 국가에 대해서는 완력을 쓰는 데도 주저하지 않았다.

산업혁명으로 부를 축적하면서 영국인들 사이에는 기호품인 차 수요가 크게 늘었다. 차는 중국 청나라에서 대량 수입했는데, 영국은 중국에 수출할 것이 별로 없었다. 청나라가 통상수교 거부정책을 고수한 데다 전통적으로 자급자족 경향이 강해 필요한 물건은 대부분 국내에서 조달했다. 중국이 서양으로부터 수입하길 원하는 것은 구리와 최신식 기계류 등에 국한됐다. 영국은 이렇게 제한된 수출만으로는 막대한 차를 수입해오는 중국과 무역 수지를 맞출 수 없었다. 중국을 상대로 막대한 무역적자를 기록했고 차 수입 대금을 치르느라 엄청난 양의 영국산 은이 중국으로 흘러 들어갔다.[8] 영국이 대중 무역 불균형의 대안으로 생각해낸 것은 아편 수출이었다. 인도에 공산품을 수출하고 아편을 매입해 이를 중국에 밀수출했다. 아편은 중국 소비자들 사이에 빠르게 퍼져 나갔고, 중독자가 속출했다. 1839년 한 해에만 4만 상자가 중국에서 소비될 정도로 아편이 퍼지자 중국 정부는 아편 수입을 금지했다. 자유무역을 주창해온 영국은 시장을 닫으려는 중국의 움직임에 무력으로 맞섰다. 1840년 영국은 증기선을 주축으로 한 강력한 해군을 보내 청나라 군대를 격파했다.[9] 그 결과 두 나라 사이에 난징 조약이 맺어졌고, 중국은 홍콩을 영국에 내어주어야 했다.

산업혁명은 나라별 부와 국력의 격차를 더욱 극명하게 만들었다. 중국이 아편전쟁에서 영국에 속절없이 당한 것처럼, 산업혁명에 성공한 나라와 그렇지 않은 나라는 국력의 차이가 비교하기 힘들 정도로 벌어졌다. 산업혁명에 먼저 성공한 나라는 기술력과 생산시설을 독점했고, 그렇지 못한 나라는 선진 산업국 경제에 종속될 수밖에 없었다. 선진국은 넘쳐나는 상품을 팔기 위해 자유무역을 외쳤고, 아직 산업화가 미진한 나라들은 보호무역으로 맞설 수밖에 없었다.

여러 유럽 국가는 선진 영국의 상품이 밀물처럼 몰려들자, 무역 장벽을 쌓아 올렸다. 후발 공업국인 독일은 아직 발전 단계에 있는 산업이 경쟁력을 갖기 전까지는 자유무역을 해선 안 된다는 입장을 고수했다. 영국 공산품과의 경쟁이 불리하다고 본 독일 산업자본가들이 보호무역을 주장했다. 물론 영국은 자유무역을 시행하라고 끊임없이 압박을 가했다. 독일의 경제학자 프리드리히 리스트는 "영국이 보호무역을 통해 선진국으로 발돋움한 다음 자유무역을 외치는 것은 후진국들이 선진국이 되지 못하게 사다리를 걷어차는 것과 다름이 없다"며 영국을 비판했다. 독일 재상 비스마르크는 1879년 본격적으로 보호 관세를 도입하고 국내산업을 보호했다. 국가가 나선 무역 규제 정책 덕분에 독일은 수출이 급증하고 산업이 빠르게 발전할 수 있었다.

당시 시장 개방에 대한 의견은 한 나라 내에서도 이해관계에 따라 의견이 갈렸다. 역시 후발 공업국인 미국의 경우 산업자본가는 자신들의 경쟁력이 영국과 독일 등에 못 미친다고 보고 보호무역을 주장했다. 반면 이들 선진국에 농축산물을 팔아야 하는 지주들은 자유무역을 지지했다. 이에 따라 상대적으로 공업화가 진행된 미국 북부지역은 보호무역을, 농업이 발달한 남부는 자유무역을 각각 지지하는 바람에 양측 사이에 갈등이 벌어졌다.[10] 무역에 대한 이런 견해 차이는 노예제도 인정 등 다른 사정과 함께 엮여 곪아 터지면서 남북전쟁 내전으로까지 확대되는 요인이 됐다.

생산 과잉의 문제

특정 나라가 산업혁명과 기술을 언제까지 꽁꽁 묶어둘 수는 없었다. 산업혁명은 결국 번지고 번져 벨기에와 프랑스, 독일, 미국, 일본 등이 하나둘 산업화 국가 대열에 끼어들었다. 산업화가 급속히 진행되면서 세계적으로 산업 생산량이 급증하고 공산품이 넘쳐났다. 경쟁력이 생긴 각국은 국익을 계산하며 주판알을 튕기느라 바빴다. 너도나도 해외 시장이 필요했고 그러기 위해 자유무역을 강조했다.

그런데 세계적으로 생산과 공급이 소비와 수요를 넘어서게 되자 문제가 생겼다. 국제 운송망이 발달하게 되면서 인도와 미국, 러시아 등 세계 각지에서 생산된 농산물이 유럽으로 대량 수입됐다. 유럽 산업국들은 농업에 타격이 불가피했다. 잉여 농산물이 넘치면서 농업에 불황이 찾아왔다. 여기에 더해 산업 생산력 급증에 따라 공업제품도 과잉 생산됐고 이를 시장이 다 소화하기 힘든 상황이 연출됐다. 공업 분야도 비슷했다. 유럽 대륙에 수요·공급 불균형으로 산업별로 경기 침체의 먹구름이 밀려오고 있었다.

산업화한 이후 해외에서 투자를 유치하는 등 비교적 견실하게 발전을 해오던 미국 경제도 삐걱대기 시작했다. 아메리카 대륙에는 철과 석탄, 석유 등 매장 자원이 풍부했고 이를 채굴해 가져가기 위해 영국을 비롯한 여러 유럽 국가가 미국의 철도에 엄청난 규모로 투자를 쏟아부었다. 아메리카 대륙 횡단 철도를 비롯해 구석구석

철로가 광범위하게 건설돼 물류 혁신을 가져왔다. 하지만 철도 사업에 너무 많은 투자가 이뤄진 게 문제였다.

철도의 과잉 건설로 경쟁이 심해져 철도회사들의 수익성이 급격히 떨어졌다. 이런 상황에서 유럽 경기마저 침체가 시작되자 외국인 투자자금이 썰물처럼 빠져나갔다. 1873~1875년까지 미국 철도회사 121개가 채무불이행을 선언하고 파산했다. 화물 운송량은 최대 절반가량 감소했다. 당시 철도회사는 미국 주식시장 자본 총액의 약 80%를 점유하는 등 경제에 기둥 역할을 했는데, 거의 절반인 약 7백 곳이 문을 닫았다. 철도 업계의 위기는 곧 미국 증시를 마비시켰다. 증권사와 은행이 줄줄이 문을 닫으면서 대량 실직 사태가 벌어졌다. 매년 수천 개의 기업이 파산하는 가운데 1893년에는 파산 기업 수가 1만5천 개에 달했다.[11]

미국 경제가 휘청거리면서 유럽 경제에도 직격탄이 날아들었다. 영국과 프랑스, 독일 등 선진 자본주의 국가들 사이에 불황이 동시에 찾아왔다. 국내 사정에 따라 정도의 차이는 있었지만 산업 생산은 급감하고 기업 줄도산을 피하지 못했다. 경기가 침체하면서 실업률이 치솟았다. 역사상 처음으로 전 지구 차원의 장기 불황이 시작됐다. 대불황이었다. 이후 20년 이상 대불황이 이어졌고, 자유무역과 자유방임주의는 한풀 꺾이게 됐다. 대신 정부가 적극적으로 나서서 시장의 문제를 해결해야 한다는 개입주의가 찾아왔다.

1870년대까지 대부분의 산업국가는 자유무역을 지지했다. 대불황이 이를 바꿨다. 독일과 이탈리아가 자국 면직물 산업을 보호한다며 관세를 올렸고, 1890년대에는 프랑스와 미국, 러시아 등이 잇따라 관세장벽을 높였다. 각국은 자국의 산업을 지키려고 경쟁적으로 관세장벽을 쌓았다. 영국은 자유주의를 외치며 국제시장을 개척해왔기 때문에 보호주의로 쉽게 전환할 수 없었다. 그나마 중국과 인도 등 아편을 수출해 무역 흑자를 낼 수 있는 길이 열려 있어 버틸 여력도 있었다. 하지만 각국 무역장벽이 곳곳에 세워지면서 수출이 급감하자 영국 내에서도 관세를 높이고 보호무역으로 가야 한다는 목소리가 높아졌다. 독일의 공업 수준이 자신들을 거의 따라잡자, 결국 영국도 자유무역을 포기하고 보호무역으로 돌아섰다. 시간이 갈수록 무역전쟁이 치열해졌고, 유럽 국가들은 서로 더 많은 식민지 즉, 독점적 시장을 차지하는 데 열을 올렸다. 강대국 간 본격적인 제국주의 경쟁에 불이 붙었다.

나눌 수 없다면 뺏는다

독일 경제는 폭발적으로 성장했다. 영국과 벨기에, 프랑스 등에 비해 산업혁명이 늦었지만, 19세기 말에서 20세기 초를 거치며 산업화한 독일 경제는 괄목할 성과를 거뒀다. 여기에는 자국 산업을 보호하기 위해 국가적 차원에서 나선 보호무역도 큰 역할을 했다. 독일은 석탄과 철강 등 생산이 급증해 유럽 1위를 기록했고, 전기와 광학, 화학 분야도 비약적으로 발전했다. 화학비료와 대량 농업 기술 발달에 힘입어 농산물 수확량이 크게 늘면서, 단위 면적당 수확량이 세계 최고 수준에 달했다. 자국 농업을 보호하려고 미국과 러시아산 농산물에 대해서는 높은 보호관세도 부과했다. 독일은 공산품과 농산물 수출이 늘면서 1890년과 1913년 사이 무역량이 세 배가까이 증가하며 '세계의 공장' 영국의 아성을 위협했다. 이 무렵전 세계 제조업 생산에서 독일이 차지하는 비중은 약 15%로 영국(약 14%)과 프랑스(약 6%)를 넘어서 사실상 유럽 경제의 핵심축으로자리잡았다.[12]

불가피한 갈등

이 시기 독일은 제국으로 통일돼 강대국으로서의 면모를 갖춰나가고 있었다. 독일 민족은 신성로마제국이라는 이름 아래 느슨하게 연결고리가 형성돼 있긴 했지만 중세 이래 여러 왕국으로 나뉘어 제각기 독립국가를 유지해왔다. 그러다 1871년 프로이센의 재상 비스마르크의 활약으로 처음 통일국가 독일제국이 탄생했다. 산업화 과정에서 자본가와 노동자 계급의 이해가 서로 상충하자 비스마르크는 사회보장제도를 도입해 이를 조율하는 등 내부 결속을다졌다. 대외적으로는 외교력과 군사력을 적절히 활용해 독일을 유럽 중앙에 있는 세력 균형추 구실을 하게 만들며 외교 역량도 확대했다.[13] 안팎으로 두루 펼쳐진 비스마르크의 활약으로 독일 역사상최초의 국민국가 독일제국이 탄생했다. 독일도 서서히 팽창의 길로 접어들었다.

대서양 건너 아메리카 대륙에서도 지각 변동이 벌어지고 있었다. 19세기 말 미국의 성장은 세계 강대국 지형도를 다시 그리게 했다. 비옥한 토지와 풍부한 자원을 자랑하는 미국은 산업화하면서 기술까지 발달해 있었다. 더욱이 유럽과 달리 주변 다른 나라부터 직접적이고 심대한 위협도 없는 상태였다. 다른 강대국은 한두 개씩 부분적으로나 누릴 수 있던 장점들을 미국은 두루 가진 셈이었다. 미국산 농축산물 가격은 유럽 어느 나라 것보다 저렴했고, 20세기 초 석탄과 석유 생산량은 세계 최고 수준이었다. 유럽에서 막대한 투자자금이 들어와 광활한 대륙 구석구석 철도망까지 깔리면서 미국의 산업은 규모는 물론 능률성까지 모두 갖추게 됐다.

미국은 이제 세계 최대 제조업 생산국이었다. 미국산 기계와 철강제품, 전기 장비, 농기계 등이 전 세계 시장에 쏟아져 나왔다. 그런데도 여전히 높은 관세를 유지하며 자국 산업을 보호했다. 원료와 특수 품목 등을 제외하고는 외국 제품의 국내 유입을 차단했다. 국내 생산품이 너무 많아지면서 자국 내 시장에서 다 소화할 수가 없을 지경까지 이르렀다. 미국 농민은 물론 중공업 산업자본가들은 정부가 해외 시장 개척에 더 적극적으로 나설 것을 요구했다. 반대로 유럽에서는 미국산 공산품과 농산물이 밀려오자 관세를 인상해 차단하라는 요구가 커졌다.

미국의 눈부신 경제 발전에 따라 국제 관계에도 변화가 불가피했다. 미국은 경제적인 면에서 이미 강대국 반열에 올랐다. 이에 상응해 군사력도 커졌지만 아직 군사 대국화 움직임은 보이지 않았다. 유럽에서 일어나는 문제에 적극적으로 개입하려고 하지 않았고, 유럽 국가로부터 간섭을 받고 싶지도 않았다. 미국은 신대륙에 고립된 상태로 조용히 경제 발전과 국력을 비축하는 데 집중했다.

영국은 힘이 빠지고 있었다. 무엇보다 영국의 산업 생산성 저하와 경쟁력이 약화한 것이 문제였다. 철강과 화학, 기계, 전기 등 신산업 분야에서 영국은 더 선두를 지킬 수 없었다. 산업 경쟁력 약화는 수출시장 확보도 힘들어졌다는 것을 의미했다. 유럽과 북아메리카를 비롯해 다른 강대국들이 식민지 시장에서 관세장벽을 세우는 등 보호조치를 취하며 영국 상품을 밀어냈다. 반면 자유무역을 주장해온 영국은 수많은 외국 제품이 몰려들어 산업에 위기를 맞게 됐다. 1880년까지만 해도 영국의 제조업 능력은 전 세계 제조업 생산량의 약 23%를 차지했지만 1913년에는 약 14%로 절반가량 줄었다. 같은 기간 세계 무역에서 영국이 차지하는 비중도 비슷한 수준으로 떨어졌다. 산업 생산력에서는 미국과 독일이 영국을 추월했다. 영국은 세계 3위 공업국으로 전락했다. 이 시기 영국 경제도 성장은 계속했지만 다른 경쟁국들의 성장 속도가 훨씬 더 빨라 벌어진 일이었다.

그런데도 여전히 가장 많은 해외 시장을 차지하고 있는 것은 영국이었다. 꾸준히 식민지를 개발해온 영국은 1900년대 '해가 지지 않는 나라' 대영제국이었다. 1천2백만 제곱마일의 땅과 세계인구의 약 4분의 1이 영국의 지배 아래 놓여 있었다. 세계 곳곳에 해군

기지를 확보한 세계 최강의 영국 해군은 오랜 기간 세계 2, 3위 국가의 해군력을 모두 합한 것과 비슷한 수준을 유지해왔다. 광활한 식민지와 막강한 해군력에 힘입어 세계 최대 무역국의 지위를 지켰다. 영국 금융업계는 각국을 상대로 투자와 은행, 보험 등 다양한 사업을 벌이며 이들 분야에서 세계에서 가장 큰 영향력을 행사하고 있었다.[14] 비록 세계의 공장 자리를 후발 공업국에 내줘야 했지만, 대신 그동안 축적한 자본을 바탕으로 산업 대국에서 금융 대국으로 변모를 꾀했다. 독일 등 다른 나라의 식민지 진출을 견제하는 한편 자국의 식민지는 더욱 가혹하게 수탈해 이익을 챙겼다. 그런데 대불황 이후 격화된 식민지 쟁탈전으로 영국도 큰 타격을 받았다. 산업화한 다른 나라들이 국력을 신장하고 해군력 등 군사력을 대폭 강화하면서 경쟁이 치열해졌기 때문이었다. 이전과 같은 대영 제국 제해권은 더이상 유지하기 힘들게 됐다.

급성장한 독일과 국력을 견줄만한 나라는 유럽에서 영국뿐이었다. 일약에 유럽의 강대국으로 자리잡은 독일 지도층 사이에서는 영토 확장을 요구하는 목소리가 커졌다. 독일의 경제와 힘은 급성장했으며 이를 금세 군사력으로 전환하는 것도 가능했다. 독일은 해군력을 빠르게 강화해 영국에 이어 세계 2위의 해군력을 갖추기에 이르렀다. 해외로 뻗어 나가 식민지를 개척해야 했지만 이미 영국과 프랑스, 러시아 등 주요 강대국들이 거의 차지해버리고 독일 몫은 찾기 힘들었다. 대불황 이전부터 이미 열강들이 치열하게 제국주의의 경쟁을 벌인 때문이었다.

독일을 비롯한 후발 공업국들이 해외 시장으로 눈을 돌렸지만 쉽지 않았다. 주요국들은 보호무역을 앞세우며 상호간에 무역장벽을 높인 상태였다. 너도나도 자국의 산업과 시장은 보호하면서 다른 나라 시장엔 상품을 팔고 싶어 했다. 이런 거래는 불가능했다. 유럽 열강들은 일제히 아시아와 아프리카 등 해외로 눈을 돌렸다. 이들 대륙에 새로운 시장을 개척하고 무역을 독점하기 위해 나섰다. 선점한 식민지는 배타적인 시장이었다. 한 나라가 장악한 식민지 시장에서 다른 나라는 무역 거래가 제한됐다. 후발 산업국으로 식민지 개척 경쟁에 지각한 나라들은 불만이 커졌다. 독일은 영국과 프랑스 등 기존 제국에 식민지를 분할해 줄 것을 요구했지만, 독점 시장을 나눠줄 마음 좋은 나라는 없었다. 식민지를 빼앗으려는 나라와 지키려는 나라 사이에 갈등은 불가피했다.

남은 선택은 많지 않았다. 나눌 수 없다면 힘으로 빼앗아야 했다. 필요한 것은 무력 충돌, 즉 전쟁이었다. 무역을 둘러싼 강대국 사이의 경쟁은 함포와 군대 등 무력을 앞세운 식민지 쟁탈전을 불러왔다. 대불황 이후 약 30년 동안 강대국들은 미친 듯이 식민지 쟁탈전을 벌여 세계를 나눠 가졌다. 제국주의 시대였다.

수탈의 시작

유럽 국가들은 일찍이 아프리카에 진출해 점령을 시작했지만 1870년대 이전까지는 식민지가 연안 일부 지역에 국한돼 있었다. 이 때문에 아프리카 대륙 전체 면적의 약 10% 정도만이 피지배 상태였다. 그러나 1880년대 들어 아프리카 침탈이 급격하게 이뤄지면서 이후 약 20년 만에 아프리카 대륙 대부분이 유럽 열강에 의해 분할 점령됐다. 다른 대륙도 열강들의 침탈이 벌어진 상황은 비슷했다. 그 결과 1800년 세계 육지의 35%를 점령했던 유럽 열강은 1878년 67%, 1914년에 84% 이상을 장악하게 됐다.

강대국의 대외 팽창 정책은 시간이 갈수록 강화됐다. 대불황으로 민심이 동요하자 국내 불안을 외부로 돌리려는 움직임과도 맞아떨어졌다. 식민지에는 수탈을 더 편하게 하려고 공장과 철도, 광산, 농장 등에 폭넓은 투자가 이뤄졌고, 그로 인해 무역량도 4배 가까이 증가했다. 이 기간 유럽에서 다른 대륙으로 이주한 인구가 3천만 명에 달했다.[15] 당연히 열강이 개척한 식민지는 자신만의 시장이었고 무역도 독점했다. 식민 지배는 보호무역의 결정체였다. 유럽에서 나폴레옹 전쟁이 끝난 1815년부터 제1차 세계대전이 시작되는 1914년까지 100년 동안 세계 무역액은 20억 달러에서 4백억 달러로 무려 20배나 증가했다. 그 가운데 3분의 2는 유럽의 몫이었다.[16] 더 나아가 유럽 제국주의 국가는 자신들의 이해관계에 따라 드넓은 식민지 대륙 점령지에 마음대로 경계선을 그었다. 해당 지역의 고유한 역사와 문화, 종족 등 특수한 사정은 고려되지 않았다. 이는 훗날 아프리카 국가들이 독립한 뒤에도 두고두고 민족·종족 간 분쟁에 시달리는 원인이 됐다.

유럽이 이처럼 나머지 세계를 마음껏 주무른 것은 먼저 산업혁명이 이뤄진 덕분이었다. 유럽은 나머지 다른 대륙과 비교해 압도적인 생산 역량을 자랑했다. 산업혁명은 기술적으로 큰 진보를 끌어내며 군사력을 혁명적으로 발전시키고 전쟁 판도에도 엄청난 변화를 가져왔다. 기관총과 대포, 증기로 추진되는 무장 군함, 철도 등이 속속 개발됐을 뿐만 아니라, 이들 무기는 대량 생산되면서 각국의 경제력과 산업화 정도가 군사력을 결정하는 주요 척도가 됐다. 새로운 기술과 무기로 무장한 열강들은 해외에서 막강한 기동력과 화력으로 무력시위를 벌였다. 유럽 선진국과 아시아·아프리카 국가들 사이의 군사력 격차는 50배에서 100배에 달할 정도로 급격히 벌어졌다. 이들 나라는 유럽의 침략을 막을 능력이 부족했다. 유럽의 군함은 바다를 지배하는 것은 물론, 아프리카와 인도, 중국 등에선 강을 거슬러 올라가 내륙까지 유린했다. 유럽 국가들은 자유무역을 주장하며 아시아·아프리카 지역에 진출해 자신들의 경제권에 편입되도록 만들었다.

경제력과 군사력을 두루 갖춘 열강들의 제국주의 식민지 쟁탈 경쟁은 절정으로 치닫고 있었다. 신·구 강대국이 각축을 벌이면서 아시아와 아프리카가 속속 식민지로 변해 아프리카는 사막 일부를 제외하고는 더 남은 땅이 없었다. 유럽의 신흥 강자 독일은 바다 건너 해외 식민지 쟁탈전에서 큰 재미를 보지 못했고, 대신 유럽 내에서 동쪽, 즉 중부 유럽으로 세력을 확장해 갔다. 독일의 대륙 내 팽창 정책은 주변국과의 마찰을 불러일으켰다.

이렇게 되자 영국과 프랑스 등 이미 광활한 식민지와 세력권을 갖고 있던 나라와 독일 등 신흥 공업국 사이의 대립이 불가피했다. 이들의 경쟁은 독일을 중심으로 오스트리아·이탈리아가 뭉친 삼국동맹과 영국·프랑스·러시아가 연대한 삼국협상이라는 양대 진영으로 나뉘어 펼쳐졌다. 독일은 베를린Berlin과 비잔티움Byzantium, 바그다드Baghdad를 철도로 연결한다는 3B 정책을 표방하며 영국의 세력권인 인도양을 넘봤다. 이미 공업 생산에서 독일에 추월당한 영국은 케이프타운Cape Town과 카이로Cairo 캘커타Calcutta를 연결해 아프리카와 인도를 잇는 3C 정책을 중심으로 자신의 세력권을 지키려고 했다. 대함대를 건설한 독일은 영국의 제해권까지 넘볼 수준에 다다랐고 영국이 이를 강력히 견제하며 유럽에서 긴장이 고조됐다. 독일제국을 중심으로 한 범게르만주의와 동유럽의 범슬라브주의 양대 세력 사이에 마찰이 잦아졌다. 제국주의 세력 사이에 첨예한 대립관계로 양측의 충돌은 피할 수 없는 운명이었다.

유럽 대륙 가운데 위치한 독일에서 벌어지는 팽창 움직임은 기존 열강들의 심한 견제를 받았다. 특히 독일과 국경을 맞댄 주변국은 위기감이 컸다. 독일도 동쪽의 러시아, 서쪽의 프랑스 등 강국을 두려워하긴 마찬가지였다. 양쪽에서 동시에 쳐들어오면 최악의 상황이 연출될 수 있었다. 독일 입장에서는 상대방이 먼저 침략해오길 기다리기보다 먼저 전쟁을 일으키는 게 훨씬 나은 선택이었다.[17] 신흥 강국이 생겨나면 기존 강국에 유리하게 만들어진 국제질서에 도전하기 마련이었다. 이제 강대국은 독일이었다. 산업화에 대성공했고, 군사력을 포함한 국력도 막강했다. 기존 질서에 도전할 힘이 충분히 비축돼 왔다. 그동안 제국주의 팽창으로 이권을 톡톡히 챙겨온 강국들과 대결의 시간이 가까워지고 있었다.

대공황 후 남은 과제

— 어떤 병사는 흘러내리는 창자를 두 손을 움켜잡은 채 응급 진료소까지 오는 경우도 있다. 입과 아래턱, 얼굴이 없는 사람을 본 적도 있다. 과다 출혈로 죽지 않으려고 이빨로 팔의 정맥을 두 시간 동안이나 꽉 물고 있던 병사를 발견하기도 한다. 어김없이 해는 떠오르고, 밤은 찾아오며, 유탄은 쉭쉭 소리를 내고, 사람들은 죽어간다. 하지만 우리가 누워 있는 조그만 황폐한 공간은 적의 우세한 화력에 맞서 무사히 보존된다. 몇백 미터만 적의 수중에 넘어갔을 뿐이다. 그러나 1미터 마다 한 명씩 죽어간다.[18]

독일 작가 에리히 레마르크가, 전쟁 문학의 백미로 꼽히는 저작 《서부 전선 이상 없다》에서 묘사한 제1차 세계대전 당시 서부 전선의 한 단면이다. 작가는 이 전쟁에 직접 참전하기도 했다. 전쟁은 잔인하고 살상력은 배가됐지만 싸움은 지루하게 이어졌다. 언제 끝날지도 불투명한 가운데 수많은 젊은이가 전장에 동원돼 자신의 의지와 상관없이 총을 잡아야 했고 또 희생됐다.

　전쟁이 이렇게 길어질 줄 몰랐다. 독일은 당초 단기전으로 전쟁을 계획했다. 그래야 승산이 있었다. 먼저 서쪽의 프랑스를 공격해 항복을 받은 다음 동쪽의 러시아를 공격할 계획이었지만 언제나 전쟁은 생각지 않은 변수들이 넘쳤다. 프랑스와의 전투에 시간과 전력이 많이 소모됐고, 러시아는 예상보다 빨리 개입했다. 전쟁은 장기전으로 전개됐다. 독일과 프랑스 사이에 형성된 서부 전선에서 교착 상태가 이어지며 지루한 소모전이 벌어졌다. 그러다 신흥 강대국이 된 미국이 1917년에 참전하며 전세가 연합국 측으로 기울었다.

응축된 갈등이 폭발하다

제1차 세계대전은 제국주의 사이에 벌어진 충돌이었다. 20세기로 넘어오면서 유럽 대륙에서는 기존 강대국과 이에 도전하는 세력 간 대결이 이어졌다. 급속한 산업화와 경제 발전, 여기에 식민지 분배의 불균형 등이 강대국들의 갈등을 고조시켰다. 충돌과 마찰이 빈발했고 각국은 이해관계에 따라 세력을 규합했다. 신흥 강국 독일과 오스트리아, 이탈리아가 삼국동맹으로 뭉쳤고, 기득권 세력인 영국과 프랑스, 러시아가 삼국협상이란 이름으로 손을 잡은 채 서로 대립했다. 양측 충돌에 불을 댕긴 것은 발칸 반도였다.

19세기에서 20세기로 넘어가면서 발칸 반도에서는 슬라브인들의 민족주의 운동이 끓어오르고 있었다. 슬라브인들은 러시아의 힘을 빌려 범슬라브주의로 결속했고, 자국 내 슬라브인이 많았던 오스트리아는 독일과 함께 범게르만주의를 결성하며 이들의 움직임을 견제했다. 1908년 슬라브인의 민족운동이 퍼지자 오스트리아는 세르비아인이 많이 거주하는 보스니아-헤르체고비나를 합병해 버렸다. 양측 간 긴장은 빠르게 고조됐다. 1914년 보스니아 사라예보를 방문했던 오스트리아 황태자 부부가 세르비아 대학생에 의해 암살되는 일이 벌어졌다. 범슬라브주의자인 이 학생은 오스트리아가 보스니아-헤르체고비나를 합병한 데 불만을 품고 범행을 저질렀다. 오스트리아가 세르비아에 선전포고했고, 이를 시작으로 삼국동맹과 삼국협상 사이 응축됐던 충돌 에너지가 폭발했다. 제1차 세계대전이었다.

독일과 오스트리아, 프랑스, 러시아 등 모두 27개국이 참전한 전쟁은 그동안 인류가 겪어보지 못한 양상으로 전개됐다. 탱크와 비행기, 대형 전함, 잠수함 등 인명 살상 효율을 높인 현대식 신무기가 등장해 전례 없는 인명 살상이 자행됐다. 또한 군인뿐만 아니라 여성을 포함한 일반 시민까지 군수공장에 투입돼 군수물자를 생산하는 등 국가 전체가 전쟁에 동원되는 총력전이 벌어졌다. 일반 산업설비가 군수품 생산에 동원되고 정부가 나서 식량과 물자를 배급한 건 물론 물가 조절 등 경제 활동 전반을 통제했다.[19]

총력전이 전개되며 엄청난 수의 병력과 무기, 군수물자가 투입됐지만 전쟁은 쉽게 끝나지 않았다. 살상과 파괴가 4년 동안 이어졌다. 양측에서 약 7천만 명의 병력이 참전해 약 1천만 명이 전사하고 2천만 명 이상이 다쳤다. 전쟁이 길어지면서 삼국동맹 동맹국들이 하나둘 이탈했고, 독일 내부에서는 혁명이 일어났다. 더 이상 전쟁을 지속하기 힘든 상황이 전개되자 1918년 독일제국과 동맹국이 휴전을 받아들이면서 제1차 세계대전은 막을 내렸다.

세계대전이 끝났지만 양측 모두 전쟁 결과에 만족하지 못했다. 독일은 러시아와 프랑스라는 동서 양측의 위협을 제거하지 못했고, 프랑스는 강력해진 독일을 해체하지 못했다. 다만 전쟁으로 유럽 정치체제엔 상당한 변화가 왔다. 독일과 오스트리아, 러시아, 오스만 등 제국이 붕괴했다. 제국에 억눌렸던 다양한 민족들이 하나둘 떨쳐 일어나면서 민족국가, 국민국가가 대거 등장했다. 여러 민족이 자립할 준비가 됐는지 아닌지와 상관없이, 민족국가로 속속 독립했다. 수세대 동안 독자 법규와 정치체제가 없던 민족들이 주권국가를 구성하고 스스로 운명을 결정한다는 건 쉬운 일은 아니었다. 갑자기 많은 신생국가가 등장했고 유럽의 상황은 전쟁 이전보다 나아진 것이 없었다. 유럽은 전후 혼란의 상태를 빨리 수습하지 못하고 방황했다.

제국이 붕괴하면서 그동안 유럽 열강들에 점령당했던 중동에서도 민족주의 운동이 꿈틀대기 시작했다. 영국과 프랑스는 오스만제국과의 전쟁에서 승리를 거둔 뒤 중동의 넓은 영토를 나눠 가졌다. 점령한 지역에서는 유럽 체제의 근대 국민국가 체제가 자리잡도록 만들고, 이를 통해 중동에서의 영향력을 계속 행사하고자 했다. 유럽에서 국민국가가 등장함으로써 중세 질서가 해체되고 산업혁명으로 이어진 것처럼, 중동 지역 술탄 중심의 오스만제국 질서를 갈

아치우려면 다양한 국민국가로 나뉘어야 한다는 생각이 깔려 있었다. 그런데 국가의 구성원과 경계 등은 영국과 프랑스가 원하는 대로였다. 고유의 역사와 민족, 종교 등은 고려하지 않고 중동 점령지에 편의적으로 국경선을 그어버렸다. 기존 공동체가 해체되고 이질적인 종족과 종파, 부족이 하나의 나라로 묶이기도 했다.[20] 갈등은 불가피했다. 수천 년을 지속해온 중동 내 종교와 종파, 종족 등 다양한 정체성을 가진 집단과 정치체제가 무시되고 유럽의 국가체제로 반강제로 재편되면서 혼돈과 충돌은 피할 수 없는 운명이었다.

어찌 됐든 국민국가체제는 이후 전 세계적으로 지배적인 통치체제로 자리잡게 됐다. 과거에 존재했던 제국과 도시국가, 도시 연합 등 여러 지배 체제를 대신해 국민국가 체제가 하나둘 뿌리를 내린 것이었다. 국민국가는 이전의 제국이나 도시국가, 연합 등 체제와 비교해 볼 때 중앙집권화와 자율성 등 여러 가지 면에서 다양한 이점을 드러냈다. 광대한 제국은 분해돼 여러 개의 국민국가로 나뉘었고 중소 도시국가들은 하나로 합병돼 국민국가 대열에 합류했다.[21]

감당하기 힘든 배상 책임

전쟁이 끝나자 유럽의 정치와 경제는 휘청거렸다. 참전국들은 전쟁비용으로 최대 2천 억 달러로 추산되는 엄청난 돈을 썼고, 산업과 기간시설 파괴 등 간접적인 전쟁비용도 약 1천5백억 달러에 육박했다. 이는 교전국들 전체 국부의 약 3분의 1에 달하는 것으로, 산업혁명을 통해 쌓아온 유럽의 부의 상당 부분이 순식간에 날아간 것이었다. 전쟁의 주무대가 됐던 프랑스는 전체 피해의 13%가 집중될 정도로 타격이 컸다. 영국은 독일의 잠수함 공격으로 776만 톤에 이르는 상선을 잃게 됐고 수출도 격감했다. 총력전을 벌인 탓에 나라마다 국고가 바닥을 드러낼 지경이었기 때문에, 경제를 재건하려면 막대한 국채를 발행해야 했다. 유럽 참전국들은 모두 졸지에 채무국으로 전락했다.

승전국들은 막대한 배상 책임을 패전국들에 돌렸다. 특히 프랑스와 영국은 베르사유 조약을 통해 대부분의 배상 책임을 독일이 지도록 분위기를 이끌었다. 독일은 모든 식민지를 포기하고 철광석 약 90%를 생산하던 알자스-로렌 지방을 프랑스에 줘야 했다. 독일은 전후 배상을 하느라 영토와 인구의 약 10%를 잃게 됐다. 군사력에도 강력한 제한이 가해졌다. 75만 명에 달하던 독일군은 10만 명 수준으로 축소됐고 항공기와 잠수함, 1만 톤 이상 전함을 건조하는 것도 금지됐다. 연합국이 전쟁에 쏟아부은 비용 약 1천5백억 달러(2010년 가치로 환산하면 약 3조 2천억 달러)의 상당 부분을 독일이 배상하길 원했고, 결과적으로 약 1320억 마르크(약 330억 달러)를 1921년까지 배상해야 했다.[22]

독일이 낼 배상금은 과도한 수준이었다. 해외 자산을 매각하는 등 배상금을 지급하려 했지만 감당해낼 수 없었다. 독일 정부는 화폐를 마구 찍어냈다. 화폐 가치가 폭락하고 물가는 치솟았다. 전쟁

전 1달러에 4.2마르크였던 독일의 화폐 가치는 전후 1달러에 4조 2천 억 마르크로 폭락했다. 물가는 1조 배가 올랐고 경제는 만성 인플레이션에 빠졌다. 보다 못한 연합국 측이 두 차례 배상액을 낮추고 배상기간도 늘려줬지만, 여전히 독일 경제엔 큰 부담이었다. 그대로라면 독일은 1989년까지 계속 배상금을 지급해야 하는 상황이었다. 독일은 화폐개혁을 하는 등 경제를 수습해보려고 안간힘을 썼지만 쉽지 않았다.

전후 유럽이 혼란에 빠졌지만 직접적인 전쟁의 화를 면해 도약의 기회를 잡은 나라도 있었다. 전장에서 비교적 멀리 떨어진 미국과 캐나다, 인도, 호주 등은 유럽에 군수물자와 원료, 공산품, 식료품 등을 수출하며 반짝 호황을 맞았다. 이미 미국과 인도, 일본, 호주 등은 산업화했으며 세계 무역에서 차지하는 비중도 증가하던 중이었다. 막대한 양의 무기와 탄약, 전쟁물자가 동원된 세계대전은 이들 나라에는 엄청난 현금과 채권을 안겨줬다.

특히 미국은 제1차 세계대전을 통해 신흥 강대국으로서의 면모를 갖추게 됐다. 전쟁 초기 미국은 유럽의 전쟁에 휘말리지 않은 채 영국과 프랑스, 독일 등에 엄청난 양의 무기와 식량을 수출하며 실속을 챙겼다. 전쟁물자의 수출뿐만 아니라 막대한 전쟁자금도 빌려주며 이자 등 수익을 더했다. 미국은 전쟁 전에는 세계 최대 채무국이었지만 전쟁이 끝나자 무려 125억 달러 규모의 최대 채권국이 돼 있었다. 금 보유량은 46억 달러로 전 세계 금의 절반 가까이 쌓아놓게 됐고, 공업 생산력은 유럽 대륙에 맞먹을 정도였다. 세계인구의 6%를 차지하는 미국은 전 세계 석유 생산량의 4분의 3, 설탕의 약 4분의 1을 소비할 정도로 부국이 돼 있었다.[23] 유럽 국가들의 채무가 늘고 미국이 세계 최대 채권국이 되면서 국제 금융의 중심도 서서히 유럽에서 미국으로 옮겨가고 있었다.

전후 세계 경제의 문제

전쟁 특수로 미국 경제가 활기를 띠고 세계 경제도 독일 등 패전국이 낸 막대한 배상금 덕분에 일시 호황을 누렸다. 하지만 이미 전후 세계 경제의 체력은 이전보다 훨씬 약해져 있었다. 4년에 가까운 전쟁은 직·간접으로 유럽 주요국의 생산력 감소를 초래했다. 전투 사망자와 부상자를 합쳐 1500만 명에 달하는 노동력이 타격을 입었다. 이들은 대부분 생산 연령인 데다 전쟁으로 각국의 출산율까지 떨어지면서 프랑스와 독일 러시아, 이탈리아 등에서 막대한 노동력 손실이 발생했다. 산업 기반 시설 피해도 심각해 전장의 주무대였던 프랑스와 폴란드 등에서 가옥 수만 채가 파괴되고 도로와 철도, 전신은 만신창이가 됐다. 여기에 포탄과 지뢰 등으로 숲과 농지가 황폐해져 농업 생산을 회복하는 데도 적잖은 시간이 걸렸다. 이에 따라 전 세계 제조업 생산량이 급격히 쇠퇴해 1920년 생산량은 전쟁 전인 1913년의 10분의 1에도 못 미쳤다. 농업 생산도 3분의 1로 줄어들고 수출 규모는 절반 수준으로 하락했다. 독일과 프랑스, 벨기에 등 전쟁의 중심에 있던 나라들의 산업 생산량은 전쟁

전보다 3분의 1가량 감소했다.

산업 투자의 불균형도 문제였다. 미국 경제는 전쟁 특수를 누렸지만 전쟁이 끝나자 상황이 급변했다. 참전국들이 전후 복구와 자국 산업 보호를 위해 미국산 물품 수입을 대폭 줄인 것이었다. 수출이 막히자 미국에서는 과잉생산이 문제로 떠오를 수밖에 없었다.

이는 비단 미국만의 문제가 아니었다. 전쟁 중 지나치게 투자가 이뤄진 각국 중공업 분야는 재고가 쌓여갔다. 미국과 유럽 주요국은 독일의 U보트 잠수함에 대적하기 위해 엄청난 양의 군함을 생산해야 했고, 그만큼 조선업에 막대하게 투자했다. 그런데 전쟁이 끝나자 과잉생산으로 인해 세계 조선업은 침체에 빠졌다. 철강 생산도 사정이 마찬가지였다. 전쟁 중 산업시설 파괴 등으로 유럽에서 철강 생산이 많이 감소하자 배후 생산기지 역할을 해야 했던 미국과 영국은 생산 능력을 크게 확충했다. 그런데 전후 유럽 생산량이 회복되면서 철강 공급이 넘쳐나게 됐다.

농업 분야도 비슷한 일이 벌어졌다. 전쟁 기간 유럽 대륙과 러시아의 농업 생산은 큰 폭으로 줄어든 반면, 아메리카 대륙과 호주의 농업은 전쟁 특수를 누렸다. 그런데 역시 전후 유럽의 농업 생산이 제자리로 돌아오면서 세계적으로 농업 수요가 격감하고 곡물 가격이 폭락했다.[24] 산업 각 분야가 과잉생산으로 삐걱거리면서 주요국에서 실업이 증가하고 구매력이 떨어졌다. 경기는 악순환이 이뤄졌다. 세계대전의 결과, 기존의 생산과 무역의 질서와 흐름을 짧은 시간에 크게 왜곡됐다. 이런 현상은 지역과 산업을 막론하고 퍼졌다.

그동안 구축해온 경제체제와 질서가 더 이상 기능을 제대로 할수 없는 상황이 되자 세계 경제는 다시 삐걱댔다. 서로에 대한 불신이 큰 문제였다. 제1차 세계대전이 끝난 뒤 유럽의 제국이 붕괴하고 민족자결의 원칙에 따라 분할된 국가들이 등장한 것도 새로운 변수였다. 기존의 경제 관계가 상당 부분 단절된 것은 물론, 국가 간 사정과 이해에 따라 새로운 무역장벽이 여기저기 생겨났다. 전쟁 중에는 하나가 돼 싸웠던 연합국들이었지만 무역전쟁에서는 하나가 될 수 없었다. 강대국 사이 신용 제공이 중단되면서 국제경제에 충격을 던져줬다. 전후 최대 채권국이 된 미국이 자국의 경제 사정으로 금융 지원을 중단하자, 영국과 프랑스 등 채무국의 경제 사정이 급속하게 나빠졌다. 그동안 세계 경제를 이끌어온 주요국 사이 신용체제가 흔들리면 국제 경제질서는 출렁거릴 수밖에 없었다.[25] 신용이 없는 상태에서 경제가 제대로 돌아갈 리 없었다. 인류가 이전에 한 번도 경험해본 적이 없었던 전 세계적인 대규모 불황, 대공황의 먹구름이 서서히 하늘을 덮어오고 있었다.

대공황, 그리고 또 전쟁

한 달 뒤 미국 대통령 취임을 앞둔 프랭클린 루스벨트가 마이애미 공원에서 시민들에게 연설하고 있었다. 갑자기 청중 가운데 누군가 큰소리로 외쳤다. "너무 많은 사람이 굶주리고 있다!" 곧이어 여섯 발의 총소리가 들렸다. 다행히 총알은 한 발도 루스벨트를 맞추지 못했다. 총을 쏜 사람은 대공황으로 인해 직장을 잃은 실업자였다. 총격이 벌어진 직후 주변에 있던 사람들이 달려들어 그를 제압하고 무자비하게 주먹질을 하려고 할 때였다. 루스벨트가 사람들을 말렸다. "옳고 그름을 가리는 건 법원에서 하도록 합시다."

용의자는 수사 과정에서 자신은 루스벨트를 미워해서 그런 짓을 한 것이 아니며, 단지 부자와 공무원을 싫어해서 그랬을 뿐이라고 말했다. 대통령을 살해함으로써 탐욕스러운 자본주의자에게 복수하고 싶었다고 범행 동기를 밝혔다. 한 실직자의 극단적인 행동은 대공황 시기 노동자의 분노와 절망감이 어땠는지 똑똑히 보여줬다. 루스벨트는 이 사건을 겪은 뒤 대공황의 심각성과 미국인의 고통을 절실히 깨닫고 이를 극복하기 위한 정책을 적극적으로 시행했다.[26] 무엇이 평범한 노동자가 대통령에게 총을 겨누게 할 만큼 절박한 사정을 만들었을까.

1929년 10월 24일 미국 증시가 개장과 함께 폭락했다. 대공황의 신호탄을 쏘아 올린 '검은 목요일', 주가 대폭락이었다. 대형 은행 등 금융권이 주식시장 붕괴를 막으려 애를 써 봤지만 소용없었다. 일주일 뒤 또 다른 대폭락이 이어지며 미국 경제는 빠른 속도로 붕괴가 진행됐다. 주가가 반 토막 나고 소비는 위축됐다. 도산하는 기업이 속출했다.

주가 대폭락 이후 3년 만에 주가는 6분의 1 수준으로 떨어졌고 미국의 국내총생산과 공업 생산은 절반으로 줄었다. 미국인 네 명 가운데 한 명이 일자리를 잃으면서 거리에는 실업자가 넘쳐났다. 자금난에 시달리는 기업과 개인이 경쟁적으로 예금을 찾자 은행 금고가 빠르게 바닥을 드러냈다. 1929년에서 1932년 사이 은행 5천여 개가 문을 닫았고, 그나마 버티던 은행들은 자구책으로 유럽 등 해외에 빌려준 단기 융자를 긴급 회수했다. 이는 연쇄반응을 일으켜 유럽 금융권에도 타격을 줬고 은행들도 연달아 문을 닫는 결과를 초래했다.[27]

유럽 증권시장에서도 대공황의 전조가 나타나고 있었다. 독일 증시는 미국보다 앞선 1927년, 영국은 1928년, 프랑스는 1929년 연쇄적으로 주가가 하락하기 시작했다. 대공황은 단순히 세계 주식시장의 붕괴가 초래한 문제가 아니었다. 제1차 세계대전이 끝난 뒤 조성된 여러 가지 사정이 복합적으로 상호작용하면서 전 세계 경제상황을 악화시킨 결과였다.

전쟁이 끝난 직후 우선 유럽의 국경선에 큰 변화가 일어났다. 제국주의가 완전히 해체되면서 민족자결주의 원칙에 따라 주요국 영토와 경계가 새롭게 그어졌다. 기존의 경제관계가 무시된 국경이 만들어지고 무역장벽도 속속 생겨났다. 1930년대 주요국들이 수입품에 관세를 부과하고 무역장벽을 높이는 등 보호무역주의가 퍼졌다. 이는 전 세계를 불황으로 밀어 넣는 중요 원인의 하나가 됐다. 프랑스와 이탈리아, 인도, 호주는 이미 1929년 대공황이 시작되기 전부터 자동차와 부품 등 물품에 대해 관세를 올리며 보호무역 대열에 동참했다. 이런 와중에 증시가 붕괴하며 대공황까지 찾아오자 국제사회에 보호무역주의 분위기는 최고조에 달했다.

주식시장이 붕괴한 이듬해인 1930년 미국의 후버 대통령은 자국 농민과 산업을 보호한다는 명목으로 스무트-홀리 관세법을 실행했다. 무역장벽을 세워 대공황의 위기를 다른 나라에 떠넘기려고 한 조치였다. 외국에서 들여오는 수입품 약 2만 개에 높은 관세를 부과했다. 평균 약 30%이던 관세율을 2년 만에 60% 수준으로 높였다. 이미 예고됐던 미국의 고율 관세법에 촉각을 곤두세웠던 각국은 즉각 보복 움직임에 나섰다. 후버가 이 법안에 서명하자 영국을 비롯해 미국의 주요 무역 상대국 20여 개 나라도 미국산 제품에 대해 보복관세를 물리고 수입을 제한했다. 이 때문에 그해에만 미국의 수출은 전년보다 30% 이상 급감했다. 수출이 부진해지자 미국 기업실적이 빠르게 악화했다. 기업에 돈을 빌려준 은행도 부실채권이 늘면서 위기를 맞았고, 예금자들은 앞을 다퉈 돈을 찾아 나갔다. 은행들이 줄줄이 도산했다. 이런 상황은 다시 증시에 영향을 미쳤고 주가는 곤두박질쳤다.[28] 악순환이었다.

미국 경제가 휘청거리면 세계 경제도 덩달아 나락으로 떨어질 수밖에 없었다. 같은 기간 국제무역이 60% 이상 줄고 세계 국내총생산도 15%가 감소했다. 세계 경제는 더 심한 침체기로 접어들었다. 1929년 10월 주식시장 붕괴가 대공황의 시작을 알렸다면 미국의 스무트-홀리법은 세계 경제를 대공황의 늪으로 더 깊숙이 밀어넣었다. 미국 내에서도 대공황의 원인이 보호무역 조치인 스무트-홀리 관세법 때문이라는 자성의 목소리가 나왔다.[29] 결국 미국은

1934년 이 법안을 폐기했다.

　이미 국제경제 상황은 악화할 대로 악화해 있었다. 미국에 이어 전 세계 금융체제가 연쇄적으로 무너지면서 유럽에서도 기업이 줄도산하고 실업자가 넘쳐났다. 영국도 노동자 네 명 가운데 한 명은 실업자 신세로 전락했다. 전후 미국의 막대한 자본력으로 경제를 연명해온 독일은 타격이 극심했다. 미국 정부가 패전국 독일의 천문학적 배상금 지급을 1년간 유예하는 제안까지 하며 지원해 봤지만, 독일의 경제 붕괴를 막을 수 없었다. 독일 국민의 40%, 약 560만 명에 달하는 근로자가 일자리를 잃었다. 같은 패전국인 오스트리아 경제도 수렁에 빠졌다. 대공황으로 세계 공업생산력은 44%, 무역은 65%나 급감했다. 선진 공업국만 대공황의 영향을 받은 게 아니었다. 농업국가는 그들대로 작물의 수출이 막혀 어려움을 겪었고 국민은 기근 수준의 고통을 겪어야 했다.

　한 실업자의 루스벨트 대통령 암살 시도는 이런 가운데 벌어진 사건이었다. 그가 취임할 당시 미국은 상황이 최악이었다. 대공황이 시작된 1929년에서 1932년 사이 미국의 무역은 60% 이상 줄었고, 8%이던 실업률은 2년 만에 25%로 급증했다. 기업 8만6천 개가 파산하고 은행 5천5백 개가 문을 닫았다. 실업자 수가 1천7백만 명에 달했다. 1933년 국민총생산GNP는 742억 달러로 20년 전 수준으로 뒷걸음질 친 상태였다.

　루스벨트는 경제 회생을 위해 할 수 있는 모든 노력을 다할 것을 다짐했다. 그렇게 만들어진 게 뉴딜 정책이었다. "내가 만약 성공한다면 미국의 가장 위대한 대통령이 될 것이다. 하지만 실패한다면 미국의 마지막 대통령이 될 것이다." 비장한 각오였다.[30] 루스벨트 는 금융업 정상화에 직접 관여했다. 증권법과 대출법, 사회보장법, 농업조정법 등 관계 법령도 잇따라 정비하고 다목적댐 등 대규모 건설사업을 통해 고용 창출을 도모했다.

미국과 마찬가지로 다른 나라들도 불황 대책 마련에 비상이 걸 렸다. 실업에 생활고가 이어지자 국민의 원성이 하늘을 찔렀고, 정 치인은 대책을 내놔야 했다. 대공황이라는 위기는 전 세계에 똑같 이 찾아왔지만 해법은 제각각이었다. 나라마다 다른 사정 때문이었 다. 공업국에서는 국가주의적인 움직임이 강하게 일어났고, 식민지 에서는 민족운동이 번졌다. 독일과 일본, 이탈리아 등에서는 경제 위기를 타개할 방법으로 군국주의와 국수주의 움직임이 힘을 받았 다. 경제에 활력을 불어넣고 수출을 촉진해야 했다. 너도나도 자국 화폐 가치를 평가 절하해 자국 제품의 수출을 유리하게 만들려 했 다. 국내산업을 지키려면 수입을 억제해야 했다. 경쟁적으로 무역 장벽을 높였다.

세계 무역시장은 통화별로 블록을 이루며 재편됐다. 영국은 파 운드화 블록, 프랑스는 프랑화 블록, 미국은 달러화 블록, 일본은 극동지역에 엔화 블록 등 경제 블록을 만들어 보호무역을 추진했 다. 국제사회엔 불신과 불화가 이어졌고, 신뢰와 협력은 찾아보기 힘들었다. 프랑스 경제학자 프레데릭 바스티아는 "상품이 국경을 넘지 못하면 군대가 넘어갈 것"이라고 말했다.[31] 각국이 무역장벽을 높여 자국 산업을 보호하고 수입을 제한하자 상품이 국경을 넘는 게 힘들어졌다. 보이지 않는 장벽, 무역장벽을 깨부수려면 군대가 국경을 넘어야 하는 상황이 서서히 만들어지고 있었다.

다시 폭발한 불만

또다시 갈등의 한가운데 독일이 있었다. 대공황은 전후 배상금 지불 등으로 취약해진 독일 경제를 사실상 붕괴시켰고 실업률이 40%에 달하며 국민에게 절망적인 상태가 지속했다. 이런 때 히틀러가 이끈 국가사회주의노동자당 나치가 부상했다. 독일에 과도한 부담을 지운 베르사유 조약 파기와 대기업 국영화, 고용 창출, 경기 회복 등 당면과제를 해결하겠다는 공약을 내세우며 국민적 지지를 얻었다. 독일 내부적으로는 배상금을 갚느라 경제가 비정상적으로 굴러가는 와중에 극심한 부의 쏠림 현상이 나타났다. 특히 소수인 유대인들은 독일 부의 38%를 장악할 정도로 돈을 끌어모으며 혐오의 대상이 됐다. 국내 불안과 불만을 누군가에게 돌려야 했다. 1933년 나치가 정권을 잡았고, 신성로마제국과 독일제국에 이은 '제3제국'의 국가원수가 된 히틀러는 독일의 전후 배상 책임을 공식적으로 거부했다.[32] 대신 자신의 공약대로 국내 경기 부양과 경제 재건에 총력을 기울였다.

히틀러는 아우토반 고속도로 건설 등 대규모 사업을 벌여 실업률을 줄이고 경제에 활력도 불어넣었다. 정부 주도의 계획경제와 무역 정책 등으로 비교적 빠르게 국내 경제를 안정시켰다. 제3제국 초기 이미 나치 정책이 성과를 나타내기 시작했다. 1937년 말이 되자 독일 국민소득은 1932년보다 60% 이상 증가했다. 동시에 부지런히 군사력도 재건했다. 히틀러가 나름 경제적 성과를 내고 특유의 선동 정책으로 군중을 자극하면서 독일엔 나치 광풍이 몰아쳤다. 유대인을 사회의 적이자 말살 대상으로 규정하고 끓어오르는 독일인의 분노를 표출하도록 유도했다. 나치는 내친김에 비슷한 전체주의 사상이 요동치던 이탈리아, 일본과 손을 잡고 협정을 맺는 등 국제 결속도 강화했다.

어느 정도 실력과 자신감이 쌓이자 히틀러는 다시 유럽 패권에 대한 야심을 드러냈다. 제1차 세계대전 때 상실한 영토를 되찾겠다며 1939년 폴란드를 침공했다. 영국과 프랑스는 독일에 군대를 철수하라며 최후통첩을 보냈지만 소용이 없었다. 폴란드 침공 이틀 만에 영국과 프랑스가 독일에 선전포고를 날렸고, 제2차 세계대전이 시작됐다. 베르사유 조약 체결 이후 20년 동안의 휴전이 끝나고 또다시 세계가 전쟁의 화염에 휩싸였다.

새로운 국제질서를 갈망하던 독일과 이탈리아, 일본은 추축국을 결성했다. 이에 맞선 영국·프랑스에 소련과 미국까지 힘을 보태면서 연합국 전선이 형성됐다. 양측은 정면충돌했다. 전쟁 초기 독일과 일본이 우세했지만 오래가지 않았다. 이미 세계 최강국 반열에 올라선 미국과, 역사상 최초로 사회주의 혁명을 완성하고 강대국이 된 소련은 금세 전세를 역전했다. 미국과 소련은 압도적인 군사력을 바탕으로 추축국을 몰아붙였고, 1945년 독일의 베를린 공습과 일본의 히로시마-나가사키 원자 폭탄 투하로 전쟁은 막을 내렸다.

제1차 세계대전은 많은 나라가 참전하긴 했지만 그래도 유럽 역내 전쟁 수준이었다. 이와 비교하면 제2차 세계대전은 전선이 대서양에서 태평양까지 이어진 명실상부한 세계대전이었다. 군인과 민간인을 합한 사망자는 5천만 명이 넘는 것으로 추산됐다. 당시 유럽 인구가 5억5천만 명이었으니, 거의 10분의 1이 1939년부터 1945년까지 단 6년 동안 숨진 것이었다.

제2차 세계대전과 이전에 벌어졌던 전쟁을 비교해 가장 눈에 띄는 차이는 전쟁이 완전히 산업화했다는 것이었다. 제1차 세계대전도 산업시설과 민간 노동력이 투입됐지만 이 정도는 아니었다. 무기와 군수물자는 전쟁을 벌이는 당사국의 산업시설을 총동원하다시피 해서 생산했다. 공장 설비와 노동자는 전선에서 싸우는 군대와 군인만큼 전쟁에서 치명적인 역할을 했다. 군수물자 생산에 동원된 민간인도 사실상 전쟁에 개입한 셈이었다. 더 이상 전쟁은 군인들만의 것이 아니었다.

그런데 이 때문에 전쟁으로 인한 피해도 이전과는 비교하기 힘들 정도로 막심했다. 적을 제압하려면 상대편 깊숙한 곳에 있는 군수공장까지 파괴해야 했다. 주로 폭격기가 이 임무를 수행했지만 당시 폭탄 명중률은 너무 낮아 아예 산업시설이 있는 도시 전체를 대대적으로 폭격해야만 군수공장을 파괴할 수 있었다. 무차별 폭격으로 인해 민간인 희생은 전례 없이 늘었고 도시들은 군수품 생산

설비는 물론, 일반 산업시설과 주택, 도로망까지 피해가 막심했다. 전쟁의 절정은 원자폭탄이었다. 단 한 발의 원자탄만으로 산업시설과 노동자, 시민이 사는 도시 전체를 파괴할 수 있었다.

세계대전이 남긴 과제

국제사회는 전후 재건과 함께 제2차 세계대전이 인류에 던져준 숙제를 해결해야 했다. 두 번째 세계대전의 발발에 가장 큰 영향을 미친 요인 가운데 하나는 역시 경제적 어려움이었다. 무역장벽과 보호주의 확산의 위험성을 뼈저리게 느낀 국제사회는 전쟁이 끝난 뒤 다시는 1930년대와 같은 관세전쟁이 벌어지지 않도록 해야 한다는 데 공감대가 만들어졌다. 전쟁은 보호 관세와 불공정 경쟁 등 때문에 국제경제의 기능이 제대로 작동하지 못하게 된 데서 비롯됐다는 반성과 함께 제약 없는 무역이 평화를 가져온다는 신념이 퍼졌다.

거의 모든 면에서 다른 나라가 범접할 수 없는 초강대국의 지위에 오른 미국은 무너진 국제 자유무역주의를 회복해 경제를 되살리고 새로운 질서를 만드는 데 주도적 역할을 했다. 미국 뉴햄프셔주의 브레턴우즈에 44개 연합국 대표 730명이 모여 전후 국제금융 질서를 새롭게 만들기 위해 회의를 벌였다. 주요국들은 환율 인하 경쟁을 없애고 국제무역을 확대해 외환시장을 안정시키자고 입을 모았다. 국제수지 균형을 유지하는 데 서로 협력할 것을 다짐했다.

무역 거래에서 중요한 통화 안정을 위해 달러를 금과 연계하고 그 외의 통화는 금이 아닌 달러 시세로 가치를 결정하는 금환본위제도 도입했다.[33] 새로운 세계통화를 만들려고 영국과 미국이 경쟁했지만 결국 파운드화 대신 달러를 국제 기축통화로 사용하기로 했다. 금 1온스를 35달러로 가치를 고정하고 다른 나라의 통화는 달러와 고정환율을 적용하기로 했다. 미국이 달러와 금의 교환을 보증함으로써 브레턴우즈 체제가 탄생했다. 미국은 세계 금의 80%를 보유하는 등 압도적인 경제력을 바탕으로 달러화를 세계 기축통화로 만들었다.

서구 열강의 무역 전쟁이 세계대전의 원인 가운데 하나였다는 반성은 이 문제를 해결하기 위한 다자 협력체제를 탄생시켰다. 개별국가들이 자기 나라 이익만 추구하고 경제 위기의 부담을 다른 나라에 전가하려고 관세를 경쟁적으로 매기면 안 된다는 데 공감했다. 관세 경쟁은 국가 간 교역을 위축시키는 것은 물론, 모두에게 손해를 초래할 수 있다는 인식이 퍼졌다. 제2차 세계대전 막바지에 전 세계 차원의 금융 위기 시 협력을 모색할 국제통화기금 IMF와 세계은행 IBRD 등을 설치하는 국제협정이 체결된 것도 이런 배경에서였다.

1947년 주요국은 관세율 인하 조절을 모색하려고 관세 및 무역에 관한 일반협정 GATT를 체결했다. GATT는 어느 국가이든 함부로 관세를 인상하거나 무역장벽을 설치하지 못하도록 규정했다. 각국이 서로 관세와 무역장벽을 대폭 줄여서 국제무역에서 차별을 없애고 무역 자유화를 이룩하자는 취지였다. 다른 나라 시장에 진입하려면 자기 시장도 개방해야 한다는 공동 규칙이 마련됐다. GATT는 역사상 최초의 다자 무역 조약으로 무역 분쟁을 무력이 아닌 평화적인 방법으로 해결할 방안을 공동으로 구축한 셈이었다. GATT는 1995년 세계무역기구 WTO로 대체되기까지 수많은 협상을 이끌면서 무역 자유화에 공헌했다. 이 기간에 세계의 평균 관세율은 40%에서 4% 아래로 크게 낮아졌다. GATT는 23개 회원국으로 출범했지만, WTO 회원국은 2016년 이후 164개국을 유지하고 있다.

바이든에 거는 기대

냉전이 한창이던 1962년에 쿠바 미사일 위기가 불거졌다. 미국의 턱밑에 있는 쿠바에 소련이 핵미사일 기지를 건설하려던 움직임이 발각됐기 때문이었다. 소련과 공산주의의 팽창은 과감했고, 미국은 이를 두고만 볼 수는 없었다. 앞서 트루먼 대통령은 제2차 세계대전 직후 "미국은 자유로운 세계를 이끌고 소련 및 소련이 지원하는 공산주의의 위협으로부터 세계 모든 지역을 보호할 책임이 있다"라고 선언까지 한 터였다. 미국과 소련의 일촉즉발 위기, 전 세계를 핵전쟁에 가장 가까이 몰고 갔던 냉전시대에는 무역 관계까지 미국의 안보를 위협할 수 있다는 생각에 다다랐다. 무역 확장법이 등장했다. 전문에는 이 법을 통해 "미국의 경제 성장을 촉진하고 공개적이고 차별 없는 거래로 자유세계와의 경제적 관계를 강화한다"고 명시했다. 그리고 공산주의 경제의 침투를 막는다는 내용도 담았다.

당시 케네디 대통령은 무역확장법에 서명하며 해외 시장에서 미국의 영향력을 확장해 자유세계의 유대를 강화하고 공산권의 팽창을 견제하고자 했다. 미국 대통령은 이 법에 따라 관세를 최대 80%까지 매길 수 있는 권한을 갖게 됐다. 강력한 무역장벽을 통해 공산 진영의 침략에 맞서겠다는 것이었다. 하지만 실제 무역 확장법이 적용된 적은 없고 1991년 소련 붕괴로 냉전이 종식되면서 사문화돼 버렸다. 그런데 2018년 트럼프 대통령이 거의 70년 만에 이 법을 끄집어내 무역 전쟁에서 마구 휘둘렀다. 더욱이 이 법을 근거로 무역장벽을 쌓는 상대는 공산 국가도 아닌 유럽과 한국, 일본 등 자유 진영 동맹국까지 포함됐다. 자유 진영을 보호한다며 만든 무역 조치 근거 법안이 어떻게 오히려 자유 진영을 공격하는 무기가 됐을까.

자유무역 vs. 보호무역

예외는 있지만, 오늘날 부유하게 된 나라는 대부분 어떤 식으로든 무역장벽과 보호무역을 통해 부를 축적할 기틀을 마련했다. 자유무역과 자유시장을 설파해온 영국과 미국 등 선진국은, 다른 나라를 상대로는 관세와 정부 보조금 지원 등 보호주의 정책이 부적절하다고 말하면서도 정작 자신들은 과거 이런 방법을 통해 지금의 위치에 다다랐다. 자유시장 정책만을 고집해서 부국이 된 나라는 찾아보기 힘들다. 개발도상국 정부도 자국 기업이 세계 시장에서 어느 정도 경쟁력을 갖출 때까지는 국내산업을 보호하고 육성하려고 보호주의 정책을 앞세우기 마련이었다.

물론 국제무역과 경제의 기조는 당면한 상황과 시기에 따라 변화하는 추세다. 산업혁명이 한창 꽃을 피운 18세기에는 자유방임주의를 요구하는 목소리가 컸다. 시장의 소위 '보이지 않는 손'에 의해 수요와 공급을 맡겨야 경제가 성장한다는 것이었다. 산업 자본가들은 아무런 구속 없는 상태에서 자유롭게 경제 활동을 하고, 그 결과 최대한의 이익을 얻고자 했다. 자유방임형 자본주의가 선풍을 일으켰다.

산업화가 어느 정도 무르익은 1929년 찾아온 대공황은 시장 스스로가 제 기능을 하는 게 불가능한 상황이 올 수 있음을 보여줬다. 대공황 이후 수정자본주의가 주목을 받았다. 자유방임형 자본주의 체제의 구조적 결함을 극복하기 위해 정부가 시장에 적극적으로 개입할 것을 기대했다. 미국의 뉴딜 정책 등이 대표적인 사례였다. 제2차 세계대전이 끝난 뒤 국제사회는 관세 및 무역에 관한 일반 협정 GATT를 체결하는 등, 무역 시장의 문제를 해소하려고 공동의 노력을 기울였다. 이후 1960년대 말까지 세계 경제는 자본주의 황금기를 구가했다. 서구 선진국은 큰 불황이나 대규모 실업 없이 장기 호황을 누렸다. 자유무역주의가 기세를 올렸다.

그런데도 국가 간 무역 전쟁은 이어졌고 무역장벽도 사라지지 않았다. 1960년대 유럽의 닭 수입 물량의 절반 이상을 미국산이 차지하고 있었는데, 프랑스와 독일이 밀물처럼 밀려오는 미국산 닭 때문에 자국 양계 농가가 타격을 입자 고율 관세를 부과했다. 당시 자유무역주의를 주창했던 미국은 가만히 있지 않았다. 즉시 보복으로 독일산 차량에 25% 관세를 매기고 프랑스산 브랜디에도 보복관세를 부과했다. 경제적 보복에 그치지 않고 미국과 서유럽의 집단 안보체제였던 북대서양조약기구에서 미군을 철수하겠다며 위협하기까지 했다.[34] 미국의 지원과 협력이 절실한 냉전기 자유주의 진영 내에서 벌어진 무역 전쟁이었지만, 유럽은 물러나지 않았다. 양측의 싸움은 상기화했고 결국 미국이 졌다. 미국 자동차 업체들이 해외 시장에서 가격경쟁력이 약화하고 비용 절감에도 뒤처지면서 오히려 미국 산업이 어려움에 빠지게 됐기 때문이었다.[35]

세계 경기가 호황일 때는 자유무역주의가 힘을 받고 불황기에는 보호무역주의가 퍼지는 경향을 보인다. 1970년대 들어서 국제사회는 석유 파동을 겪었다. 이미 산업과 운송에서 절대적인 역할을 하게 된 석유의 가격이 폭등하는 상황에서 타격받지 않을 나라는 없었다. 경기가 침체하고 국제경제 질서는 다시 보호무역주의로 돌아갔다. 자유무역주의 선봉장이었던 미국마저 1971년에 경제 긴급조치를 내리고 수입 상품에 대해 추가 관세 부과하는 등 보호무역주의 움직임에 동참했다. 무역적자가 계속 쌓이자 참다못해 내린 결정이었다. 1970년대 후반 석유 파동이 한 차례 더 찾아오자 세계 경제 성장마저 둔화했다. 미국 등 선진국의 제조업이 경쟁력을 잃고 만성적자가 계속됐다.[36] 다시 국가가 나설 때였다. 일부 국가가 무역 상대국에 대해 수입할당(쿼터)과 같은 비관세 조치까지 도입하며 국내산업을 보호하려고 안간힘을 썼다.

이어 1980년대 들어서는 정부가 시장에 개입하는 수정자본주의를 비판하는 목소리가 커지며 다시 신자유주의 바람이 불었다. 정부의 간여를 벗어난 자유방임 시장경제가 다시 확대돼야 한다는 주장이 힘을 받았다. 정부가 경제나 통화정책에 소극 개입하고 대신 국가 간 장벽을 없애 자유무역을 할 수 있도록 노력하자는 것이었다. 세계 무역의 기조가 신자유주의였지만, 각국은 국내 경제에 불리한 여건이 조성되면 현 상태를 유지하려 했고, 필요에 따라 무역장벽도 높였다. 특히 냉전을 벌이는 두 진영 간의 경쟁에서는 더욱 두드러졌다.

무역 전쟁의 시대

냉전은 미·소 양 진영 사이 정치·군사적 긴장뿐만 아니라 무역 전쟁도 초래했다. 미국과 영국, 프랑스 등은 앞서 1949년 공산권을 상대로 무역을 규제하기 위한 수출통제위원회를 설립했다. 무기와 첨단기술 제품, 전략 물자 등에 있어서 공산 국가는 서구 시장에 수출길이 막혔고 공산권 나라들끼리만 무역 거래를 할 수 있었다. 국제무역이 공산권과 자유세계로 나눠진 각 진영 내부적으로 이뤄지면서 전 세계 무역은 적잖이 타격을 입었다.

1980년대 들어 미국은 소련과의 무역 전쟁을 전면적으로 확대했다. 역사상 강대국 간 대립이 벌어질 때 종종 효과를 냈던 봉쇄전략이 동원됐다. 소련 경제의 취약점은 석유 수출 의존도가 매우 높다는 것이었다. 1970년대 석유 파동으로 국제 유가가 급상승하면서 소련은 석유 수출로 큰돈을 벌어들였다. 국제 유가만 떨어뜨릴 수 있다면 소련의 외화벌이에 심대한 타격을 줄 수 있을 것 같았다. 미국 정부는 중동의 최대 산유국 사우디아라비아를 부채질해 유가 하락을 유도하고 협력 대가로 첨단 무기를 제공했다. 1985년 배럴당 30달러이던 원유 가격이 3분의 1 수준으로 곤두박질쳤다. 서유럽 국가들도 그동안 절대적으로 의존해오던 소련의 천연가스 수입을 대폭 줄이며 동참했다.

미국의 봉쇄는 먹혀들었다. 소련 경제는 큰 타격을 받았다. 설상가상으로 미국이 천문학적 규모의 돈이 들어가는 전략방위구상 등 방위 정책을 쏟아내자 소련은 무리하게 군비 경쟁까지 벌여야 했다. 안 그래도 부족한 재원을 국방비에 털어 넣으면서 소련 경제는 휘청댔다. 군비 경쟁을 하면 할수록 미국의 민간 방위산업 업체들은 엄청난 돈을 챙겼지만, 경직된 소련의 국영기업은 그렇지 못했다. 소련은 동구권이 경제난을 겪는 동안 제대로 지원도 해줄 수 없게 됐고, 그만큼 영향력도 급감했다. 돈이 없으면 권력도 지키기 힘든 법. 결국 소련은 더 견디지 못하고 무너져 해체되고 말았다. 세계 최강국 미국의 경제력과 얽히고설킨 국제무역 관계가 같이 빛

어낸 냉전시대 미·소 무역 전쟁의 결말이었다.

소련이 붕괴한 뒤 그동안 자제해왔던 서구 선진국 간 무역 전쟁이 노골화됐다. 미국은 무역 적자가 눈덩이처럼 불어나고 있었다. 1980년대부터 매년 평균 1천 억 달러를 웃돈 미국 무역적자는 1995년 약 1737억 달러에서 1999년 3389억 달러로 2배 정도 늘어났다. 그런데도 미국은 세계 기축통화인 달러를 마음껏 찍어낼 수 있는 발권력 덕분에 버틸 여력이 있었다.[37] 냉전기 미국의 지원 아래 경제 대국으로 부상한 서독과 일본은 미국을 상대로 막대한 무역 흑자를 기록하며 미국 산업을 더욱 흔들어 댔다. 자동차와 철강 등 여러 제조업 분야에서 미국은 경쟁력을 잃고 있었다. 미국의 산업 구조에도 일부 변화가 불가피했다. 미국은 상당수 제조업을 포기하고 대신 고수익성 산업인 부동산과 금융업에 집중적으로 투자했다.

비관세 장벽

미국이 주도해 구축한 WTO는 자유무역을 가로막는 무역장벽을 해소하는 데 중요한 역할을 했다. WTO가 생긴 이후 각국의 관세율은 큰 폭으로 떨어졌다. 공산품의 평균 관세율은 선진국과 후진국을 막론하고 30~40% 정도 인하됐다. 뿐만 아니라 개별 국가가 마음대로 관세를 올리지도 못하게 됐다. 그러자 여러 나라가 관세 아닌 다른 유형의 무역장벽, 즉 비관세 장벽을 도입하는 사례가 많아졌다. 특정 국가의 특정 상품에 대해 수입을 금지하거나 수입량에 할당을 정하기도 했다. 자국 상품의 경쟁력이 부족할 때는 기업에 수출 보조금을 주고, 정부가 조달할 때 자국 상품만 쓰도록 규정하는 나라도 생겼다. 또한 농축산물을 포함해 광범위한 수입 식품에 위생 검역을 강화해 수입을 제한하고, 국가별로 서로 다른 기술 표준이나 규격 등을 규제함으로써 수입을 통제하는 기술적 무역장벽 등이 활용됐다.

비관세 장벽 가운데 수입을 금지하거나 수입품 수량을 제한하는 것과 같은 조치는 국경선에서 이뤄진다. 과거에는 외국산 수입품이 국경을 넘으려는 순간에 취해지는 비관세 조치들이 많았다면, 최근에는 위생 검역이나 기술 장벽과 같이 국경 내에서 이뤄지는 조치의 비중이 커지고 있다. 가령, 국가 간 서로 다른 기술 표준과 규정, 위생 검역상의 문제 등을 들어 물품 수입을 규제해버리는 것이다.[38] WTO 협정으로 관세 장벽을 높이는 것이 더 이상 힘들게 되자 국내 사정을 빌미로 수입을 제한하려는 것이다.

이 때문에 비관세 장벽은 어떤 측면에서는 관세 장벽보다 수입 제한 효과가 훨씬 더 확실하다. 수출국 입장에서 보면 관세의 경우 상대방이 고율 관세를 부과하더라도 제조·수출 원가를 낮추거나 정부가 보조금을 지급하는 등의 방법으로 수출 상품 경쟁력을 높일 여지가 남는다. 심지어 출혈을 감수하고 헐값에라도 수출은 계속할 수 있다. 하지만 비관세 장벽의 경우 수입국이 수량 규제나 위생 검역 제도 등 국내 조치를 통해 해당 품목의 수입을 원천 봉쇄해버리면 수출국이 아무리 발버둥을 쳐도 소용없다. 국내에서 이뤄진 조치로 시장 접근 자체를 막아 버리기 때문이다. 게다가 이런 조치는 사전에 수출국에 아무런 고지도 없이 아무 때나 부과하거나 변경할 수 있으므로 상대를 더욱 어려움에 처하게 만들 수 있다.

크고 작은 무역 전쟁이 계속됐음에도, WTO 활약 등으로 2000년대 중반까지 20여 년 동안은 세계 경제는 비교적 순탄하게 굴러 갔다. 그동안 세계 금융시장은 점차 거대 자본세력에 의해 투기 시장처럼 변했고, 최근 10여 년 동안에는 세계적인 금융 위기와 불황이 주기적으로 반복됐다. 2000년 후반 들어 대형 금융회사의 부실로 촉발된 리먼 브러더스 사태 등 전 세계적 금융 위기가 연달아 터졌다. 선진국의 저성장세가 이어지고 경기 회복이 더뎌지면서 주요 국들의 보호무역 조치도 증가했다. 많은 나라가 금융 위기 이전 불어난 설비 투자로 공급이 과잉된 산업 분야에서는 밀어내기식 수출을 해야만 했고, 수입국은 무역장벽을 쌓아 올리며 여기에 대응했다. 각국 정치인들도 일자리 부족 등 국내 경제 문제를 해결하느라 보호무역 정책과 구호에 의존하는 경향을 보였다.[39] 그러면서 시장의 자율조정 기능은 또다시 도마 위에 올랐다. 결국 신자유주의도 불황과 빈부 격차, 시장 개방을 둘러싼 선·후진국 사이의 갈등과 같은 다양한 문제에 봉착했다.

다시 보호무역주의 시대가 찾아오고 있다. 과거 보호무역주의는 관세와 같은 국경 조치가 주요 무기였다면 최근 보호주의는 국내 조치, 특히 비관세 조치가 중심을 이룬다. 관세와 같은 무역장벽에 대한 WTO 등 국제기구의 감시가 강화됨에 따라, 이를 피해 무역 규제를 가하려는 것으로, 신보호주의라고 불리기도 한다. 신보호주의 흐름은 미국 등 선진국이 이끌지만, 신흥국까지 적극적으로 동참한다. 1970년대 선진국들이 신흥국을 견제하려고 무역장벽을 활용했다면 최근엔 신흥국과 개발도상국까지 다양한 보호무역 조치로 자국의 산업 보호에 팔을 걷어붙이고 나선다.

신보호무역 정책에는 특히 비관세 장벽 활용 비중이 커지고 종류도 다양해졌다. 기술 장벽과 위생 검역 등의 조치뿐만 아니라 정부 보조금과 지식재산권, 원산지 규정, 환경 규정 등 다양한 제한이 가해지고 있다. 비관세조치 가운데 가장 큰 비중을 차지하는 것은 무역기술 장벽으로, 2016년 현재 전체 비관세 조치의 약 57%를 차지한다. 위생 검역이 뒤를 이어 약 29%, 무역 구제 조치가 약 12%로, 이 세 가지 비관세 장벽이 90%가 넘었다. 이밖에 반덤핑, 상계관세 등 무역 규제 조치도 있지만 이는 10% 내외를 유지한다.[40] 바야흐로 보이지 않는 장벽의 전성시대가 다가오고 있다.

'투키디데스 함정'에 빠진 미·중

신보호무역주의 시대 무엇보다 국제사회의 우려를 자아내는 것은 미국과 중국 사이에 벌어진 무역 전쟁이다. 두 나라가 관세 장벽을 서로 쌓으며 갈등해 무역 전쟁이라고 일컫지만 실상은 그 이상이다. 두 나라가 '투키디데스의 함정'에 빠지고 있다는 분석이 많다.

신흥 강국이 부상하면 기존 패권국과의 충돌이 불가피한 상황이 벌어지고 있다는 시각이다.

중국은 2001년 WTO에 가입한 이후 경제가 폭발적으로 성장했다. WTO 회원국이 되면서 세계 제조업의 공장이 된 중국 상품은 다른 회원국들과 같은 조건으로 세계 최대 시장인 미국에 접근할 수 있게 됐다. 뿐만 아니라 개도국 지위를 인정받아, 미국 등 선진국과 거래할 때 관세 인하 등 다양한 혜택까지 누릴 수 있었다. 중국은 괄목할 경제 성장의 결과로 독일과 일본을 차례로 뛰어넘으며 2010년 세계 2위 경제 대국으로 도약했다. 탄탄한 제조업을 기반으로 한 중국 경제는 첨단기술과 정보통신, 전자상거래 등 분야에서도 큰 발전을 이뤄냈다. 막강한 경제력은 중국을 우주개발과 항공모함 보유, 첨단무기 개발 등 군사대국화로 이끌었고 중국은 이제 미국과 함께 명실상부한 G2로 불릴 만큼 위상이 높아졌다.

시진핑 국가주석 취임 이후 중국이 아시아에서 패권을 노리는 움직임까지 보이자 미국은 이를 견제하고 나섰다. 미국은 질주하는 중국 경제에 제동을 걸어야 했다. 관세 카드를 꺼내고 무역장벽을 높였다. 미국과 중국 간 무역 전쟁이 막을 올렸다. 트럼프 미국 대통령은 중국이 불공정 무역을 한다며 2018년 7월 중국산 정보통신 상품과 기계류, 철강 등 800여 개 품목 5백억 달러어치 제품에 약 25%의 관세를 부과하기로 했다. 9월엔 추가로 농축산물 등 6천여 개, 약 2천억 달러 상당의 중국산 수입품에 10% 관세를 연이어 매겼다.

당시 트럼프는 중국 상품에 대한 무역 구제 조치를 취하면서 국가 안보를 이유로 내세웠다. 관세 등 수입 제한 조치가 국가 안보의 차원에서 이뤄진다는 이유였다. 경제 문제인 무역 규제를 국가 안보와 연결한 근거 가운데 하나가 바로 미·소 냉전시대 도입된 미국의 무역 확장법이었다. 이 법 232조는 수입 제품이 미국의 안보를 저해하는지를 조사해 필요하면 이를 차단할 수 있도록 했기 때문이다. 미국의 국가 안보를 위협할 수 있는 것으로 판단되는 수입품에 대해서는 대통령이 직접 고율 관세를 매길 수 있도록 했다. 미국과 소련이 대립하던 냉전시대에 만들어져 그동안 단 한 번도 적용되지 않고 이름만 남았던 법을, 트럼프가 부활시킨 것이다.

시진핑의 중국도 미국발 무역 전쟁을 피하지 않았다. 미국산 수입품에 대해 보복관세를 부과하며 강하게 맞섰다. 트럼프가 철강과 알루미늄에 관세를 부과하는 행정명령에 서명하자, 중국 정부는 미국산 수입품 128개 품목에 30억 달러 규모의 보복관세를 매겼다. 여기에는 미국산 돼지고기도 포함됐는데, 중국은 미국산 돼지고기의 두 번째로 큰 수출시장이어서 미국 축산업계는 타격이 상당할 수밖에 없었다.[41] 또한 중국은 미국이 추가로 관세 조치를 내렸을 때도 미국산 농축산물과 원유 등 5천여 가지 품목, 약 750억 달러어치에 대해 2~5% 보복관세로 맞섰다.

미국은 중국과의 무역 전쟁을 관세 경쟁에 한정하지 않고 전선을 확대했다. 첨단기술 분야는 물론 금융과 정보, 기업 인수 등 곳곳에서 중국의 활동에 제약을 가하며 견제 장치들을 속속 마련했다. 안보 분야에서도 중국 정보기술 업체인 화웨이 반도체의 미국 내 사용을 금지하고 미국의 기술을 사용하는 다른 나라에도 비슷한 조치를 도입하도록 압박했다. 트럼프 정부는 중국 업체들이 미국 기업의 지식재산권을 도용하고 해킹 등 부정한 방법으로 첨단 기술을 훔쳐내 생산에 활용하는데 중국 정부는 이들 기업에 보조금을 지급하고 환율까지 조작해 불공정한 무역 환경을 만들고 있다고 주장했다. 결국 트럼프 정부는 중국이 자국의 자유무역 질서를 이용해 경제력과 군사력을 급격하게 길러왔고, 이제는 미국에 도전할 지경에 이르렀다고 생각하는 것이다.

미국은 이 때문에 무역 전쟁을 통해 중국과의 무역 불균형을 바로 잡는 것은 물론, 아예 중국 경제의 구조까지 바꿔버리려 한다. 중국 시장은 더 개방하고 국영기업의 투명성을 개선하는 동시에, 정부 보조금 등 불공정 무역 경쟁을 초래하는 갖가지 문제까지 해결하겠다는 것이다. 결국 양측의 갈등은 경제-통상 분야를 넘어 군사와 외교, 기술, 인권 등 전 방위로 빠르게 확대됐다.

흔들리는 전후 70년의 질서

미국과 중국이 무역 전쟁으로 정면충돌하면 어떻게 될까. 미국이 중국 상품에 높은 관세를 부과하면 당장 중국산 공산품 가격이 올라 미국 소비자에게 손해가 돌아간다. 또한 중국 상품을 중간재로 쓰는 생산자 부담도 커져 미국 제품의 경쟁력을 떨어뜨린다. 더욱이 중국도 미국에 보복관세를 부과하면서 미국은 수출에서도 타격이 불가피하다. 무역 분쟁으로 미국과 중국 간 교역이 감소하면 이 두 나라에 수출해온 다른 나라 수출도 연쇄적으로 줄게 된다.[42] 세계화로 이미 여러 국가 간에 분업·협업 구조가 만들어져 있으므로 세계 1·2위 경제 대국인 두 나라가 무역 전쟁을 벌인다면 사실상 모든 나라가 영향을 받고 전 세계 경제도 피해를 볼 수밖에 없다.

그나마 다행스럽게도 미국과 중국은 파국으로 치닫기 전 서로 마주 보고 질주하던 차의 핸들을 조금씩 돌렸다. 2020년 1월 미·중은 무역 분쟁을 해결할 1단계 무역협정을 체결했다. 양측이 더 이상 관세전쟁을 악화시키지 않는다는 전제로 중국이 미국에서 대량의 상품과 서비스를 구매하는 것을 내용으로 한다. 중국은 1단계 합의 이행 기간 2년 동안 공산품과 농산물 등 총 2천억 달러 규모의 미국 상품과 서비스를 구매하기로 했다. 이에 상응해 미국은 일부 중국산 제품에 대한 관세율을 낮추고 보복관세를 추가로 매기지 않을 의사를 밝혔다. 국제 무역질서가 더 이상 악화해선 안 된다는 국제사회의 우려 속에 미·중 무역 전쟁은 숨 고르기에 들어가는 모습이었다.

그런데 예상치 못한 복병 코로나19가 찾아왔다. 코로나 바이러스가 전 세계로 급속히 확산할 뿐 아니라 팬데믹 사태가 장기화하면서 해외 생산설비 가동이 차질을 빚게 됐다. 그러자 일부 국가는 생산시설을 자국으로 옮기거나 의료품 등 과거 수입하던 물자를 국내에서 생산하는 방안을 모색했다. 코로나19라는 비상 상황이 벌어지자 주요국이 속속 교역 장벽을 높였다. 대량 실업 사태와 경제 역성장이 각국에서 벌어졌다. 경제는 둔화했다.

중국도 예외가 아니었다. 이런 상황 속에서 중국은 약속했던 미국 상품을 대량 구매할 수 없었고, 미국과의 1단계 무역합의도 제대로 이행하지 못했다. 힘들게 타결한 휴전안이 물거품으로 돌아갈 위기를 맞은 것이다. 더욱이 미국은 코로나19 확산의 책임까지 중국에 물어 손해배상을 청구할 움직임을 보이면서 미·중 관계도 다시 급속하게 냉각되고 있다.

돌이켜 보면 전 세계 무역 질서에 있어서 장벽을 쌓고 말고는 강대국 이해관계를 중심으로 결정돼왔다. 강대국이 국내산업 경쟁력이 높아져 상품을 더 많이 해외에 팔아야 할 때면 자유무역을 밀어붙이고, 그렇지 않으면 보호무역을 외쳤다. 전 세계적 경제 위기가 닥치면 각국은 너도나도 앞다퉈 무역장벽을 높이고 보호무역주의로 기울었고, 결과적으로 이는 상황을 악화시키는 경우가 많았다. 1870년대 유럽의 대불황은 곳곳에 보호무역주의 장벽이 세워지게 했고 1920년대 말 대공황 때는 미국이 관세율을 60%까지 끌어올리는 등 세계 경제를 파국의 나락으로 밀어 넣었다. 무역 때문에 전쟁을 벌이기도 하고 때로는 총알 한 발 쏘지 않는 무역 전쟁 때문에 한 나라가 무너지기도 했다. 미국이 냉전시대 소련을 상대로 벌였던 봉쇄와 무역 전쟁이 바로 그런 결과를 낳았다.

이제 미·중 간 무역 전쟁이 제2차 세계대전 이후 70년 이상 자리잡아 온 국제무역과 통상 질서를 흔들고 있다. 그동안 세계 무역 자유화의 흐름은 WTO를 구심으로 한 다자체제를 근간으로 양자 자유무역협정 FTA와 지역별 무역협정 등으로 조금씩 형태를 바꾸며 이어져 왔다. 그런데 트럼프 행정부의 보호무역주의는 무차별주의와 개방주의를 원칙으로 하는 다자간 국제통상 규범의 틀을 무시했다.[43] 대신 힘의 우위를 내세워 양자 협상을 강조했다. 이전에 맺은 북미자유무역협정 NAFTA 등 여러 자유무역협정은 미국에 불리할 뿐이라며 경제와 통상 문제도 WTO를 통하지 않고 완력으로 해결하려고 했다. 이는 WTO 체제를 무력하게 만들었고, 제2차 세계대전 이후 무역과 관세 장벽의 문제를 다자간 기구를 통해 해결하려는 국제사회 노력마저 휘청거리게 만들었다. 미국 우선주의를 내세우며 국제 갈등을 힘을 앞세워 해결하려 함으로써 그동안 자신들이 주도해 만든 국제 무역질서를 스스로 무너뜨리려 한 것이다.

바이든의 노선은

2021년 바이든 대통령 시대를 맞아 미·중 간 무역 전쟁은 어떻게 될 것인가. 바이든은 트럼프의 정책을 모두 거부하는 'ABT Anything But Trump' 정책 노선을 택할 것으로 예상됐다. 그 자신도 트럼프가 평가절하한 북미자유무역협정 NAFTA를 지지하고 미국이 탈퇴한 환태평양경제동반자협정 TPP에도 다시 가입할 것임을 분명히 했다. 트럼프 때와는 달리 다자주의로 복귀해 국제사회 문제 해결을 모색할 의지를 밝힌 것이다. 미국이 그동안 유지해왔던 전통 동맹 관계를 회복하고 트럼프가 탈퇴한 세계보건기구 WHO나 파리기후협약 등 국제기구에도 다시 가입해 국제사회 문제를 공동으로 대처할 것이다. 따라서 트럼프 행정부 때처럼 국제 관계와 무역 통상 질서에서 예측 불가능한 상황은 크게 줄어들 것으로 기대된다.

하지만 중국 문제에서 있어서만큼은 바이든도 트럼프 정책의 상당 부분을 그대로 둘 것이라는 전망이 많다. 그는 이미 트럼프가 중국산 수입품 절반가량에 부과한 25% 관세를 즉각 철회하지 않을 방침을 내비친 바 있다. 안보와 외교 등 트럼프 행정부의 정책에 대부분 반대 입장을 밝혔던 바이든이지만, 관세 전쟁에 있어서는 트럼프가 넘겨준 좋은 패를 그냥 버리지는 않을 것이다. 중국은 코로나19로 모두가 휘청거린 2020년에도 경제 대국 가운데 유일하게 경제 성장을 기록했고 2021년에는 7%대 성장이 전망된다. 트럼프가 떠난다고 해도 중국에 대한 미국의 의구심과 경계는 금방 사라지지 않을 것이다.[44] 저명한 국제정치학자 조지프 나이 교수는 코로나가 치유된 뒤에도 미국과 중국 간에 벌어진 전략 경쟁 체제는 계속될 것으로 전망했다.[45]

다만 바이든은 트럼프와는 다른 방법으로 미국의 가치를 퍼뜨리고 국제사회에서 미국의 역할도 재건할 것이다. 다자주의와 동맹외교를 통해 중국의 도전에 대응할 것이다. 미국은 과거 냉전시대 소련과의 체제 대결에서도 자유 진영 국가들과 함께 봉쇄로 소련 경제를 무력화시킨 경험이 있지 않은가. 문제는 냉전시대 때와는 상황이 다르다는 것이다. 당시에는 공산 진영과 자유 진영으로 편이 분명히 갈라져 미국 또는 소련, 어느 한쪽을 선택해 일방적으로 지지하기가 어렵지 않았다. 하지만 오늘날 미국과 중국의 사이에서는 여러 나라 이해관계가 복잡하게 얽히고설켜 일도양단으로 진영을 나누고 선을 긋기란 쉽지 않다. 미국이 동맹 관계와 국제기구를 통해 중국 문제에 접근한다고 하더라도, 많은 나라는 미국이냐 중국이냐의 선택의 갈림길에서 힘든 시간을 보내게 될 것으로 보인다. 특히 미국과는 동맹 관계이고 중국과는 떼려야 뗄 수 없는 경제 관계를 유지해온 한국에게는 더 큰 번뇌의 시간이 다가올 수 있다.

팬데믹 시대의 장벽

우린 모두 마스크를 쓰고 있었다. 얼굴을 반쯤 가린 마스크 위로 눈만 조용히 내놓고 좌우를 살폈다. 신호등을 기다리는 사람, 버스 안에 앉은 사람, 교통경찰, 노인, 군인, 심지어 동네 놀이터에서 그네를 타고 노는 어린아이들까지. 한여름 뙤약볕도 아랑곳하지 않았다. 팥죽 같은 땀방울이 이마와 목덜미를 타고 흘러내렸지만 마스크를 벗어 던지는 이는 없었다. 2020년 우리 모습은 디스토피아 소설 속에서나 그려지던 한 장면 같았다.

세계적으로 유행한 코로나 바이러스 전염병 때문이었다. 코로나19 팬데믹은 단순한 전염병이 아니었다. 우리 생활과 경제는 물론, 문화, 사고방식, 더 나아가 국제 관계까지 바꿔버렸다. 전염 확산을 막으려고 검역과 격리가 일상화되고 세계 곳곳의 도시가 봉쇄됐다. 지역 간, 국가 간 새로운 장벽이 생겨나고 상호 격리와 경계가 일상화됐다. 국경을 넘어 다른 나라로 이동하고 여행하는 것이 그 어느 때보다 힘들어졌다. 그나마 다행히도 백신 접종이 시작되고 치료제도 연구 중이다. 이제 다시 이전으로 돌아갈 수 있을까.

바이러스 대확산

|

코로나19 첫 증상 환자가 나타난 것은 2019년 12월 1일 중국 후베
이성이었다. 이미 11월 중순 환자가 나왔을 것으로 추정하는 과학
자들도 있었다. 우한시 수산물 도매시장이 유력한 발원지로 지목됐
다. 시장 가판대에 여러 곳에서 코로나 바이러스가 검출되고 상인
몇 명이 증상을 보였다. 최초에 박쥐에서 생긴 바이러스가 이곳에
서 식자재로 거래되던 천산갑으로 옮긴 뒤 인간에게 전파됐을 가
능성이 유력 시나리오로 제기됐다.

정확한 최초 감염 경로는 즉각 파악되지 않은 채 감염자가 급속
히 늘었다. 중국 정부는 괴 바이러스 발병 실상을 바로 정확하게 알
리지 않았다. 오히려 괴질의 위험성을 경고하는 몇몇 의사와 과학
자들의 입을 틀어막기에 바빴다. 우한 도매시장을 폐쇄했을 뿐 별
다른 대책은 마련하지 않았다. 이 때문에 12월 한 달 내내 사람들이
자유롭게 우한시를 드나들었다. 그러는 동안 고열과 호흡곤란 등
증상을 호소하는 환자가 급증했다.

더는 전염병 창궐을 숨길 수 없게 된 중국 정부는 12월 31일 세
계보건기구 WHO에 보고했다. 첫 발병 사례 이후 거의 한 달이 지
난 뒤였다. WHO는 즉각 신종 코로나19 바이러스 발생을 공식 발
표했다.[1] 1월 9일 우한에서 코로나19로 인한 첫 번째 사망자가 나

왔다. 2주도 안 돼 사망자가 17명, 확진자는 5백 명을 넘었다. 1월 31일 WHO는 국제적 공중 보건 비상사태를 선포했다. 그러나 이미 코로나는 중국 국경 너머 다른 나라로 한참 퍼진 뒤였다. 발원지 중국에서의 초기 대응 실패로 국제사회는 세계적인 팬데믹을 일차적으로 막을 기회를 놓친 셈이었다.

코로나19 발병을 쉬쉬하던 중국 정부가 허둥지둥 수습에 들어갔지만 할 수 있는 게 많지 않았다. 확산을 일차적으로 막아줄 마스크는 부족하고 진단 키트도 제대로 공급되지 않았다. 중환자가 급증하자 다급히 임시 병원까지 지었지만 역부족이었다. 긴급하게 할 수 있는 조치라고는 격리와 봉쇄뿐이었다. 중국 정부는 인구 1천만 명의 우한과 705만 명의 황강 등 후베이성 주요 도시의 진입로를 폐쇄하고 자택 격리를 시행했다. 주변 대도시에도 봉쇄 조처가 내려졌고 이로 인해 순식간에 5천 만 명이 격리됐다. 하지만 우한 시민 5백만 명이 설날 명절을 보내려고 이미 전국 각지로 떠난 뒤였다.

다른 나라에도 비상이 걸렸다. 수많은 중국 여행객이 코로나19 감염 사실도 모른 채 세계 각국으로 돌아다녔다. 초기 골든타임을 완벽하게 놓쳤다. 미국을 비롯한 여러 나라에서 중국으로의 여행을 금지했다. 중국을 방문했던 외국인에 대해서는 입국을 금지하는 나라도 있었다. 대만은 중국인 입국을 금지했고, 인도네시아는 아예 중국산 식음료 수입까지 일시 중단했다. 러시아를 비롯한 접경국은 아예 중국과의 국경을 폐쇄하기 시작했다. 중국인은 잠재적 코로나

19 전파자로 간주했고 각국에서 중국인 입국을 막았다.

한국과 이란, 이탈리아 등 코로나19 사태 초기 확진자가 급증한 나라에도 불똥이 튀었다. 각국은 이들 나라에 대해서도 빗장을 걸어 잠갔다. 터키와 파키스탄은 이란과의 국경을 봉쇄했고 오스트리아는 이탈리아에서 오는 기차편 운행을 중단했다. 이웃나라에서 확진자가 급증하면 서둘러 국경을 닫아버렸다. 이탈리아와 스페인, 프랑스, 벨기에 등이 3월 초부터 순차적으로 격리 조처했다. 미국도 환자가 많은 뉴욕과 캘리포니아주를 격리했다. 중동의 모로코는 일시적으로 국경을 폐쇄했다.

봉쇄와 격리는 금세 각국으로 퍼졌다. 3월 18일 전 세계 격리자 수는 약 5억 명이었으나 일주일도 안 돼 두 배로 늘어 10억 명에 달했다. 3월 말에는 세계인구의 약 3분의 1에 달하는 26억 명이 격리 상태에 놓였다. 4월 초에는 약 1백 개 국가 40억 명이 강제 격리, 또는 자가 격리 권고 상태에 들어가 정점을 찍었다.[2] 질병의 전파 속도는 인간의 이동 가능 속도와 일치했고, 이를 막을 방법은 인간의 이동을 막는 것뿐이었다.

여행을 제한하고 국경을 통제했지만 코로나 바이러스 확산은 좀처럼 잡히지 않았다. 각국 내에서 발생하는 지역 감염자를 통제하기도 쉽지 않았다. 한국과 대만 등 국민이 정부 시책에 따라 마스크를 잘 쓰고 밀접 접촉을 삼가는 국가도 있었지만, 유럽 등 상당수 일부 국가에서는 시민들이 마스크 착용에 극도의 거부감을 드러냈다.

바이러스는 가히 폭발적으로 퍼져 나갔다. 3월 WHO가 팬데믹을 경고한 뒤 겨우 석 달이 지난 6월 말, 세계적으로 1천 만 명 이상이 감염됐다. 그다음 확진자 수가 2천 만 명이 되는 데는 두 달이 채 걸리지 않았다. 시간이 갈수록 확산 속도는 더 빨라져 이후 확진자가 1천만 명씩 늘어날 때마다 걸린 시간은 38일에서 31일, 21일, 17일, 16일, 15일로 계속 줄었다.[3] 코로나 19 발발 1년여 만에 전 세계 코로나 누적 확진자 수는 1억2천만 명을 돌파했다.

사망자도 급증했다. 특히 미국의 인명 피해가 심각했다. 코로나 19가 발발한 지 1년 뒤 하루 사망자 수만 3천 명을 넘어섰다. 제2차 세계대전 중 노르망디 상륙작전 당일 미군 사망자 약 2천5백 명보다 많고, 9·11테러 희생자 2977명보다도 많았다.[4] 영국과 러시아도 사망자가 3만 명 수준에 달하고 브라질과 독일이 2만 명대를 기록했다. 누적 사망자 수는 코로나 1년여 만에 미국에서 50만 명을 넘었고, 전 세계적으로는 250만 명에 육박했다.

세계적인 위기 상황에서 각국은 다급해졌다. 거의 모든 나라가 팬데믹에 대한 준비가 안 돼 있었다. 마스크와 진단 키트가 절대 부족했고 중환자를 돌볼 병상과 인공호흡기도 턱없이 모자랐다. 그동안 이들 비품과 의료기기를 생산해온 나라는 당장 자국에 공급하느라 수출을 금지했다. 마스크 주요생산국 가운데 하나던 한국도 코로나 초기에 수출을 중단했다. 중국은 7천 여 개의 업체가 2억 장의 마스크를 생산했다. 중국처럼 일부 여력이 있는 나라는 해외에 마스크를 수출하기도 했지만, 가격을 크게 높여 받았다. 비상이 걸린 미국은 자동차 공장에 호흡기 생산을 지시하고, 명품 의류 업체에는 마스크를 찍어내도록 했다. 자동차와 항공, 패션, 섬유 등 업체들이 대대적으로 동원돼 의료물자를 생산하기 시작했다. 대부분의 나라에서 사정이 비슷하게 돌아갔다.

그동안 보지 못했던 것들

팬데믹 상황이 오자 그동안 우리가 보지 못했던 세상의 이면이 속속 드러났다. 가장 놀라운 것은 미국과 영국, 독일, 프랑스, 일본, 중국 등 소위 강대국과 선진국이 코로나19 앞에서 무력한 모습이었다. 확진자와 사망자가 속출하는데도 정부는 우왕좌왕하고, 시민들은 감염 확산 방지 조치에 그다지 협조적이지도 않았다. 반면 개발도상국, 후진국으로 여겨지던 한국과 대만, 베트남, 핀란드 등은 효율적이고 안정적으로 대처했다는 평가를 받았다. 코로나로 인한 사망자 수가 영국은 10만 명당 81명, 미국은 77명을 기록했지만, 베트남은 1명도 채 안 될 정도였다.

각 지역 사회에서도 위기 상황을 대처한 주역들이 새롭게 조명을 받았다. 코로나19가 닥치고 보니 소위 화이트칼라 노동자는 사회적 거리두기로 재택근무를 해야 했고, 간호사와 택배 노동자 등이 현장에서 자리를 지켰다.[5] 군대와 경찰, 운송, 택배, 건설, 농업 등 현장 근로자가 코로나19 확산에도 계속 생산적이고 건설적인 활동을 이어가면서 사회 필수 분야의 핵심 근로자 역할을 톡톡히 했다는 평가가 이어졌다.

국가안보 측면에서 국경의 중요성도 새삼 부각됐다. 바이러스 확산을 효과적으로 통제한 나라는 결국 확산지역을 격리하고 국경을 엄격하게 봉쇄한 국가들이었다. 누가 확진자인지, 잠재적 보균자인지 모르는 상황에서는 국경에서부터 입국을 막고 격리하는 게 무엇보다 중요해졌다. 확진자가 많은 나라 국민은 다른 나라를 여행할 때 엄격한 검역과 심사를 통과하고 자가 격리 기간을 거쳐야 했다. 모든 나라의 국경 장벽은 갑자기 높아졌고 이를 넘어간다는 것이 그 어느 때보다 까다롭고 힘든 시간이 찾아왔다.

세계화와 이에 따른 각국 경제의 글로벌 공급망 의존 심화도 적잖은 문제를 드러냈다. 보건-의료용 마스크와 장갑 같은 필수 개인 보호 용구를 비롯해 의료품과 의료기기는 제한된 일부 국가에서만 생산했고 대부분의 나라는 재고량도, 생산설비도 부족했다. 팬데믹이라는 긴박한 상황에서 이런 물품 공급이 부족해지면서 제조업 확충 여부가 국가안보 문제와 직결됐다. 과거 하찮게 여겨졌던 단순 제조업이 위기 시에 큰 구멍이 될 수 있다는 경보가 곳곳에서 울렸다. 많은 나라가 의료물자를 비롯한 중대 물품을 모두 수입해서 쓰면 안 된다고 자각했다. 이제 많은 나라가 긴급 물품을 생산하는 시설은 자국 내 두고 보호한다는 생각에 미치게 됐다.

이런 변화는 우리의 일상은 물론, 경제에도 큰 타격을 미쳤다. 사회적 거리두기가 코로나19 확산을 막을 중요한 방법으로 수렴되면서 인간의 활동은 많이 감소했다. 쇼핑을 줄이고 외식도 자제했다. 자가 격리와 방역 문제 등으로 해외여행과 관광하는 사람을 찾아보기 힘들게 되자 호텔과 관광업계, 항공업계는 구조조정과 인원 감축으로 비명이 이어졌다. 해외 이동·운송 수단이 급감하면서 부품 조달이 어려움을 겪고 이는 생산 차질로 이어졌다.

　이로 인한 경제 위기는 이전과는 다른 유형의 것이었다. 각국 정부가 질병 확산을 막고 국민의 생명과 건강을 보호하느라 어쩔 수 없이 경제 활동을 제한함으로써 생긴, 반자발적인 경제 위기였다.[6] 부품 수급이 제한되고 저렴한 노동력의 이동이 막히면서 생산 차질이 잇따랐다. 코로나 확산으로 중국발 공급의 위기가 찾아온 데 이어, 미국과 유럽 등 여러 나라가 봉쇄조치를 하면서 세계적으로 수요마저 부진해졌다. 결국 생산과 소비, 수요와 공급이 모두 난관에 봉착한 상황이 찾아왔다.

　코로나19가 초래한 경제 위기는 각종 지표에 여실히 드러났다. 바이러스가 급속히 퍼진 4~5월 세계 석유 소비량은 전년 같은 시기와 비교해 3분의 1이 감소했다. 인도는 70%가 줄었고, 미국이 30%, 중국이 20% 각각 감소했다. 실업을 보면, 미국에서만 3월 한 달 새 1천3백만 명이 해고됐고, 4월엔 2천만 개 이상 일자리가 없어졌다. 2019년 말 완전고용 수준으로 3.9% 수준을 유지하던 미국 실업률이 15%에 육박했다. 전 세계적으로는 코로나19로 인해 일자리가 2억 개가량 사라진 것으로 국제노동기구 ILO는 평가했다.[7] 2020년 세계 교역량도 약 10% 감소한 것으로 분석됐다. 미국과 일본, 독일 등 선진국 경제성장률은 코로나19 사태 1년 동안 약

3~5% 마이너스 성장을 기록했고, 특히 영국과 프랑스는 10%에 달하는 역성장을 보였다. 이는 2008년 전 세계 금융 위기 때 찾아왔던 세계 경제 성장률 마이너스 2%보다 심각한 수준이다. 세계 금융 위기와는 또 다른 실물 경제 위기였다.

코로나19 이후 세계

위기를 타개하려고 각국 정부는 엄청난 재정을 쏟아부었다. 긴급자금을 투입하고 소상공인과 자영업자에게 보조금을 지원했다. 국민에게 현금도 직접 나눠줬다. 이는 곧 공공채무의 급증으로 이어졌다. 경제협력기구 OECD 국가의 공공채무는 2021년 국민총생산의 120% 수준으로 올라가고, 세계 부채 비율도 2019년 국민총생산의 약 83%에서 2020년을 넘기며 최대 300%까지 늘어날 것으로 전망됐다.

문제는 코로나19 이후이다. 공공채무가 급증하면 위기가 찾아올 수 있다. 어느 나라든 재정을 소비하고 채무를 늘이는 건 금세 할 수 있지만, 줄이는 건 단기간에 이루기 어렵다. 제대로 갚을 수 없으면 채권국에 깎아달라고 사정해야 한다. 여의치 않으면 채무를 불이행하거나 전쟁 등 물리력을 동원해 해결하기도 한다.[8] 우리는 20세기에 벌어진 두 차례의 세계대전을 통해 이러한 사례들을 똑똑히 지켜봤다. 더욱이 현재는 코로나 팬데믹의 여파가 정확히 드러나지도 않은 상태다. 상당수 국가 경제가 정부 긴급 개입과 재정

지원으로 그럭저럭 버티는 것처럼 착시를 일으키고 있지만, 지원이 중단되면 상황이 훨씬 심각한 것이 드러나고 위기가 찾아올 수 있다.

코로나19는 국가 간 신뢰 관계를 상당 부분 무너뜨렸다. 질병 확산이 시작되자 각국은 자국민 보호를 최우선으로 하고 당장 마스크 수출을 중단했다. 각종 의료기기에 대해 안정적인 국내 공급을 위해 추가 관세를 부과하거나 공급망을 다변화하는 등 기존 수요-공급 질서가 무시됐다. 국제 관계에서 가장 중요한 기초는 신뢰다. 신뢰 없는 국제 관계는 발전적일 수 없다. 유럽의 석학이자 미래학자인 자크 아탈리는 "코로나19는 최근 수백 년간 경험하지 못한 최악의 경제적-사회적 위기를 초래하고 더 나아가 정치적 위기까지 일으키게 될 것"이라고 전망했다.

그나마 다행스럽게도 코로나19 백신이 개발되고 여러 나라에서 접종이 이뤄진다. 치료제 연구 개발도 현재 활발하게 진행 중이다. 우리 생활도, 경제도 서서히 이전으로 회복될 것이라는 기대가 커진다. 세계은행은 전 세계 경제가 2021년부터 반등할 것으로 예상했다. 하지만 집단 면역이 생기고 완벽한 치료제가 생긴다 해도 세계가 코로나19 이전 상황으로 돌아갈 수 있을지는 미지수다. 코로나 바이러스도 기존 인플루엔자 바이러스의 변종일 뿐이다. 변이를 일으킨 코로나19, 아니면 인플루엔자 바이러스가 또다시 어떻게 변이·변종을 일으켜 우리 곁에 다가올지 알 수 없다. 다만 대한민국 사회가 2017년 메르스 확산 사태를 겪으며 코로나19에 비교적 성공적으로 대응할 수 있었던 것처럼, 2020년 코로나19 사태로 예방주사를 맞은 국제사회도 차후 또 다른 팬데믹이 닥쳤을 때, 보다 나은 대응을 할 수 있게 되길 기대해 볼 뿐이다.

코로나19는 전 세계를 충격 속에 밀어 넣었다. 국가 간 이동이 제한되고 수요와 공급이 줄면서 경제도 냉각시켰다. 모두가 힘을 합쳐서 대응해도 모자를 판에 미국과 중국은 대립을 이어가며 무역 전쟁을 벌인다. 미·중 경제 전쟁은 제2차 세계대전 이후 유지돼 온 자유무역 질서를 뒤흔들고 있다. 더욱이 지금의 체제를 이끌어 온 미국이 앞장서 질서를 무너뜨리는 모습은 당황스럽게 보는 시각이 많다. 중국은 미국이 바라는 대로 쉽게 경제 구조를 바꾸지 않을 것이다. 중국의 사회주의 시장경제 모델과 미국의 자유주의 시장경제의 충돌은 쉽게 승부가 나지 않을 것이고, 그만큼 두 나라 사이 갈등은 길어질 수밖에 없다.

더욱이 코로나19는 국가 간 협력과 공조에 존재하는 커다란 틈을 선명하게 드러냈다. 마스크와 백신, 치료제 등의 확보에서 각국은 서로를 협력 상대로 보기보다는 경쟁 대상으로 간주했다. 서로 국경을 봉쇄하고 입국자를 격리했다. 국경을 엄격하게 봉쇄한 나라일수록 팬데믹을 효과적으로 대응한 것을 지켜봤다. 미래에 비슷한 위기가 올 때 어떻게 대처해야 할지 각국 지도자들은 비슷한 생각을 하고 있을 것이다. 코로나19가 잦아들더라도 세계화는 주춤하게 되고, 주요국은 생산 자립형 경제 구조로 회귀할 움직임이 가

속될 수 있다. 코로나19 사태 이후 세계에 다시 성곽도시나 요새화된 도시 같은 국가가 출현할 거라고 전망하는 전문가도 있다. 코로나 확산으로 국가 간 교류와 교역이 줄어들고 나라마다 자급자족적 경제로 회귀하면, 자국 중심적 사고를 앞세우는 신 중세시대가 다가올 수 있다는 것이다.[9] 코로나19로 인해 세계화된 생산 방식의 취약성을 모두가 뼈저리게 느꼈기 때문이다.

여기저기 들어서는 무역장벽은 곧 국제사회에 불신의 시대가 오고 있음을 방증한다. 기존 경제 관계가 단절되고 국가 간 신용 제공이 줄어들면 불확실성이 커지는 상황이 된다. 주변국이 어려워도 자기 나라 이익만 챙기는 자국중심주의가 팽배할 때 어떤 일이 벌어지는지 역사는 보여준다. 국제경제상황이 안 좋으면 관세전쟁이 벌어지고 보호무역이 처방으로 등장하기 쉽다. 하지만 무역장벽을 쌓아 불황을 벗어나려는 그동안의 시도는 번번이 실패했다. 두 차례의 대공황이 그랬고, 결과적으로 두 차례의 세계대전으로까지 이어졌다.

장벽은 서로의 다름과 차이를 극복하지 못할 때 만들어진다. 미·중 무역 전쟁과 코로나19 창궐 등으로 국제 질서가 요동친다. 세계 곳곳의 국경에 새로운 장벽이 생겨나고 기존의 장벽들은 더욱 높아지고 있다. 오래 끄는 무역 전쟁에는 승자가 없다. 오로지 패자만 남을 뿐이다. 역사학자 아놀드 토인비는 "인류의 가장 큰 비극은 역사 속에서 아무 교훈도 배우지 못한다는 것"이라고 말했다. 그동안 기존의 질서와 체제가 제대로 작동하지 않을 때 어떤 일이 벌어졌는지 우리는 똑똑히 보아왔다. 위기의 시대에 어리석은 자는 장벽을 쌓고 현명한 자는 다리를 놓는다고 했다. 우리는 지금 다리를 놓고 있는 것인가, 아니면 장벽을 쌓고 있는 것인가.

1장 냉전이 남긴 것들 _ 베를린 장벽

1   최우성, 〈독일 마르크화 50돌〉, 《한겨레 21》 제212호, 1998.6.18. http://legacy.
    h21.hani.co.kr/h21/data/L980608/1p5s6803.html (2017.9.11. 검색).

2   디트릭 올로, 문수현 옮김, 《독일 현대사》(미지북스, 2019), 474쪽.

3   1947년 독일 남성의 평균 체중은 41.86kg, 여성은 42.4kg에 불과할 정도로 식
    량난이 심각한 수준이었다. 디트릭 올로, 문수현 옮김, 앞의 책, 483쪽 참고.

4   맥세계사편찬위원회 편, 《독일사》(느낌이있는책, 2015), 380쪽.

5   김영희, 《베를린 장벽의 서사》(창비, 2016), 22~23쪽.

6   윌리엄 스마이저, 김남섭 옮김, 《얄타에서 베를린까지》(동녘, 2019), 89쪽.

7   조갑제, 〈IMF와 유엔을 만든 미국인은 두더지였다!〉, 《월간조선》 2013년 5월호.
    http://monthly.chosun.com/client/news/viw.asp?nNewsNumb=20130510
    0038&ctcd=G (2017.9.13. 검색).

8   "Postwar Challenges", http://ushistory.org/us/52d.asp. (2016.3.16. 검색).

9   김대영, 〈사상 최대의 공수작전:베를린 공수작전〉, 《월간공군》 2012년 4월호,
    14쪽.

10 Joseph Sherman, Cold War(Minneapolis:Lerner Publication Company,
    2004), p.24.

11 메리 풀브룩, 김학이 옮김, 《분열과 통일의 독일사》(개마고원, 2000), 310쪽.

12 최승완, 《동독민이주사 1949~1989》(서해문집, 2019), 21쪽.

13 Richard Bernstein, "In Eastern Germany, 1953 Uprising Is Remembered",
    The New York Times, 2003.6.16. https://www.nytimes.com/2003/06/16/

world/in-eastern-germany-1953-uprising-is-remembered.html (2018.6.20. 검색)

14 최승완, 앞의 책, 404~407쪽 참고.

15 김영희, 〈독일 통일이 한국에 주는 교훈〉, 《JPI 정책포럼》, No.2009-17(제주평화연구원, 2009), 4쪽.

16 Hams-Hermann Hertle, *The Berlin Wall Story:Biography of a Monument*(Berlin:Ch.Links Verlag, 2011), p.34.

17 이재원 외 5인, 〈독일 통일과 동독인들의 서독 유입 문제〉(《독일학연구》 제6집, 1997), 48쪽 참고.

18 유욱 외 4인, 《분단시기 서독의 정착지원 정책의 변화과정과 한반도에 주는 시사점》(북한이탈주민지원센터, 2011) 28쪽, 46쪽.

19 Mohammad A.Chaichian, *Empires and Walls:Globalization, Migration, and Colonial Domination*(Chicago:Haymarket Books, 2014), p.115.

20 김진호, 〈독일문제와 제2차 베를린 위기〉, 《평화연구》 제20권 제2호(경북대학교 평화문제연구소, 2012), 247쪽.

21 팀 와이너, 이경식 옮김, 《잿더미의 유산》(RHK, 2007), 287~288쪽.

22 Thomas Putmam, "The Real Meaning of Ich Bin ein Berliner", *The Atlantic*, 2013.8. https://www.theatlantic.com/magazine/archive/2013/08/the-real-meaning-of-ich-bin-ein-berliner/309500/(2017.7.7. 검색)

23 Michael O'Brien, "President Kennedy and the Berlin Wall", *The History Readers*, 2011.8.12. https://www.thehistoryreader.com/contemporary-history/president-kennedy-berlin-wall/ (2017.7.7. 검색)

24 Imre Karacs, "The Leap of hope that ended in despair", *The Independent*, 1998.6.24. https://www.independent.co.uk/arts-entertainment/the-leap-of-hope-that-ended-in-despair-1167101.html (2019.1.15. 검색).

25 Leslie Colitt, "Berlin Crisis:the Standoff at Checkpoint Charlie", *The Guardian*, 2011.10.24. https://www.theguardian.com/world/2011/oct/24/berlin-crisis-standoff-checkpoint-charlie (2019.6.29. 검색).

26 팀 와이너, 이경식 옮김, 앞의 책, 318~320쪽.

27 정효식, 〈흐루쇼프, 44세 케네디 애 취급…핵전쟁 위기 부른 '빈 회담'〉, 《중앙일

보》, 2018.5.2, 18쪽.

28 Fiona Zublin, "Crashing Through the Berlin Wall in A Train", *The Daily Dose*, 2018.4.2. https://www.ozy.com/flashback/crashing-through-the-berlin-wall-in-a-train/85812 (2019.2.28. 검색)

29 정상돈, 〈동독 내 서독정보 유인의 과정과 방법〉,《국방정책연구》제33권 제4호 (한국국방연구원, 2017), 57쪽.

30 Charlotte Alfred, "10 Great Escapes Across the Berlin Wall", *Huffington Post*, 2014.11.11. https://www.huffingtonpost.com/2014/11/07/berlin-wall-escape-stories_n_6090602.html (2018.9.4. 검색)

31 김영윤, 〈동독 이탈 주민에 대한 구서독 정부의 정책〉,《FES-Information-Series》[전자자료](*Fiedrich Ebert Stiftung*, 2003). http://library.fes.de/pdf-files/bueros/seoul/07645.pdf (2017.5.29. 검색)

32 Leo Smidth, "The Architcture and Message of the 'Wall' 1961~1989", *German Politics and Society*, Issue 99, Vol.29, No.s 2, Summer(New York:Berghahn, 2011), pp.72~73.

33 최승완, 앞의 책, 64쪽, 85쪽, 408쪽.

34 윤완준, 〈27년간 자유를 사다…베를린 장벽 허문 프라이카우프의 힘〉,《동아일보》, 2017.6.10. http://news.donga.com/3/all/20170610/84797098/1 (2019.1.8. 검색).

35 이장훈, 〈독일이 보여준 '평화경제'의 신기루〉,《주간조선》, 2019.8.26, 45쪽.

36 최승완, 앞의 책, 234~279쪽 참고.

37 Michael Meyer, *The Year that Changed the World*(New York:Scrbner, 2009), p.4.

38 김명진, 〈자유 찾는 동포에 총 쏘면…독일, 동독 당 서기부터 병사까지 단죄〉, 《조선일보》, 2017.11.17, A6면.

39 베른하르트 젤리거, 〈베를린 장벽 붕괴 '문을 열라!'〉,《통일한국》통권 366호(평화문제연구소, 2014), 30쪽.

40 정용길, 〈독일 통일과정에서의 동서관계와 남북관계에의 시사점〉,《저스티스》 통권 제134-2호(한국법학원, 2013), 472~476쪽.

41 베르너 캄페터, 〈독일 통일의 기적과 그 교훈〉,《FES-Information-Series》

(Friedrich Ebert Stftung, 2010), 11~12쪽.

42 송태수, 〈독일 통일에서 정당의 역할〉, 《사회과학연구》 제41권 1호(서강대학교
사회과학연구소, 2006), 270쪽.

43 베르하르트 젤리거, 〈콜, 독일 총리로! 최초 통일 내각, 동독 출신 기용〉, 《통일한
국》 통권 373호(평화문제연구소, 2015), 37~38쪽.

44 김영수, 〈동독 출신 '콜의 소녀'에서 통일 독일 3선 총리로!〉, 《통일한국》 통권
373호(평화문제연구소, 2015), 13쪽.

45 김성진, 《독일을 강대국으로 만든 여장부 독일총리 메르켈》(씨앤북스, 2015),
126쪽.

46 마르쿠스 폴만·이종화, 〈독일 통일 이후 구동독 지역 권력엘리트의 구조 변화〉,
《한독사회과학논총》 제20권 제3호(한독사회과학회, 2010), 174쪽.

47 손기웅, 〈독일 통일에서 정당의 역할〉, 《사회과학연구》 제41권 1호(서강대학교
사회과학연구소, 2006), 3~4쪽.

48 안윤기, 〈동독 출신 정치인 전성시대〉, 《주간동아》, 2005.11.30.
http://weekly.donga.com/List/3/all/11/77826/1 (2017.8.8. 검색).

49 주성하, 〈독일 통일의 현장에서 예멘을 떠올리다〉, 《동아일보》, 2019.6.27, A33면.

50 이장훈, 앞의 글, 44쪽.

51 손진석, 〈베를린 장벽 붕괴 30년 옛 동독 '하일 히틀러' 다시 함성〉, 《조선일보》,
2019.8.12. https://biz.chosun.com/site/data/html_dir/2019/08/12/2019
081200026.html (2019.10.10. 검색).

52 주성하, 〈치유 안 된 심리장벽…동독엔 사회주의 대신 극우정당 돌풍〉, 《동아일
보》, 2019.7.6. https://www.donga.com/news/Inter/article/all/20190706/
96349290/1 (2020.3.24. 검색).

53 장지영, 〈옛 동독 주민 '동서격차 줄었지만 2등 국민…극우에 기울어〉, 《국민일
보》, 2019.11.8. http://news.kmib.co.kr/article/view.asp?arcid=0924106997
&code=11141500&sid1=op (2020.3.24. 검색).

54 Imre Karacs, "The Leap of hope that ended in despair", *The Independent*,
1998.6.24. https://www.independent.co.uk/arts-entertainment/the-leap-
of-hope-that-ended-in-despair-1167101.html (2019.1.15. 검색)

1   에밀 졸라, 유기환 옮김,《나는 고발한다》(책세상, 2005), 208~223쪽 참고.

2   서정민, 〈갈등과 열정의 교차로 '예루살렘'〉,《연합이매진》, 2018.3. https://
news.v.daum.net/v/20180310080110408 (2019.7.15. 검색).

3   김재명,《눈물의 땅 팔레스타인》(웅진지식하우스, 2015), 164~167쪽.

4   Wesley G.Pippert, *Land of Promise Land of Strife* (Waco:Word Books,
1988), pp.23~24.

5   Adam Hart-Davis(ed.), *History* (New York:Penguin Random House,
2007), p.414.

6   Bernard Reich, *A Brief History of Israel* (New York:Facts On File Inc.,
2012), p.19.

7   황진명, 〈아세톤 바이츠만과 이스라엘 건국의 비화-밸푸어 선언과 팔레스타인
의 비극〉 http://blog.naver.com/kbs4547/2202976 61315(2016.2.18. 검색).

8   Bernard Reich, 앞의 책, p.22.

9   Gershon R.Kieval and Bernard Reich, *Israel:Land of Tradition and
Conflict* (New York:Westview Press, 1993), p.44.

10 우야마 다쿠에이, 전경아 옮김,《혈통과 민족으로 보는 세계사》(센시오, 2019),
176쪽.

11 Bernard Reich, 앞의 책, p.13.

12 정상률, 〈팔레스타인 분쟁〉,《중동연구》제20권(한국외국어대학교 중동연구소,
2001), 144쪽.

13 김재명, 앞의 책, 186~191쪽.

14 일란 파페, 유강은 옮김,《팔레스타인 현대사:하나의 땅, 두 개의 민족》(후마니타
스, 2009), 227~234쪽.

15 정상률, 앞의 글, 144쪽 참고.

16 Said Saddiki, *World of Walls:The Structure, Roles and Effectiveness of
Separation Barriers* [eBook](Open Book Publishers, 2017), p.25.

17 최성권,《중동의 재조명-국제정치》(한울아카데미, 2011), 160~163쪽.

18 하마스의 뿌리는 이슬람 운동조직인 '무슬림형제단'이다. 무슬림형제단은 1928

년 이집트에서 하산 알 바나가 조직했다. 이슬람 근본주의를 바탕으로 가난하고 소외된 민중을 지원하는 이슬람 공동체를 만들자는 운동이었다. 현재 이슬람권 70여 개국에서 사회운동을 펼치고 있다. 하지만 이슬람 근본주의라는 정치색 때문에 일부 국가에서 탄압을 받기도 한다. 김재명, 앞의 책, 206쪽 참고.

19 인남식, 〈이스라엘-팔레스타인 두 국가 해법의 운명〉,《시사IN》559호, 2018.6.6.

20 안승훈, 〈이스라엘-팔레스타인 분쟁과 '두 국가 해결론'에 대한 고찰〉,《한국과 국제정치》제32권 제1호(경남대학교 국제문제연구소, 2016), 108쪽.

21 Clyde Haberman, "The World: Rabin's Promised Peace Gets Lost in the Violence," *The New York Times*, 1993.4.4. https://www.nytimes.com/1993/04/04/weekinreview/the-world-rabin-s-promised-peace-gets-lost-in-the-violence.html (2019.10.8. 검색).

22 Rachel Busbridge, "The wall has feet but so do we:Palestinian workers in Israel and the seperation wall," *British Journal of Middle East Studies*, Vol.44, No.3(Coventry:BRISMES, 2017), pp.381~382.

23 Netta Ahituv, "15 years of Seperation:The Palestinians Cut Off From Jerusalem by the Wall", Haaretz, 2018.3.10. https://www.haaretz.com/israel-news/.premium.MAGAZINE-15-years-of-separation-palestinians-cut-off-from-jerusalem-by-a-wall-1.5888001 (2019.5.7. 검색).

24 Eva Spangler, *Understanding Israel/Palestine*(Rotterdam, Sense Publishers, 2015), p.33.

25 "Fewer Permits Granted to Access Land behind Barrier", *The Monthly Humanitarian Bulletin*, 2019.2(UNOCHA, 2019). https://www.ochaopt.org/content/fewer-permits-granted-access-land-behind-barrier?fbclid=IwAR2zpOwwTs1W345riIBoJhtA7BbTKFC0uK2QqOX03H7mc9G67h7jFKJN2mE (2019.12.27. 검색).

26 이장훈, 〈이스라엘, 가자지구에 강철장벽 세운다〉,《주간동아》, 2019.2.18, 36쪽; 강주형, 〈장벽과 울타리로 전 국토 감싸는 이스라엘〉,《한국일보》, 2016.7.9. 참고. https://www.hankookilbo.com/News/Read/201607090411467466 (2019.12.23. 검색)

27 "Fewer Permits Granted to Access Land behind Barrier", *The Monthly*

Humanitarian Bulletin, 2019.2(UNOCHA, 2019).

28 Mitchell Bard, "West Bank, Gaza and Lebanon Security Barriers: Background&Overview", *Jewish Virtual Library*. https://www. jewishvirtuallibrary.org/background-and-overview-of-israel-s-security-fence (2019.11.30. 검색).

29 이완, 〈714km 분리장벽 '팔레스타인 옥죄는 뱀이다'〉, 《한겨레》, 2018.6.18.

30 Rachel Busbridge, "The wall has feet but so do we:Palestinian workers in Israel and the seperation wall," *British Journal of Middle East Studies*, Vol.44, No.3(Coventry:BRISMES, 2017), p.381.

31 Andrew Ross, "Who Built Zion? Palestinian Labor and the Case for Political Rights", *New Labor Forum*, 2018.8, New York:CUNY, 2018. https://newlaborforum.cuny.edu/2018/08/28/who-built-zion/ (2020.1.24. 검색).

32 Israel Information Center, *Saving Lives:Israel's Anti-Terrorist Fence* (Jerusalem:Keter Publishing Ltd., 2004), p.14.

33 최성권, 앞의 책, 426쪽.

34 Ahmad H.Sa'di, "The Borders of Colonial Encounter:The Case of Israel's Wall", *Asian Journal of Social Science* Vol.38(Singapore:Brill, 2010), p.52.

35 이장훈, 앞의 글, 36쪽.

36 덩야핑, 〈이스라엘, 팔레스타인 전자 감시 체제의 서막〉, 《월간 워커스》 제59호, 참세상, 2019. http://workers-zine.net/31006 (2020.2.8. 검색).

37 덩야핑, 앞의 글.

38 Joshua Mitnick, "Israel Built a Wall. But Palestinian Laborers continue to Sneak through Daily", *Los Angeles Times*. 2017년 7월 14일자 기사를 토대로 내용 재구성.

39 James Glans & Rami Nazzal, "Smugglers in West Bank Open Door to Jobs in Israel, and Violence", *The New York Times*, 2016.6.29. https://www.nytimes.com/2016/06/21/world/middleeast/west-bank-israel-palestinians-smugglers.html (2020.3.21. 검색).

40 강지혜, 〈이스라엘 '취업허가증 없는 팔 고용한 업주 처벌' 법안 통과〉, 《중앙일

보》, 2016.3.15. https://news.joins.com/article/19726402 (2020.3.7. 검색).

41 Israel Information Center, 앞의 책. p.18.

42 Mitchell Bard, 앞의 책.

43 1992년 이스라엘 정부는 유대인 정착민들이 주변을 순찰할 수 있도록 했고 2000년에는 급박한 위험에 처했을 때 팔레스타인인에게 총을 쏠 수 있도록 했다. 유대 정착민은 대부분 종교적 극단주의 성향을 가지고 있고 상당수는 폭력적이다. 정착민의 무장과 자경 권한이 커지면서 팔레스타인 주민과의 충돌도 많아졌다. 김재명, 앞의 책, 103~109쪽 참고.

44 Said Saddiki, *World of Walls:The Structure, Roles and Effectiveness of Separation Barriers* [eBook](Open Book Publishers, 2017), p.16.

45 인남식, 〈네타냐후의 서안지구 합병, 중동의 오랜 화약고에 불 지르나〉, 《조선일보》, 2020.7.20, p.A29면.

3장 굴욕의 국경선 _ 미국 – 멕시코

1 강준만, 《미국은 드라마다》(인물과사상사, 2014), 165쪽.

2 이준명, 《멕시코, 인종과 문화의 용광로》(푸른역사, 2013), 485~486쪽 참고.

3 김봉중, 《오늘의 미국을 만든 미국사》(역사의아침, 2013), 36~43쪽.

4 이준명, 앞의 책, 481~482쪽.

5 Mohammad A. Chaichian, *Empires and Walls:Globalization, Migration, and Colonial Domination*(Chicago:Haymarket Books, 2014), p.176.

6 임상래, 〈미국-멕시코 전쟁의 이해:간과된 성격들과 멕시코사적 의의를 중심으로〉, 《라틴아메리카연구》 제24호 3권(한국라틴아메리카학회, 2011), 103쪽.

7 이강혁, 《라틴아메리카 역사 다이제스트 100》(가람기획, 2008), 288~292쪽.

8 강석영, 〈멕시코와 미국과의 관계〉, 《중남미연구》 제28권 2호(한국외국어대학교 중남미연구소, 2010), 51쪽.

9 이준명, 앞의 책, 490~493쪽 참고.

10 박구병, 〈프랭클린 D.루스벨트의 '선린정책'과 멕시코의 석유 국유화〉, 《라틴아메리카연구》 제2권 4호(한국라틴아메리카학회, 2007), 85~86쪽.

11 임수진, 〈멕시코의 에너지 개혁:가솔린 가격은 인하될까〉, 《트랜스라틴》 제28호

(서울대학교 라틴아메리카연구소, 2014), 22~24쪽.

12 박구병, 앞의 글, 93~95쪽.

13 주미영, 〈이민 정책을 둘러싼 미국-멕시코 간 갈등과 변화〉, 《중남미연구》제28
    권 2호(한국외국어대학교 중남미연구소, 2010), 419~420쪽.

14 피터 안드레아스, 정태영 옮김, 《밀수꾼의 나라 미국》(글항아리, 2013), 413~
    414쪽.

15 김희순, 〈멕시코 마킬라도라 산업의 특성과 분포변화〉, 《라틴아메리카의 전환:변
    화와 갈등(하)》서울대학교 라틴아메리카 연구총서 2(서울대학교 라틴아메리카
    연구소 엮음, 한울, 2012), 237쪽.

16 김학훈, 〈미국-멕시코 국경지대의 산업화 과정〉, 《대한지리학회 학술대회논문
    집》(대한지리학회, 1998), 75~77쪽.

17 김희순, 앞의 글, 240~251쪽.

18 강경희, 〈NAFTA 12년 후 '멕시코'〉, 《황해문화》제52권(새얼문화재단, 2006),
    117~118쪽.

19 김미경, 〈세계화 시대의 미국-멕시코 국경:삶과 죽음의 공간〉, 《인문연구》제72
    권(영남대학교 인문과학연구소, 2015), 121쪽.

20 김미경, 〈세계화의 위기와 교차로〉, 《로컬리티 인문학》제13권(부산대학교 민족
    문화연구소, 2015), 106쪽.

21 이성형, 〈NAFTA와 멕시코(1994~2006)〉, 《경제와 사회》제76권(비판사회학회,
    2007), 172쪽.

22 김미경, 〈세계화의 위기와 교차로〉, 《로컬리티 인문학》제13권(부산대학교 민족
    문화연구소, 2015), 115쪽.

23 Laura Carlsen, "NAFTA Is Starving Mexico", *Foreign Policy In Focus*,
    2011.10.20. https://fpif.org/nafta_is_starving_mexico/ (2019.5.8. 검색)

24 김원호, 〈멕시코 노동운동과 NAFTA〉, 《이베로아메리카연구》제5권(서울대학교
    라틴아메리카연구소, 1994), 191쪽.

25 김현우, 〈땅굴 루트 개척한 멕시코 마약왕 구스만…美국경 넘는 마약 90% 공
    급〉, 《한국일보》, 2015.8.5. http://www.hankookilbo.com/v/535ddc17269e4
    3baad1d385681e2f890 (2018.8.8. 검색)

26 김은중, 〈박애주의자의 얼굴을 한 식인귀:멕시코의 마약 전쟁〉, 《라틴아메리카이

슈〉(서울대학교 라틴아메리카연구소, 2012), 49, 68쪽 참고.

27 김유경, 〈신자유주의 경제개혁과 마약과의 전쟁:멕시코 사례를 중심으로〉, 《중남미연구》 제35권 3호(한국외국어대학교 중남미연구소, 2016), 265쪽.

28 조성권, 〈미국-멕시코 관계의 새로운 모색:마약밀매를 중심으로〉, 《라틴아메리카연구》 제22권 3호(한국라틴아메리카학회, 2009), 55쪽.

29 오삼교, 〈멕시코 칼데론 정부의 마약 전쟁:전략적 한계와 구조적 제약〉, 《중남미연구》 제31권 2호(한국외국어대학교 중남미연구소, 2012), 73~74쪽.

30 김은중, 앞의 책, 58~59쪽.

31 박준우, 〈마약 카르텔과의 전쟁 대신 극빈층 재배농 재정지원 회유〉, 《문화일보》, 2019.5.17. http://www.munhwa.com/news/view.html?no=2019051701033239274001 (2019.10.10. 검색).

32 Manny Fernandez, "Path to America, Marked by More and More Bodies", *The New York Times*, 2017.5.4. https://www.nytimes.com/interactive/2017/05/04/us/texas-border-migrants-dead-bodies.html?_r=0 (2017.5.16. 검색) 기사 내용을 재구성한 것임.

33 Rodrigo D.Villegas, "Central American Migrants and 'La Bestia':The Route, Dangers, and Governments Responses", *Migration Policy*, 2014.9.10. http://www.migrationpolicy.org/article/central-american-migrants-and-"la-bestia"-route-dangers-and-government-responses (2017.5.10. 검색)

34 이동경, 〈'짐승 열차'를 탄 아메리칸 드림 종적 감출까〉, 《연합뉴스》, 2014.8.1. http://www.yonhapnews.co.kr/international/2014/08/01/0601230100AKR20140801114000087.HTML (2017.5.8. 검색)

35 정세용, 〈미국-멕시코 국경지대와 밀입국자:생명정치 개념과 연관시켜〉, 《역사와 경계》 제91권(부산경남사학회, 2014), 326~328쪽.

36 David Androff & Kyoko Tavassoli, "Deaths in the Dessert:Human Rights Crisis on the U.S.-Mexico Border", *Social work* (April, 2012), p.165.

37 이동경, 〈미 텍사스 국경에 쇄도하는 중미 '아메리칸 드림'〉, 《연합뉴스》, 2014.7.22. http://news.naver.com/main/read.nhn?mode=LSD&mid=sec&sid1=104&oid=001&aid=0007026735 (2017.5.15. 검색)

38 프란시스코 칸투, 서경의 옮김, 《선은 장벽이 되고》(서울문화사, 2018), 120~
    122쪽.

39 2005~2007년 멕시코 트라코페텍 출신 밀입국자를 조사한 결과를 인용. 정세용,
    앞의 글, 321쪽.

40 Seth M. Holmes, "Is it Worth Risking Your Life?:Ethnography, Risk and
    Death on the U.S.-Mexico Border", *Social Science & Medicine* Vol.99
    (Amsterdam:Elsevier, 2013), p.153.

41 주종택, 《라틴아메리카의 국제노동이주와 초국가적 공동체》(한국학술정보,
    2010), 73쪽.

42 홍가온, 〈6월 한 달간 밀입국 알선업자 190여 명 체포〉, 《아주경제》, 2014.7.25.
    https://www.ajunews.com/view/20140725063426262 (2019.9.25. 검색).

43 손정수, 〈멕시코 마피아들 '국경 담치기' 극성〉, 《시사저널》, 2004.6.29. http://
    www.sisapress.com/journal/article/88341 (2017.5.15. 검색)

44 Rachel Brown, "The Boom in Chinese Smuggled Across the U.S. Border",
    Newsweek, 2016.7.24. http://www.newsweek.com/boom-chinese-
    smuggled-across-us-border-483262 (2017.5.15. 검색)

45 Manny Frenandez, "Path to America, Marked by More and More Bodies",
    The *New York Times*, 2017.5.4. 보도된 기사 내용을 재구성한 것임.

46 Jack Jerrera, "A Year After the Caravans, Has Trump Won?", *The Nation*,
    2019.12.9. https://www.thenation.com/article/archive/immigration-
    caravan-trump/ (2020.2.4. 검색).

47 김연진, 〈미국 내 라티노 이민의 이미지와 라티노 위협론-멕시코 이민을 중심으
    로〉, 《서양사론》 제112호(한국서양사학회, 2012), 37쪽.

48 "How Many Undocumented Immigrants are in the United States and Who
    Are They", *Policy 2020 Brookings*, 2019.11.12. https://www.brookings.
    edu/policy2020/votervital/how-many-undocumented-immigrants-are-
    in-the-united-states-and-who-are-they/ (2020.3.5. 검색)

49 김연진, 〈'라티노의 위협'인가 '라티노 시대의 도래'인가〉, 《사학지》 제47집(단국
    사학회, 2013), 157쪽.

50 Luis Noe-Bustamante and Abby Budiman, "Most of the 23 million

Immigrants Eligible to vote in 2020 election live in just five states", *Fact Tank*, 2020.3.3. https://www.pewresearch.org/fact-tank/2020/03/03/most-of-the-23-million-immigrants-eligible-to-vote-in-2020-election-live-in-just-five-states/ (2020.6.9. 검색)

51 강인선, 〈'멕시코 장벽' 이해하기〉, 《주간조선》, 2019.1.4. http://weekly.chosun.com/client/news/viw.asp?nNewsNumb=002541100003&ctcd=C03 (2020.4.1. 검색)

52 김연진, 〈미국 내 라티노 이민의 이미지와 라티노 위협론-멕시코 이민을 중심으로〉, 《서양사론》 제112호(한국서양사학회, 2012), 63~64쪽.

53 박수진, 〈국경엔 쫓겨난 멕시코인들 북새통…장벽 건설 속도에 반미 고조〉, 《한국경제》, 2017.2.28. http://plus.hankyung.com/apps/newsinside.view?aid=2017022850761&category=health&sns=y (2020.4.7. 검색).

54 Rachel Layne & Megan Cerulo, "What Trump's Threat to Close US-Mexico Border Would Cost", *CBC News*, 2019.3.29. https://www.cbsnews.com/news/what-president-trumps-threat-to-close-the-u-s-mexico-border-would-cost/ (2019.9.9. 검색).

55 Kadee Russ & Aaron Sojourner, "The Mexican Border and US Trade:What Would Be the Impact of a Border Closure?", *Econofact*, 2019.4.13. https://econofact.org/the-mexican-border-and-u-s-trade-what-would-be-the-impact-of-a-border-closure (2020.3.7. 검색).

4장 가장 폐쇄적인 장벽 _ DMZ

1 왕수쩡 지음, 나진희·황선영 옮김, 《한국전쟁》(글항아리, 2013), 77~87쪽 내용 재구성.

2 데이비드 핼버스탬 지음, 정윤미·이은진 옮김, 《콜디스트 윈터》(살림출판사, 2007), 115~120쪽.

3 송종환, 〈스탈린 감독, 김일성 주연, 마오쩌둥이 조연한 남침 전쟁〉, 《미래기획》, 2020.6.17. http://www.futurekorea.co.kr/news/articleView.html?idxno=135235 (2020.4.29. 검색).

4   강규형 외 4인,《김일성이 일으킨 6·25전쟁》(기파랑, 2019), 11~18쪽.

5   김민석, 〈'포화 속으로' 포항 학도의용군의 헌신 기억하자〉,《중앙일보》, 2020.6. 11. 참고.

6   왕수쩡 지음, 나진희·황선영 옮김, 앞의 책, 133~135쪽.

7   오일환 외 2인 편,《한국 전쟁의 거짓말》(채륜, 2018), 51~53쪽.

8   팀 와이너, 이경식 옮김,《잿더미의 유산》(RHK, 2007), 100~101쪽.

9   노주석, 윤샘이나, 〈한국전쟁 발발 막전막후〉,《서울신문》, 2010.6.16.

10   오일환 외 2인 편, 앞의 책, 106, 118쪽.

11   함규진,《벽이 만든 세계사》(을유문화사, 2020), 212쪽.

12   Harold J.Logan, "US Had '53 Plan to Overthrow 'Unreliable' Korean Ally", *The Washington Post*, 1977.12.17. https://www.washingtonpost.com/ archive/politics/1977/12/17/us-had-53-plan-to-overthrow-unreliable- korean-ally/53816fa5-c677-4d57-964c-09edd8605c42/ (2020.4.9. 검색).

13   남정욱, 〈안보가 민주주의와 경제 발전보다 중요하다는 신념 관철〉,《월간조선》 2013년 7월호. http://monthly.chosun.com/client/news/viw.asp?n NewsNumb=201307100029 (2020.4.10. 검색).

14   정성택, 〈1953년 반공포로 석방〉,《동아일보》, 2015.10.10.

15   Harold J. Logan, 앞의 글.

16   유성운, 〈'이승만 제거작전'까지 세웠던 美…주한미군 탄생비화〉,《중앙일보》, 2018.6.17.

17   김민석, 앞의 글, 25면.

18   서재철, 〈비무장지대 220개의 화약고 'GP철수'가 평화 첫걸음〉,《한겨레》, 2018.4.29.

19   "땅굴",《한국민족문화대백과사전》https://encykorea.aks.ac.kr, 2020.4.27. 검색.

20   노민호, 〈휴전선 일대 매설지뢰 77만발…제거에 200년 걸릴 수도〉,《뉴스핌》, 2018.10.12. https://www.newspim.com/news/view/20181012000192 (2020.3.9. 검색).

21   임벽식·최재훈, 〈DMZ 남측 지뢰지대만 여의도 33배…북측도 급증〉,《연합뉴스》, 2015.8.27. https://www.yna.co.kr/view/AKR20150826078400060

(2020.3.10. 검색).

22 서재철, 〈유골, 탄피, 대전차장벽…DMZ 곳곳에 전쟁의 상흔〉, 《한겨레》, 2018.7.
22. http://m.hani.co.kr/arti/politics/defense/854283.html (2020.4.18. 검색).

23 백승호, 〈비무장지대는 사실 비무장지대가 아니다〉, 《허프포스트코리아》
2018.4.30. https://www.huffingtonpost.kr/entry/story_kr_5ae6d6c7e4b0
55fd7fcd572b (2020.3.27. 검색).

24 필자는 북한의 연평도 포격도발이 벌어진 지 5개월 뒤인 2011년 4월 19일 연평
도 포격 피해 현장을 방문해 주민을 만나 인터뷰하고 현장 르포를 작성했다.
안석호, 〈北 포격도발 5개월…다시 가본 연평도〉, 《세계일보》, 2011.4.28, 1면
참고.

25 박태균, 〈휴전선을 넘어 북한 부대를 공격하라〉, 《한겨레》, 2014.1.24. http://
m.hani.co.kr/arti/society/society_general/621307.html (2020.5.8. 검색).

26 정성임. 김보라, 〈북한의 대남도발 유형과 한국의 위기관리〉, 《통일연구》 제20권
제1호(연세대학교 통일연구원, 2017), 57~59쪽 참고.

27 서재철, 〈15명 학살 범죄자도 '영웅' 취급…휴전선 넘은 이들의 운명〉, 《한겨
레》, 2018.7.29. http://www.hani.co.kr/arti/politics/defense/855283.html
(2020.4.18. 검색).

28 〈비무장지대 철책절단사건 현장 30년 祕史〉, 《신동아》 제544호, 2004년 12월 24
일. https://shindonga.donga.com/3/all/13/104032/1 (2021.2.15. 검색).

29 서재철, 〈15명 학살 범죄자도 '영웅' 취급…휴전선 넘은 이들의 운명〉, 《한겨
레》, 2018.7.29. http://www.hani.co.kr/arti/politics/defense/855283.html
(2020.4.18. 검색).

30 서재철, 〈유골, 탄피, 대전차장벽…DMZ 곳곳에 전쟁의 상흔〉, 《한겨레》,
2018.7.22.

31 서재철, 〈15명 학살 범죄자도 '영웅' 취급…휴전선 넘은 이들의 운명〉, 《한겨레》,
2018.7.29.

32 이영훈, 〈남북경협의 현황 및 평가〉, 《금융경제연구》 제281호(한국은행, 2006),
4쪽, 32쪽.

33 임강택·이강우, 〈개성공단 운영실태와 발전 방안:개성공단 운영 11년(2005~
2015)의 교훈〉, 《KINU 정책연구 시리즈》 16-3(통일연구원, 2017), 55쪽; 이석

기, 〈남북경협 15년의 평가와 과제〉, 《산업경제》(산업경제연구원, 2006), 50~51
쪽 참고.

34 박병도, 〈DMZ의 평화적 이용을 위한 국제법적 쟁점 및 과제〉, 《일감법학》 제32
호(건국대학교 법학연구소, 2015), 274쪽.

35 서재철, 〈전쟁이 낳은 비극의 땅 DMZ…이젠 최고의 자연 전시장〉, 《한겨레》,
2018.7.7. http://www.hani.co.kr/arti/society/environment/852289.html
(2020.4.18. 검색).

5장 다시 갇히고 막힌 것들 _ 보이지 않는 장벽

1 권오중, 김진호, 《노붐 유럽 테마사》(효형출판, 2020), 10~11쪽.
2 조준현, 〈통상갈등 악화되면 결국 패자만 생길 뿐〉, 《이코노미스트》 제1428
호(《중앙시사매거진》, 2018.4.9). http://jmagazine.joins.com/economist/
view/320653 (2020.9.1. 검색).
3 미야자키 마사카츠, 오근영 옮김, 《하룻밤에 읽는 세계사 2》(RHK, 2002), 46~
49쪽.
4 폴 케네디, 이일주 외 2인 옮김, 《강대국의 흥망》(한국경제신문사, 1999),
111~112쪽
5 자오타오·류후이, 박찬철 옮김, 《세계사를 바꾼 15번의 무역전쟁》(위즈덤하우
스, 2020), 42~47쪽.
6 장하준, 《그들이 말하지 않는 23가지》(부키, 2010), 100~104쪽.
7 CCTV 경제 30분팀, 홍순도 옮김, 《무역전쟁》(RHK, 2011), 95~97쪽.
8 윌리엄 번스타인, 박홍경 옮김, 《무역의 세계사》(라이팅하우스, 2019), 441쪽.
9 김경원, 〈주목할 만한 세계 무역전쟁사 7장면〉, 《이코노미스트》 제1501호,
2019.9.16. https://jmagazine.joins.com/economist/view/327434 (2020.9.4.
검색).
10 조준현, 〈통상갈등 악화되면 결국 패자만 생길 뿐〉, 《이코노미스트》 제1428
호(《중앙시사매거진》, 2018.4.9). http://jmagazine.joins.com/economist/
view/320653 (2020.9.1. 검색).
11 리처드 베이그, 유승경 옮김, 《경제 위기는 반드시 온다》(미래를소유한사람들,

2020), 249~250쪽.

12 폴 케네디, 앞의 책, 292~299쪽.

13 권오중·김진호, 앞의 책, 225~234쪽.

14 폴 케네디, 앞의 책, 314~340쪽 참고.

15 미야자키 마사카츠, 이영주 옮김, 《하룻밤에 읽는 세계사》(RHK, 2012), 266~267쪽.

16 미야자키 마사카츠, 오근영 옮김, 《하룻밤에 읽는 세계사 2》, (RHK, 2002), 114쪽.

17 조지 프리드먼, 홍지수 옮김, 《다가오는 유럽의 위기와 지정학》(김앤김북스, 2020), 133~135쪽.

18 에리히 마리아 레마르크, 홍성광 옮김, 《서부 전선 이상 없다》(열린책들, 2006), 97쪽, 111쪽 일부 발췌.

19 미야자키 마사카츠, 오근영 옮김, 《하룻밤에 읽는 세계사 2》, (RHK, 2002), 176~177쪽.

20 인남식, 〈갈등 계속되는 중동…이란 부상에 사우기 고심〉, 《Chindia Plus》 제125권(포스코경영연구소, 2017), 62쪽.

21 찰스 틸리, 지봉근 옮김, 《유럽 국민국가의 계보 990-1992년》(그린비, 2018), 319~320쪽, 387쪽.

22 디트릭 올로, 문수현 옮김, 《독일 현대사》(미지북스, 2019), 246~247쪽.

23 미야자키 마사카츠, 오근영 옮김, 앞의 책, 184쪽.

24 폴 케네디, 앞의 책, 386~387쪽.

25 윤석천, 〈다시 찾아온 '불신의 시대'〉, 《이코노미 인사이트》 113호, 2019년 9월호. http://www.economyinsight.co.kr/news/articleView.html?idxno=4573 (2020.8.14. 검색).

26 CCTV 경제 30분팀, 앞의 책, 135쪽.

27 미야자키 마사카츠, 오근영 옮김, 《하룻밤에 읽는 세계사 2》, (RHK, 2002), 226~227쪽.

28 채인택, 〈미국을 망친 흑역사 되풀이 되나〉, 《이코노미스트》 제1425호(《중앙시사매거진》, 2018).

29 1932년 9월 대통령 선거 기간 중인 루스벨트는 아이오와에서 유세 도중 한 연설

에서 스무트-홀리 관세가 대공황의 원인이 됐다며 상대인 후버 대통령을 공격했다. 찰스 킨들버거, 박명섭 옮김, 《대공황의 세계》(부키, 1998), 169쪽.

30 CCTV 경제 30분팀, 홍순도 옮김, 앞의 책, 135~136쪽.

31 윌리엄 번스타인, 박홍경 옮김, 앞의 책, 574쪽.

32 권오중·김진호, 앞의 책, 251~252쪽.

33 윤석천, 앞의 글.

34 김경원, 앞의 글.

35 서혜진, 〈무역전쟁의 역사, 그 승자와 패자〉, 《파이낸셜뉴스》, 2018.7.6. https://www.fnnews.com/news/201807061655248539(2020.9.10. 검색).

36 조문희 외 3인, 《신보호무역주의 하에서의 비관세 조치 현황과 영향에 관한 연구: UNCTAD 비관세조치 분류체계를 중심으로》(대외경제정책연구원, 2017), 23쪽.

37 CCTV 경제30분팀, 홍순도 옮김, 앞의 책, 163~164, 296~297쪽 참고.

38 이경희, 〈자유무역의 역사:비관세장벽(NTB)-WTO 이후 관세 낮아지면서 비관세장벽 강화 추세〉, 《'함께하는 FTA' 공식블로그》 https://m.blog.naver.com/PostList.nhn?blogId=ftahub(2020.9.5. 검색)

39 이상은, 〈이웃나라의 가난 우리나라의 행복〉, 《이코노미스트》 제1366호, 2017.1.2. https://jmagazine.joins.com/economist/view/314745

40 조문희 외 3인, 앞의 책, 16~25쪽.

41 더욱이 미국 최대 돼지고기 산지 10개 주 가운데 8개가 트럼프를 지지한 곳이어서 트럼프를 직접 압박하는 효과도 노릴 수 있었다. 조준현, 〈통상갈등 악화되면 결국 패자만 생길 뿐〉, 《이코노미스트》 제1428호(《중앙시사매거진》 2018.4.9.). http://jmagazine.joins.com/economist/view/320653 (2020.9.1. 검색).

42 김재현, 〈일촉즉발 G2 무역전쟁 승자는?〉, 《이코노미스트》 제1371호(《중앙시사매거진》, 2018.2.13.). https://jmagazine.joins.com/economist/view/315385

43 김태황, 〈미중 무역전쟁, EU의 대응과 역할〉, 《KIET 산업경제》 2018년 9월호(산업경제연구원, 2018), 66쪽.

44 이코노미스트, 《2021 세계경제대전망》(한국경제신문, 2020), 17~18쪽.

45 정혜승 엮음, 《힘의 역전 2:달라진 세계》(메디치미디어, 2020), 35쪽.

1   타일러 모리슨, 홍유진 옮김, 《코로나19 우리가 알아야 할 사실들》(열린책들, 2020), 101~102쪽.

2   자크 아탈리, 양영란 옮김, 《생명경제로의 전환》(한국경제신문, 2020), 91쪽

3   조유라, 〈전 세계 코로나19 누적 확진 7천만 명 돌파…1위 미국, 2위 인도〉, 《동아일보》, 2020.12.11.

4   김윤나영, 〈속수무책 코로나에 사망자 169만…백신이 쏘아올린 '희망'〉, 《경향신문》, 2020.12.20. http://news.khan.co.kr/kh_news/khan_art_view.html?art_id=202012202113025 (2020.12.22. 검색).

5   이한수, 〈美 77명 코로나로 숨질 때 베트남은 0.04명…선진국 허상 드러났다〉, 《조선일보》, 2020.12.1. A22면.

6   제이슨 솅커, 박성현 옮김, 《코로나 이후의 세계》(미디어숲, 2020), 116~118쪽.

7   박상현·고태봉, 《테크노믹스 시대의 부의 지도》(메이트북스, 2020), 25~26쪽; 자크 아탈리, 앞의 책, 122~125쪽.

8   자크 아탈리, 앞의 책, 136~137쪽.

9   정혜승 엮음, 《힘의 역전 2: 달라진 세계》(메디치미디어, 2020), 34쪽.

장벽의 시간

제1판 1쇄 인쇄 2021년 03월 23일
제1판 1쇄 발행 2021년 04월 01일

지은이 안석호
펴낸이 나영광
펴낸곳 크레타
출판등록 제2020-000064호
책임편집 박영경
편집 정고은
디자인 디자인 현

주소 서울시 서대문구 홍제천로6길 32 2층
전자우편 creta0521@naver.com
전화 02-338-1849
팩스 02-6280-1849
포스트 post.naver.com/creta0521
인스타그램 @creta0521

ISBN 979-11-973382-2-9 03340